Guia Prático de Pesquisa em História do Direito

Guia Prático de Pesquisa em História do Direito

2024

Walter Guandalini Junior

ALMEDINA

GUIA PRÁTICO DE PESQUISA EM HISTÓRIA DO DIREITO

AUTOR: Walter Guandalini Junior

DIRETOR ALMEDINA BRASIL: Rodrigo Mentz
EDITORA-CHEFE: Manuella Santos de Castro
EDITOR PLENO: Aurélio Cesar Nogueira
PRODUTORA EDITORIAL: Erika Alonso
ASSISTENTES EDITORIAIS: Laura Roberti, Tacila da Silva Souza e Patrícia Romero

DIAGRAMAÇÃO: Almedina
DESIGN DE CAPA: Roberta Bassanetto

ISBN: 9788584937370
Junho, 2024

Dados Internacionais de Catalogação na Publicação (CIP)
(Câmara Brasileira do Livro, SP, Brasil)

Guandalini Junior, Walter
Guia prático de pesquisa em história do direito /
Walter Guandalini Junior. – São Paulo : Almedina,
2024.

ISBN 978-85-8493-737-0

1. Direito 2. Direito – História 3. Metodologia de pesquisa científica I. Título.

24-207051 CDU-34(091)

Índices para catálogo sistemático:
1. Direito: História 34(091)
Eliane de Freitas Leite – Bibliotecária – CRB 8/8415

Este livro segue as regras do novo Acordo Ortográfico da Língua Portuguesa (1990).

EDITORA: Almedina Brasil
Rua José Maria Lisboa, 860, Conj.131 e 132, Jardim Paulista | 01423-001 São Paulo | Brasil
www.almedina.com.br

Se esses três impulsos – rir, deplorar e odiar – chegam a produzir o conhecimento não é, segundo Nietzsche, porque se apaziguaram, ou se reconciliaram, ou chegaram a uma unidade. É, ao contrário, porque lutaram entre si, porque se confrontaram. É porque esses impulsos se combateram, porque tentaram, como diz Nietzsche, prejudicar uns aos outros, é porque estão em estado de guerra, em uma estabilização momentânea desse estado de guerra, que eles chegam a uma espécie de estado, de corte onde finalmente o conhecimento vai aparecer como "a centelha entre duas espadas".

Michel Foucault, *A Verdade e as Formas Jurídicas* (2001, p. 22).

A Brenda, Gianluca, João Victor, Jefferson, Syr, Fernanda, Guilherme, Denise, Alessandro, Cristiane, Luis Fernando, Antônio, Carla, Giulliana, Giovanni, Vanessa G., Lívia, Vanessa F., Bruno, Andressa, Thaís, Josiane, Jean, Ana Paula, Lincoln, Marco Antonio, Adriana, Daniel, Bernardo e Lucas, queridos orientandos de pesquisa na Graduação e na Pós-Graduação que, sem que soubéssemos, ajudaram a construir este livro.

A Eduarda, Leticia, Luccas, Luiz Bernardo, Noan, Maria Clara, Henrique e Danielle, caprichosos mecânicos da turma de 2023 de nossa Oficina de Pesquisa em História do Direito, que ajudaram a construir este livro sabendo que o faziam.

E a Ricardo Marcelo Fonseca, Adriano Nervo Codato, Katie Arguello, Bernardo Sordi e Carlos Petit, generosos orientadores que forneceram os tijolos com que este livro foi construído.

SUMÁRIO

1
APRESENTAÇÃO

Este livro nasceu da necessidade prática de orientar o pesquisador iniciante nas especificidades da pesquisa em história do direito. Seja na iniciação científica dos primeiros anos de graduação, seja durante os anos finais do trabalho de conclusão de curso, seja mesmo nos estágios mais avançados do mestrado e do doutorado, a pesquisa em história do direito apresenta desafios peculiares que devem ser compreendidos em seus próprios termos – especialmente para o jurista de formação, habituado à pesquisa teórico-abstrata e dogmática tão comum à ciência do direito contemporânea.

Apesar da qualidade do trabalho de pesquisa realizado por notáveis predecessores (como Arno Wehling, José Reinaldo de Lima Lopes, Antonio Carlos Wolkmer), a consolidação da disciplina de história do direito é ainda relativamente recente no Brasil. Data, talvez, da sua inclusão como disciplina obrigatória nos cursos de direito (pela Portaria 1.886/1994), ou da criação do Instituto Brasileiro de História do Direito (em 2002); e essa novidade gera dois níveis de dificuldade ao pesquisador iniciante: por um lado, a falta de um acervo acumulado de pesquisas que constituam uma cultura acadêmica comum, apta a ensinar pelo exemplo as técnicas de pesquisa específicas do campo de saber; por outro lado, o severo rigor metodológico imposto pelos pesquisadores da área, resultado não só da elevada qualidade das suas próprias pesquisas, mas também do esforço necessário à consolidação da autonomia da história do direito em meio às demais disciplinas do campo jurídico. Tenho percebido nas duas últimas décadas como essas dificuldades acabam afastando alunos dedicados e interessados, mas inseguros quanto à sua capacidade de estarem à altura dos critérios de qualidade impostos pela exigente comunidade científica dos jus-historiadores.

Percebendo os esforços dos meus orientandos (de iniciação científica, TCC, mestrado e doutorado) em estruturarem os seus projetos de pesquisa em face dessas dificuldades, e diante da impossibilidade de incluir esse treinamento prático como parte da atividade de orientação, sob pena de não restar tempo suficiente ao próprio trabalho de pesquisa, pensei primeiramente em incluir conteúdos de pesquisa prática no currículo das disciplinas que eu ministrava. A medida não foi muito eficiente, por vários motivos: nem todos os estudantes matriculados nas disciplinas obrigatórias de história do direito tinham interesse em se tornarem pesquisadores; as discussões precisavam ser superficiais, para não tomarem muito do limitado tempo dedicado às reflexões sobre o conteúdo da matéria; e muitas vezes os pesquisadores sob minha orientação sequer se encontravam matriculados nessas disciplinas, o que dificultava o acesso às instruções preparadas justamente para eles.

Em seguida a essa experiência inicial, tive a ideia de instituir, na graduação em Direito da UFPR, uma disciplina tópica exclusivamente dedicada à prática de pesquisa em história do direito. Intitulada "Oficina de Pesquisa em História do Direito", com seu próprio nome indicava o objetivo essencialmente prático, de auxiliar os pesquisadores iniciantes a estruturarem os seus projetos em preparação preliminar à atividade de pesquisa, a ser iniciada após a conclusão da disciplina. A experiência gerou excelentes resultados: muitos dos alunos matriculados de fato executaram os seus projetos de pesquisa ao final do semestre, e a orientação prática baseada em seus interesses e objetivos realmente contribuiu para que entendessem melhor a atividade de pesquisa e poupassem tempo e esforço na realização de seus trabalhos. Apesar das vantagens (mais tempo, direcionamento exclusivo à prática de pesquisa, concentração nos interesses de pesquisa individuais), também essa iniciativa tinha limitações: como disciplina tópica, seu acesso estava restrito aos estudantes de graduação de terceiro, quarto e quinto ano da faculdade de Direito da UFPR, o que excluía bolsistas de iniciação científica dos dois primeiros anos, pesquisadores de pós-graduação e estudantes de outras instituições. Além disso, a sua estruturação como disciplina demandava o tempo mínimo de quatro meses para a conclusão do treinamento e a elaboração do projeto de pesquisa, superior ao usualmente disponível para o estudante participante de processos competitivos por bolsas de pesquisa ou por vagas em programas de pós-graduação. Por fim, o sucesso da medida dependeria da oferta permanente da disciplina, o que inviabilizaria o uso das disciplinas tópicas para o ensino de temas avançados de história do direito, como fora a intenção original da proposta.

Foram esses os fatores que me levaram a transformar a experiência de orientação acumulada em minha carreira docente neste pequeno *Guia Prático de Pesquisa em História do Direto*. Disponibilizado como livro, torna-se facilmente acessível a qualquer interessado em iniciar a pesquisa em História do Direito, independentemente de seu grau de formação ou vínculo institucional; registrado por escrito, permite a consulta rápida e instantânea a qualquer tópico, para a resolução de dúvidas específicas de cada pesquisador; formalizado em texto, pode ser lido no tempo que cada pesquisador considere necessário e suficiente à adequada estruturação do seu projeto de pesquisa.

Não se trata, como a esta altura creio já estar claro, de um livro teórico. Não pretendo, aqui, refletir sobre aspectos epistemológicos ou teóricos da pesquisa em história do direito – para o que recomendo a já clássica *Introdução Teórica à História do Direito*, de Ricardo Marcelo Fonseca (2009). Tampouco se trata de um texto de metodologia da pesquisa científica, com orientações sobre a prática científica em geral ou os critérios de normatização pela ABNT. Pelo contrário, trata-se de um texto voltado à orientação prática, com instruções concretas acerca de como realizar cada etapa da pesquisa científica no campo da história do direito, e de que cuidados tomar para evitar as dificuldades e obstáculos que costumam aparecer no caminho dos pesquisadores iniciantes. Para reunir esse conjunto de instruções concretas considerei principalmente a minha experiência como pesquisador (desde 1999 já são vinte e cinco anos de pesquisa em história do direito), as dificuldades enfrentadas por meus orientandos durante a elaboração dos seus trabalhos (desde 2007 foram mais de quinze anos dedicados à orientação de mais de 50 estudantes em 5 instituições diferentes), as reflexões realizadas com os estudantes da disciplina de Oficina de Pesquisa em História do Direito (que tenho ofertado à graduação da UFPR desde 2020) e minha recente experiência como editor executivo da Revista História do Direito (desde 2020 com Thiago Freitas Hansen, sob a chefia editorial de Ricardo Marcelo Fonseca) e como editor-chefe da Revista Ius Gentium (desde 2022).

Ao estruturar as reflexões práticas que compõem o conteúdo dessa obra, busquei consultar textos de metodologia da pesquisa científica que pudessem conter sugestões úteis ao enfrentamento dos problemas específicos da história do direito. Não encontrei obras desse tipo dedicadas especificamente à história do direito, o que ressaltou a importância e a responsabilidade deste trabalho; apesar disso, enquanto o preparava Gustavo Silveira Siqueira publicou o seu *Pequeno Manual de Metodologia da Pesquisa Jurídica ou roteiro de pesquisa para estudantes de Direito* (2020), que embora não trate especificamente da pesquisa em história do direito foi redigido por um grande historiador do direito, e forneceu *insights* preciosos para os debates com meus orientandos. No campo da história geral, *O Projeto de Pesquisa em história: da escolha do tema ao quadro teórico* de José D'Assunção Barros (2015) e *Práticas de Pesquisa em História* de Tania Regina de Luca (2020) também foram inspirações importantes. *Como se faz uma tese*, de Umberto Eco (1996) é uma referência inescapável sobre o tema da pesquisa científica, que sempre indico aos meus orientandos não só por suas densas reflexões teóricas, mas principalmente pelos bons conselhos práticos e de prudência aos jovens pesquisadores. Outros textos de metodologia da pesquisa científica também contribuíram para a estruturação dos conteúdos deste livro, e são individualmente mencionados no capítulo de referências bibliográficas.

Espero que este pequeno *Guia Prático* possa contribuir, por um lado, para desmistificar o temor que costuma assolar pesquisadores iniciantes interessados em se dedicarem à história do direito e, por outro, para apurar o rigor metodológico das suas pesquisas – ampliando o rol de pesquisadores em história do direito, desenvolvendo a qualidade das suas pesquisas, fortalecendo a história do direito como campo científico e, em última instância, aprimorando cada vez mais a compreensão do nosso passado jurídico.

2
A PESQUISA CIENTÍFICA EM HISTÓRIA DO DIREITO

Este capítulo propõe uma reflexão preliminar acerca da natureza científica da pesquisa em história do direito. Serão examinadas a expressão "pesquisa científica" e as peculiaridades específicas da história do direito como campo autônomo de saber científico, e ao final se apresentará uma reflexão sobre a importância do projeto para o trabalho de pesquisa em história do direito.

2.1. A pesquisa científica

Deixando de lado as reflexões mais abstratas da filosofia da ciência e da epistemologia, podemos começar, para as finalidades exclusivamente práticas desta obra, com a adoção de uma definição bastante simplificada da pesquisa científica: a pesquisa científica é um empreendimento prático, racional e sistemático, destinado à descoberta de algum aspecto desconhecido da realidade. Essa definição simplificada nos parece útil em um "Guia Prático" de pesquisa, justamente porque lança luz sobre aspectos do trabalho científico usualmente desconsiderados por pesquisadores iniciantes.

A pesquisa científica é um empreendimento prático.

Em primeiro lugar, o fato de que a pesquisa científica é um empreendimento prático. Dizer que a pesquisa científica é um empreendimento significa dizer, em primeiro lugar, que a pesquisa *é um trabalho que se faz*; e, em segundo lugar, que é um trabalho que se faz *na prática*, pela conjunção coordenada de uma série de ações físicas que contribuem para a coleta e ordenação de informações necessárias à melhor compreensão de aspectos da realidade.

Há certa mistificação que tende a caracterizar o trabalho científico como atividade exclusivamente intelectual, realizada por gênios capazes de, por meio de seu esforço puro de abstração racional, alcançarem revelações místicas ou epifanias acerca dos mistérios ocultos do universo – talvez contaminada somente pelo ato físico de um eufórico grito de "*Eureka!*" enquanto se corre nu e molhado pela cidade[1]. Essa visão do trabalho científico se tornou popular a ponto de alcançar a cultura pop: a sitcom *Big Bang Theory*, focada no cotidiano de quatro cientistas do *Caltech*, incluiu no quarto episódio de sua terceira temporada (*The Pirate Solution*) uma montagem[2] de quase 90 segundos dedicada a apresentar os personagens Sheldon Cooper e Rajesh Koothrappali olhando fixamente para um quadro negro repleto de fórmulas matemáticas enquanto apenas *pensam*, ao som da conhecida trilha sonora de *Rocky III*: a canção *Eye of the Tiger*, da banda americana *Survivor*. A cena ilustra bem o modo como o trabalho científico costuma ser visto pelo leigo: praticamente uma iluminação religiosa, resultado da meditação intensa que apenas cérebros biologicamente privilegiados são capazes de realizar.

Se existe algum tipo de trabalho científico que possa ser descrito dessa forma (e provavelmente não existe), este certamente não é o caso da pesquisa histórica, e menos ainda o da pesquisa em história do direito. Caracterizando-se, afinal, como pesquisa essencialmente empírica, dedicada à compreensão da realidade histórica, depende de um trabalho ativo de escavação dos elementos da realidade que possam ser submetidos à análise historiográfica. A bem da verdade, até mais do que isso: a pesquisa histórica não se limita a obter e descrever os fenômenos que analisa, mas, tratando de fenômenos do passado (que por definição já não podem ser

[1] Como narra Vitrúvio (1914, p. 253) sobre Arquimedes (tradução livre da edição bilíngue latim-inglês): "Hierão, ultrajado com a possibilidade de ter sido enganado, e ainda não sabendo como detectar o roubo, solicitou a Arquimedes que considerasse o assunto. Este último, enquanto o caso ainda estava na sua mente, por acaso foi ao banho, e ao entrar numa banheira observou que quanto mais o seu corpo se afundava nela, mais água corria para fora da banheira. Como isto indicava a forma de explicar o caso em questão, ele saltou da banheira e correu para casa nu, gritando em voz alta que havia encontrado o que procurava; pois enquanto corria gritava repetidamente em grego: 'Εὕρηκα, εὕρηκα'.".

[2] Esse trecho pode ser assistido no endereço eletrônico https://www.youtube.com/watch?v=Dy8EsHZr6DI – acessado em 27 de março de 2022.

observados no presente) é obrigada a sempre *reconstruir* o seu objeto de pesquisa – o que igualmente depende de um conjunto de ações práticas de conexão e atribuição de significado aos elementos obtidos na pesquisa de fontes primárias. E nada disso é atividade de pura abstração intelectual; depende de visita a arquivos, seleção de documentos, leitura, análise, quantificação, classificação, identificação de relações etc.

A caracterização da pesquisa científica em história do direito como um empreendimento prático pode simultaneamente animar e desanimar o pesquisador iniciante; esperamos que anime mais do que desanime. Porque, por um lado, enfatiza o fato de que se trata de uma atividade trabalhosa, que exige rigor metodológico, atenção às fontes, desconfiança de *insights* inovadores e esforço para permanecer aderente à realidade, o que pode ser especialmente difícil ao jurista habituado a elaborar criativamente novas teses jurídicas pelo emprego de técnicas tópicas e hermenêuticas. Por outro lado, porém, torna-a também mais simples, justamente por ressaltar ao pesquisador iniciante que ele absolutamente *não depende* de criatividade, genialidade ou elevação espiritual para realizar um bom trabalho em história do direito, bastando a dedicação cotidiana ao esforço prático de obtenção das fontes de informação necessárias ao estabelecimento das conexões de significados que permitirão a melhor compreensão de nosso passado jurídico. É claro, isso exige trabalho; mas é trabalho regular, burocrático, procedimental, realizado por homens comuns de carne e osso – não por gênios, artistas ou sacerdotes.

Há algo de reconfortante em imaginar que, do *Direito Público na Alemanha* de Stolleis (2018) à *Ordem Jurídica Medieval* de Grossi (2014), passando por *Às Vésperas do Leviathan* de Hespanha (1994) e pelo *Direito e Justiça no Brasil Colonial* de Arno e Maria José Wehling (2004), as mais importantes obras de história do direito começaram por uma tarde gasta em visita a um arquivo ou biblioteca para a seleção dos documentos e textos relacionados ao objeto de pesquisa. Não é necessário ser um gênio iluminado para passar uma tarde na biblioteca escolhendo livros.

A pesquisa científica é um empreendimento racional.

Deve-se ressaltar, contudo, que a caracterização da pesquisa científica como um trabalho prático não elide o seu caráter de *trabalho intelectual*, estruturado segundo princípios racionais. As dimensões e objetivos desta obra não nos permitem iniciar aqui uma longa digressão sobre os limites ou a natureza da racionalidade científica, em geral, ou historiográfica, em particular[3]; o que importa neste momento é recordar que, seja qual for a concepção de racionalidade a orientar epistemologicamente um trabalho científico, é sempre a partir de alguma concepção de racionalidade que ele se faz possível.

Compreender o trabalho científico como empreendimento racional significa opô-lo simultaneamente ao mito e ao arbítrio: ao mito, porque a pesquisa científica não pode se contentar em repetir ingenuamente verdades estabelecidas, sensos comuns e chavões retóricos, devendo ser capaz de superar essa massa acrítica para buscar enxergar, apesar e através dela, o aspecto da realidade que pretende compreender; ao arbítrio, porque os fatos se impõem ao pesquisador independentemente da sua vontade, cabendo-lhe a humildade de racionalmente reconhecer os limites do real em face dos seus desejos, objetivos e interesses.

A ênfase na racionalidade da pesquisa científica se mostra especialmente importante para a pesquisa em história do direito. A sua consolidação científica relativamente recente faz com que ainda seja possível à retórica bacharelesca empregar a história como *topos* argumentativo, em revisões elegiásticas que projetam sobre o passado a imagem de fundação mítica do direito contemporâneo; além disso, as técnicas hermenêuticas da dogmática jurídica contemporânea (interpretação histórica, *voluntas legislatoris*) acabam treinando o jurista de formação para *usar* o passado em função de objetivos práticos no presente, mesmo à custa da distorção de sua própria historicidade.

Ressaltar a racionalidade como característica essencial da pesquisa científica em história do direito implica, assim, uma postura de honestidade intelectual, de esforço para a superação de crenças pré-estabelecidas e a renúncia a eventuais efeitos práticos pretendidos para seguir com sinceridade os percursos da razão na descoberta e compreensão do objeto de pesquisa selecionado.

A pesquisa científica é um empreendimento sistemático.

---

[3] Vale novamente a remissão a Fonseca (2009).

Sendo racional, a pesquisa científica deve se organizar de forma sistemática, tanto para permitir a adequada manifestação da razão quanto para viabilizar a sua comunicação, compreensão e repetibilidade pelos demais membros da comunidade científica. Daí decorre a importância atribuída ao *método*, como forma de organização do trabalho científico e esforço estruturado para o necessário afastamento entre ciência e senso comum.

É claro que pensar o método na pesquisa científica, em geral, e na história do direito, em particular, não significa somente se preocupar com o cumprimento de normas técnicas ou com a padronização formal de textos científicos (embora isso também seja importante); trata-se, principalmente, de estar atento aos modos de produção do conhecimento científico, como condição necessária de inteligibilidade das verdades produzidas por um pesquisador pela comunidade de cientistas à qual são dirigidas.

O reconhecimento de um campo de conhecimento como científico, ao menos desde Bacon (1999 [1620]) e Descartes (2001 [1637]), depende da substituição de uma compreensão "intuitiva" por uma compreensão metódica da realidade. O senso comum não precisa de método; ele é instantâneo, irrefletido, intuitivo e pressupõe a possibilidade de apreensão imediata de um determinado objeto. As conclusões alcançadas pelo senso comum também podem ser racionais, e inclusive verdadeiras: suposições como "hoje deve chover", "esta fruta está estragada", "este caminho é perigoso" não são puramente míticas ou arbitrárias, mas usualmente fundadas em um quadro teórico de referências, claros sinais empíricos e uma pré-compreensão bem estabelecida da realidade a que se referem. E, de fato, ajudam-nos a orientar a nossa vida. O problema do senso comum não é uma sua suposta "irracionalidade" ou "falsidade", mas justamente a impossibilidade de exposição da racionalidade subjacente à sua formação. Essas condições tornam muito mais difícil a demonstração racional das conclusões obtidas, o diálogo acerca dos seus critérios e resultados e, consequentemente, também a identificação de eventuais erros cometidos.

A vantagem do método científico é justamente essa: ao estruturar sistematicamente os passos do raciocínio realizado, o método torna possível a justificação das conclusões alcançadas perante a comunidade científica, o que permite a verificação dialógica dos fundamentos considerados e a clara identificação dos equívocos ocorridos. Essas características permitem a transformação do bom senso individual em empreendimento científico coletivo, o que leva a resultados muito mais sólidos e confiáveis do que aqueles da mera intuição individual.

A pesquisa científica é dedicada à descoberta.

Uma característica até bastante óbvia, mas às vezes descurada pelo pesquisador com formação jurídica, é o fato de que a pesquisa científica é uma atividade dedicada à descoberta de algo que ainda não se sabe.

É muito comum, em pesquisas de disciplinas dogmáticas, a apresentação de trabalhos que se limitam a assumir uma posição em meio a um debate preexistente, ou mesmo a redemonstrar, por novos ou mais complexos argumentos, teses já conhecidas e bem estabelecidas em meio à comunidade jurídica. Afora as situações em que se trata simplesmente de pesquisas ruins (o que é sempre possível), essa circunstância pode ser atribuída em grande parte à natureza do saber jurídico como ciência retórica e argumentativa: uma vez que para a ciência e a prática do direito moderno importam sempre muito mais os fundamentos do que as conclusões, chegar às mesmas conclusões por argumentos distintos ou mais sofisticados não é apenas reiterar conhecimento já conhecido, mas de fato produzir conhecimento novo. A reelaboração retórica e argumentativa de teses já estabelecidas tem, de fato, valor para a dogmática jurídica, na medida em que contribui para reforçar ou enfraquecer a autoridade de posições consolidadas, com impactos relevantes na prática e no conhecimento jurídicos.

Não é assim, contudo, nas ciências empíricas em geral, ou na história do direito em particular. Demonstrar de outra maneira fatos, conclusões ou interpretações já estabelecidas *não contribui* para o avanço do conhecimento científico, pois não aperfeiçoa a nossa compreensão da realidade. É como se logo após que alguém fizesse a afirmação de que "está chovendo" outra pessoa decidisse olhar pela janela para declarar, solenemente: "Sim, aqui na minha janela também está chovendo".

Como já estabelecemos, a pesquisa científica é um empreendimento trabalhoso. Toma tempo escasso, consome recursos limitados, demanda atenção valiosa que poderia ser frutiferamente dirigida a outras atividades igualmente importantes. Em tais condições, dedicar todo esse esforço à demonstração de uma obviedade não representa apenas desperdício da vida do pesquisador, mas de todos aqueles que se encontram direta ou indiretamente envolvidos na atividade de pesquisa – colegas, professores, orientadores, avaliadores, possíveis editores, futuros leitores etc. Não faz sentido ter tanto trabalho para simplesmente reiterar conclusões já conhecidas; mais ainda na história do direito brasileiro, que, pela novidade da disciplina, ainda tem tanto espaço para a descoberta e tanta necessidade de preenchimento dos vazios de conhecimento.

Importante, dessa forma, que o jovem pesquisador faça um esforço adicional para encontrar áreas do conhecimento histórico-jurídico ainda obscuras, ou pouco compreendidas pela história do direito. Mapear território desconhecido é sempre mais difícil e arriscado; mas também é sempre mais enriquecedor, mais relevante e mais recompensador – nunca se sabe que tesouros podem estar escondidos na mata virgem; na pior das hipóteses, valerá para sempre uma nota de rodapé indicando o seu trabalho como um dos precursores na análise daquele objeto em especial.

A pesquisa científica se dirige à realidade.

Este também pode ser um aspecto da pesquisa científica de difícil compreensão por parte do jurista de formação: a pesquisa científica é um instrumento de conhecimento da realidade, dirige-se a ela e a toma como ponto de partida e limite intransponível para as suas reflexões.

Para o jurista pode ser difícil ajustar o seu olhar para enxergar a realidade, porque a pesquisa jurídica é primordialmente um trabalho criativo. De fato, o jurista é alguém que "desenvolve teses", que conecta de forma inovadora elementos (normas, institutos, categorias) já conhecidos para produzir, por ato criador, conclusões inovadoras. Essas conclusões não têm, para o jurista, o objetivo de descrever ou compreender a realidade, mas a pretensão de incidir sobre a realidade de modo a transformá-la – pelo estabelecimento de novas relações jurídicas ali onde, antes, elas não existiam.

Não é esse o objetivo primordial da pesquisa empírica, que pretende, antes de tudo, conhecer a realidade. É claro que a expressão "conhecer a realidade" é na verdade uma simplificação do trabalho realizado pela pesquisa científica em geral, mas principalmente do trabalho realizado pela pesquisa histórica e histórico-jurídica. Poderíamos dedicar algumas dezenas de páginas desta obra à reflexão do significado que pode ser atribuído ao vocábulo "conhecer", como parte dessa expressão; outras dezenas para avaliar o que significa, exatamente, a "realidade" a que ela se refere; mais algumas para ponderar os impactos criativos que o saber científico também pode ter como "produtor" de novas realidades, e outras tantas para discorrer sobre a inaceitável, involuntária ou necessária atuação do historiador no sentido de promover a transformação da realidade em que vive. Mas infelizmente essas reflexões extrapolam os objetivos deste *Guia Prático* e devem ser deixadas para outra ocasião.

O que importa compreender no presente momento é que a pesquisa em história do direito se diferencia fundamentalmente da pesquisa estritamente jurídica na medida em que não busca estabelecer criativamente novas relações ou mais sofisticados argumentos com o objetivo de produzir efeitos normativos na realidade contemporânea, mas busca compreender o passado jurídico em suas próprias relações, significados e normatividades. Isso implica uma postura de abertura do historiador para permitir que as fontes falem a sua própria língua, um esforço ativo para impedir que profiram, anacronicamente, as palavras que nós mesmos lhes ensinamos de nosso presente.

Esse não é um esforço tão simples como pode parecer à primeira vista. Nossa mentalidade jurídica está habituada a carregar a realidade empírica de um sobressignificado, duplicando a realidade das relações factuais com a sobrerrealidade das relações simbólicas, decorrentes do conjunto de normas jurídicas que lhe pretendemos aplicar. Ao se debruçar sobre essa realidade dúplice, a pesquisa jurídica não incide na realidade empírica das relações factuais, mas no campo da realidade simbólica, que é muito mais maleável à intervenção transformadora humana. A pesquisa jurídica atua, assim, para reescrever o código de significados atribuíveis à realidade factual, em uma atividade criativa de transformação do real a partir da inspiração subjetiva individual. O trabalho do jurista moderno e contemporâneo não é o de humildemente compreender o real (como pretendia o jurista medieval), mas o de, como demiurgo, dobrar a realidade aos seus próprios termos.

De modo geral as ciências empíricas costumam realizar o trabalho mais explícito de compreender a realidade empírica, independentemente da rede de significados que lhe é atribuída. Mas o trabalho do historiador, e principalmente do historiador do direito, é um pouco mais delicado: pois também ele atua na sobrerrealidade das relações simbólicas normativas; não, porém, para contribuir no esforço de prescrição normativa, mas limitando-se a buscar compreender os esforços de intervenção ressignificadora realizados pela comunidade histórica que pretende examinar.

Ao se relacionar com a realidade histórico-jurídica, o historiador do direito se torna uma criança em visita à casa de um amigo dos seus pais: "Você pode olhar os brinquedos, mas não pode brincar com eles. Eles pertencem a outra criança. Quando chegar em casa você conta à sua irmã tudo o que viu". Quem convive com pequenos sabe qual é a chance que essa expectativa tem de se realizar; ainda assim, ao se relacionar com a sobrerrealidade simbólica estabelecida pelo direito das sociedades do passado, deve o historiador do direito se esforçar para preservar este princípio ético-científico – no mínimo como objetivo inalcançável e critério orientador de suas práticas e ações.

Podemos, então, encerrar este item, com a conclusão de que a pesquisa científica é um empreendimento prático, racional e sistemático de descoberta de aspectos da realidade que ainda nos são desconhecidos.

Pesquisa Científica	**Empreendimento**
	Prático
	Racional
	Sistemático
	Descoberta
	Realidade

2.2. A pesquisa científica em história do direito

Estabelecida a compreensão preliminar do que é uma pesquisa científica, podemos nos dedicar agora a tentar compreender com maior precisão as peculiaridades específicas da pesquisa científica em história do direito. E para isso devemos ressaltar dois aspectos distintivos da pesquisa histórico-jurídica em relação à pesquisa dogmática mais comum: a sua relação com a realidade histórica e a sua relação com a transformação.

A pesquisa científica em história do direito se relaciona com a realidade histórica.

Já mencionamos, anteriormente, que a pesquisa científica é um empreendimento de compreensão da realidade. Detenhamo-nos, agora, por mais algum tempo neste aspecto particular da pesquisa em história do direito.

De fato, a pesquisa em história do direito se distingue da pesquisa jurídico-dogmática mais usual justamente em função do modo como elas se relacionam com a realidade. A pesquisa dogmática contemporânea costuma ter, apesar das expectativas de Kelsen para a ciência do direito, um objetivo imediatamente prescritivo: embora parta inevitavelmente dos dogmas estabelecidos pelo direito positivo, o trabalho do pesquisador jurídico consiste em estabelecer novas inter-relações, dotá-los de novos significados, interpretá-los, de modo a propor (ou repropor em novos termos) quadros normativos para a orientação jurídica das ações humanas. Trata-se, portanto, de um trabalho que depende de alto grau de criatividade e imaginação, da capacidade de estabelecer novas conexões abstratas e inventar novas realidades a partir da realidade preexistente.

A pesquisa em história do direito estabelece relações de caráter diverso entre a realidade e a criatividade. Embora seja obrigada a contar também com boa dose de criatividade, na história do direito ela é sempre limitada pelos dados objetivos do real – obtidos através da pesquisa em fontes históricas. Essa circunstância restringe gravemente a liberdade criativa do jurista acostumado a lidar com a realidade mais maleável das prescrições jurídicas, que tende a tratar a compreensão do direito do passado do mesmo modo como trata a interpretação do direito contemporâneo: buscando as conclusões mais interessantes aos seus próprios objetivos.

Quem já tentou montar um quebra-cabeças com uma criança pequena sabe como pode ser difícil trazer à realidade quem está acostumado à criatividade e à abstração. A capacidade imaginativa das crianças as leva a não se preocuparem muito com o formato das peças, ou a verificarem se de fato encaixam; partindo da imagem que criaram em suas próprias mentes, vão apenas encaixando as peças que parecem formar o desenho mais bonito – e quando as peças não encaixam a solução é muito simples: empurrar, socar e forçar a peça até que se encaixe. Afinal, o que importa é tornar real o desenho bonito de suas mentes, e não permitir que o real se manifeste em seus próprios termos – assim como costuma fazer o jurista dogmático em suas pesquisas sobre o direito contemporâneo.

O trabalho do historiador, pelo contrário, depende de um enorme respeito ao formato das peças. Sem isso o empreendimento científico corre o risco de se transformar em literatura de ficção, e o passado perde a sua espessura para se transformar em mero espelho do presente. É claro que isso não elide a criatividade também sempre presente no trabalho historiográfico: pois, se é verdade que fazer pesquisa científica em história do direito é como montar um quebra-cabeça, é importante lembrar que se trata de um quebra cabeça com muitas peças faltando, outras tantas deformadas, e sem a tampa da caixa para nos indicar a imagem a ser seguida. A criatividade do jus-historiador entra em ação justamente para preencher esses vazios, presumindo as peças que faltam, imaginando as conexões existentes entre peças distantes e pressupondo a tampa da caixa que outra pessoa teria desenhado, sempre respeitando o formato das peças disponíveis – o que apenas ressalta a importância da cautela com a imaginação e o valor da postura de respeito à realidade que pretende apresentar.

A pesquisa científica em história do direito se relaciona com a transformação.

Outro fator distintivo da pesquisa histórico-jurídica em relação à pesquisa jurídico-dogmática diz respeito ao tipo de relação que estabelecem entre o passado e o presente.

Costuma-se dizer que o que define a pesquisa histórica é que ela se relaciona com o passado; a afirmação não é falsa, mas tampouco é suficiente; afinal, a perspectiva histórica não é a única forma de estabelecer essa relação entre passado e presente. O passado não é exclusividade do saber historiográfico. Podemos nos relacionar com o passado também sob as perspectivas do mito, da fundação, da genealogia, da evolução, da memória, da celebração e até sob outras perspectivas científicas – da arqueologia, da antropologia, da sociologia, da geologia, da biologia, da astronomia etc. Mesmo a dogmática jurídica estabelece relações entre presente e passado, na medida em que realiza o trabalho de interpretação e aplicação de normas criadas no passado – muitas vezes a partir de visões originalistas que buscam na *voluntas legislatoris* o significado a lhes ser atribuído. Enquanto escrevo este livro o Código Civil já tem mais de 20 anos, a Constituição tem mais de 30, o Código Penal tem mais de 80, o Código Comercial tem mais de 170...

Se o passado não é exclusividade do historiador, a marca distintiva da abordagem histórica não é somente a relação que a pesquisa histórica estabelece entre presente e passado, mas os termos em que essa relação se estabelece: a perspectiva histórica é a única que aborda o passado a partir da dimensão da *temporalidade*.

Poderíamos aqui dedicar mais algumas dezenas de páginas a uma reflexão crítico-filosófica acerca da natureza do tempo; não sendo este o caso, para as finalidades deste pequeno *Guia Prático* podemos definir o tempo como a percepção subjetiva da transformação. De fato, somente a transformação nos permite conceber a noção de passagem do tempo: os movimentos dos astros e planetas, as mudanças das estações, o envelhecimento dos seres vivos, o ritmo dos ponteiros do relógio etc.; não fossem os movimentos de transformação da realidade, seríamos incapazes de sequer conceber a passagem do tempo, pois viveríamos em um eterno presente imutável.

Sendo a essência do tempo a noção de transformação, podemos compreender que a especificidade da pesquisa histórico-jurídica consiste em abordar o passado justamente a partir da perspectiva da transformação – não buscando as essências atemporais, as permanências transtemporais, os mitos extratemporais ou as fundações originalistas, mas buscando enxergar e compreender os movimentos de transformação e as diferenças que se estabelecem no direito com o passar do tempo. A premissa é que com o passar do tempo "as coisas mudam"; e a história do direito é a única disciplina científica preocupada em compreender como as coisas mudam no direito com o passar do tempo. A transformação do direito com o passar do tempo é o que deve ser, portanto, o foco do pesquisador dedicado à pesquisa em história do direito; abandonar a perspectiva da transformação é abandonar a perspectiva histórica e, assim, a própria essência da pesquisa histórico-jurídica, que desse modo se converte em filosofia, mitologia, memória, celebração, dogmática jurídica etc. – todas atividades igualmente legítimas, mas não propriamente historiográficas. Trata-se, em suma, de uma questão de foco: se tem razão o poeta andaluz quando diz que "todo pasa y todo queda" (Machado, 1992, p. 8), a História do Direito é o campo de saber que concentra o olhar justamente naquilo que, do Direito, "passa", e não naquilo que dele "fica"[4]. Ninguém é obri-

[4] Embora extrapole os limites deste *Guia Prático*, não custa recordar a importância dessa perspectiva: permite a recuperação da materialidade do universo jurídico, reintegrado pelo saber histórico às complexidades do real; permite a relativização e mobilização do direito contemporâneo, não mais percebido como algo estático e eterno, mas sujeito às vicissitudes do tempo e do espaço; permite a recuperação de um sentido de unidade para a cultura jurídica, integrando-se as suas diversas especializações como parte de uma mesma dimensão jurídico-temporal. Assim, afasta-nos de uma visão ficcional e ilusória do fenômeno jurídico e nos aproxima de uma visão mais clara e realista do que ele é em sua efetividade material. E não é

gado a tentar compreender o passado jurídico em perspectiva histórica; quem deseje fazê-lo, no entanto, deve levar esse aspecto em consideração.

Concluímos, dessa forma, que se a pesquisa científica pode ser definida como um empreendimento prático, racional e sistemático de descoberta de aspectos da realidade que ainda nos são desconhecidos, a pesquisa científica em história do direito se distingue dos demais campos do saber por tomar como objeto especialmente a realidade empírica do fenômeno jurídico, avaliando-a da perspectiva do movimento, da mudança, da transformação.

Pesquisa Científica em História do Direito	**Realidade Histórica**
	Transformação

2.3. O projeto de pesquisa em história do direito

Fixadas as premissas teóricas fundamentais, podemos agora nos debruçar sobre o tema específico desta obra: o projeto de pesquisa em história do direito. Começando por uma compreensão bastante genérica da própria noção de projeto: um projeto é um esforço temporário realizado com o objetivo de alcançar um resultado concebido como principal. A elaboração do projeto é, portanto, uma atividade instrumental, que não se exaure em si mesma; a sua finalidade nunca é o próprio projeto, mas a execução do resultado principal a que o projeto se refere.

O projeto materializa um esforço de planejamento; ele é o instrumento de planejamento e organização necessário à execução de uma atividade longa, complexa, trabalhosa e difícil. De fato, não há necessidade de planejamento para a execução de uma atividade simples – como tomar banho, por exemplo; o planejamento começa a se tornar necessário quando a atividade a ser realizada depende do encadeamento de uma série de atividades interdependentes, de modo que o erro na sequência ou a falha na execução de qualquer uma delas tenha o potencial de frustrar todo o resultado pretendido – como a realização de uma viagem internacional, a construção de uma casa ou, evidentemente, a realização de uma pesquisa científica.

Mesmo quando não materializamos esse planejamento em um documento escrito, ele está sempre presente, implicitamente, na organização

essa, afinal de contas, a função de todo conhecimento científico – afastar-nos do mito e nos aproximar da verdade? Ver Grossi, 2005; Costa, 2010; Hespanha, 2012, p. 13; e Guandalini Junior, 2021, p. 45.

de atividades complexas. A viagem ao exterior depende da emissão do passaporte, da obtenção do visto, da compra das passagens, da reserva do hotel, do câmbio para a moeda estrangeira, da arrumação das malas etc., e a falha em qualquer uma dessas atividades inviabiliza a própria viagem. Ainda que não seja comum a formalização desse planejamento em um "projeto de viagem", ele existe em nossas mentes como orientação do conjunto de tarefas que deverá ser realizado para a sua adequada execução.

O mesmo vale para o projeto de pesquisa: trata-se de um esforço temporário de planejamento das atividades necessárias à realização de uma pesquisa científica. Caracterizando-se a pesquisa científica como atividade complexa e sofisticada, realizada pelo encadeamento de uma série de atos interdependentes de modo que a falha na execução de qualquer um deles pode vir a frustrar o resultado, ela depende da formalização de um planejamento que permita a reflexão, a avaliação, a gestão e o controle da sua adequada execução.

O projeto de pesquisa é a formalização de um esforço temporário de planejamento das atividades necessárias à realização de uma pesquisa científica, por meio do qual se torne possível a reflexão, avaliação, gestão e controle de sua adequada execução.

2.3.1. As funções do projeto de pesquisa em história do direito

O projeto de pesquisa está sempre presente como elemento de orientação da atividade científica. Mesmo quando pesquisadores experientes optam por realizar diretamente a atividade de pesquisa, sem elaborar projeto antecedente, não deixam de estruturar alguma atividade de planejamento – apenas o fazem de modo implícito e intelectual, sem exteriorização material. A vantagem da formalização do projeto de pesquisa está justamente em propiciar a explicitação desse planejamento implícito, o que permite que ele desempenhe algumas funções inatingíveis pelo mero planejamento informal:

a) Critério de Seleção: a exteriorização do projeto de pesquisa permite, em primeiro lugar, a sua utilização como critério de seleção – para um programa de iniciação científica, um programa de pós-graduação ou o financiamento de uma pesquisa.

O trabalho científico consome recursos, sempre escassos em face de outras necessidades igualmente urgentes e importantes. Podem ser recursos financeiros como a concessão de uma bolsa de pesquisa; recursos materiais como espaço físico, materiais, equipamentos; ou até mesmo recursos intangíveis como o tempo de dedicação do orientador ou a atenção de uma instituição de pesquisa; sempre que houver disputa pelo uso desses recursos (e sempre há, pois eles são escassos), a pessoa ou instituição responsável pela decisão acerca do seu emprego será obrigada a definir alguns critérios para eleger o pesquisador apto a utilizá-los da forma mais eficiente. E a qualidade do projeto de pesquisa é um critério importante para a orientação dessa decisão.

Isso vale para qualquer decisão importante sobre o emprego de recursos escassos. Não se inicia a construção de uma casa sem um projeto preliminar que estabeleça pelo menos os parâmetros da construção, o prazo de conclusão, o custo final da obra; e se o projeto parecer insuficiente, inadequado ou pouco detalhado, é muito provável que o investidor opte por abandonar aquele projeto para selecionar outro, que lhe pareça mais viável, econômico, seguro ou bonito.

Essa avaliação é realizada também para a seleção do projeto de pesquisa a ser desenvolvido. Uma vez que ele pretende consumir recursos escassos, é natural que o avaliador opte por dirigir esses recursos somente àqueles projetos que pareçam capazes de empregá-los do modo mais eficaz possível. Para isso ele deve avaliar a ambição do trabalho a ser realizado; a viabilidade prática de execução do projeto apresentado; e a capacidade do pesquisador de o levar a cabo com sucesso.

Se deseja ter o seu projeto agraciado com os recursos pretendidos, o pesquisador deve ser capaz de demonstrar, no próprio projeto, que se trata de um trabalho interessante e enriquecedor para o seu campo de saber; que dispõe das condições práticas necessárias à sua execução (acesso a fontes, disponibilidade de tempo, uso das ferramentas etc.); e que está pessoalmente preparado para realizar a pesquisa com qualidade (conhece o tema, está familiarizado com o estado da arte, domina o método historiográfico etc.).

b) Instrumento de Reflexão: o projeto de pesquisa também é um importante instrumento de reflexão do pesquisador acerca das suas próprias ideias. Muitas vezes a execução de um *insight* genial depende da superação de dificuldades e limitações que só serão percebidas durante o esforço de formalização do seu planejamento em um projeto de pesquisa.

A materialização de uma ideia abstrata em um projeto escrito, o trabalho de identificação de todas as etapas e elementos necessários à sua execução e a necessidade de demonstrar argumentativamente a viabilidade de execução da proposta contribuem para esclarecer o próprio pesquisador acerca das características do seu projeto, permitindo a identificação de falhas, limites e impossibilidades, assim como de caminhos alternativos, fontes imprevistas e abordagens inovadoras que sequer haviam sido consideradas quando o projeto era apenas uma boa ideia.

c) Roteiro de Trabalho: mas o projeto não é útil apenas para a fase de planejamento; também pode ser um importante roteiro de trabalho para a fase de execução da pesquisa. A formalização do planejamento por escrito auxilia o pesquisador a organizar o trabalho que pretende realizar nos próximos meses ou anos, e a realizar a gestão adequada da sua execução.

Ao comparar as etapas do planejamento com as atividades efetivamente realizadas o pesquisador tem condições mais precisas de avaliar o desenvolvimento da sua pesquisa, inclusive tomando decisões sobre a reformulação do projeto relativas à sua viabilidade, à necessidade de redimensionamento, ao grau de dedicação exigido etc.

Além disso, muitas vezes o esforço necessário ao desenvolvimento da pesquisa pode parecer esmagador diante das nossas possibilidades individuais. Esse sentimento é especialmente comum em pesquisas de longa duração, como dissertações de mestrado e teses de doutorado; há momentos em que o trabalho pode parecer interminável, insuportável ou irrealizável. Nesses casos, retornar ao projeto de pesquisa pode contribuir para reestabelecer o sentimento de controle, indicando ao pesquisador a tarefa específica a ser realizada naquele momento, e dividindo um trabalho descomunal em vários trabalhos pequenos a serem sequencialmente realizados.

d) Instrumento de Diálogo: por fim, o projeto de pesquisa é também um importante instrumento de diálogo entre o pesquisador e outros integrantes da comunidade científica – em eventos acadêmicos com colegas pesquisadores, em sala de aula com professores e principalmente em reuniões individuais com o orientador.

Sem um planejamento formalizado, a proposta de pesquisa será apenas, no máximo, "uma boa ideia", que pode até ser elogiada, mas não pode ser debatida pela comunidade científica. Com o suporte material do projeto o pesquisador dá concretude à sua proposta de pesquisa, indicando as bases teóricas, os instrumentos metodológicos, as fontes a serem utilizadas e os objetivos da pesquisa; esse conjunto de elementos possibilita que outros pesquisadores contribuam efetivamente com a elaboração do projeto, apontando falhas e alternativas que, de outra forma, só poderiam ser apontadas tardiamente, como críticas após a conclusão do trabalho de pesquisa.

O debate com outros pesquisadores na etapa de projeto é valiosíssimo, pois contribui para evitar erros e encontrar atalhos antes mesmo do início do seu desenvolvimento, o que poupa tempo e esforço, e contribui para a qualidade do resultado da pesquisa. O trabalho científico é por natureza um trabalho comunitário; ninguém pode ser especialista em tudo, e o diálogo com outros pesquisadores apara arestas e fornece informações que não poderiam ser obtidas de outra forma.

Funções do Projeto de Pesquisa	Critério de Seleção
	Roteiro de Trabalho
	Instrumento de Reflexão
	Instrumento de Diálogo

Mas para ser capaz de cumprir essas funções o projeto deve ser dotado de algumas características importantes.

2.3.2. As características do projeto de pesquisa em história do direito

Ao elaborar o seu projeto de pesquisa, o pesquisador deve se assegurar de que ele tenha as características necessárias ao adequado cumprimento das suas finalidades.

a) Instrumentalidade: todo projeto se define por seu caráter preliminar a outra atividade, concebida como principal. Dessa forma, o projeto nunca é um resultado acabado; trata-se sempre de uma proposta incompleta, que indica as atividades necessárias ao seu posterior desenvolvimento.

No caso da pesquisa científica essa distinção pode ser de mais difícil percepção, porque o conjunto de atividades práticas necessárias à elaboração do projeto é muito parecido com o conjunto de atividades práticas necessárias à execução da pesquisa (o que não acontece com o projeto estrutural de uma casa, por exemplo). Dessa forma, o pesquisador deve dar especial atenção a essa característica, compreendendo que o projeto não se confunde com o desenvolvimento da pesquisa, em si, mas apenas estabelece o planejamento para a sua adequada execução.

Essa é uma característica importante porque é muito fácil adotar a concepção simplista e errônea de projeto como "esboço", "rascunho preliminar" ou "treino" para a pesquisa. O projeto não é o esboço da pesquisa, mas a organização do conjunto de atividades necessárias para que a pesquisa possa ser realizada a contento. Trata-se, apesar das semelhanças, de uma atividade intelectual de natureza e com objetivos bastante distintos.

Isso significa que, apesar do seu caráter inacabado, o projeto não pode ser realizado com desleixo ou descaso. O pesquisador deve se dedicar o máximo possível a organizar um projeto preciso, e com qualidade; mas deve recordar que na fase de projeto não tem a obrigação de produzir a resposta para todas as perguntas formuladas, e que o projeto deve manter os seus espaços de abertura, permitindo a formação de linhas de desenvolvimento indicativas dos caminhos e das possibilidades para a realização do trabalho de pesquisa.

b) Provisoriedade: como atividade preliminar de planejamento da atividade principal, o projeto nunca pode chegar ao grau de detalhamento e certeza da própria atividade principal. Esse caráter preliminar faz com que algumas das suas premissas ou conclusões possam com o tempo se mostrar erradas, inviáveis ou incompatíveis com a realidade prática da pesquisa.

O projeto estrutural de uma casa pode não ter antecipado a presença de solo inadequado à construção pretendida, o planejamento de uma viagem pode não ter previsto a ocorrência de uma pandemia que tornasse mais complexos os preparativos, e um projeto de pesquisa em história do direito pode ter contado com o uso de fontes que mais tarde se descubra serem inexistentes ou inacessíveis. Dessa forma, o projeto se define por seu caráter provisório, devendo sempre se mostrar suficientemente aberto e flexível à mudança para permitir os ajustes e correções necessários à medida em que ele vai se desenvolvendo.

Ao elaborar o seu projeto de pesquisa o pesquisador deve estar atento à necessidade de deixar livres margens de manobra, espaços que tornem possível a sua adaptação aos imprevistos da realidade e às condições objetivas de sua execução.

c) Reflexividade: uma angústia muito comum entre pesquisadores iniciantes é a sensação de que o projeto de pesquisa está ficando repetitivo; parece que as mesmas ideias se repetem a cada capítulo, e os diversos elementos do projeto de pesquisa apenas dizem as mesmas coisas, apenas com palavras diferentes. Pois não há nada de errado com isso; na verdade, é justamente o contrário: haverá algo de errado com o projeto de pesquisa se de repente um dos seus capítulos tratar de um assunto que não tenha qualquer relação com os demais capítulos.

Afinal de contas o projeto de pesquisa se refere, o tempo todo, a apenas uma atividade: o desenvolvimento da pesquisa. Isso faz com que ele tenha a característica distintiva da reflexividade, ou circularidade, que significa que os diversos elementos do projeto de pesquisa devem necessariamente preservar, durante todo o projeto, uma intensa relação entre si.

Essa reflexividade do projeto de pesquisa pode dar a impressão de que o pesquisador está sempre, a cada capítulo, repetindo exatamente as mesmas coisas, mas com outras palavras. Essa impressão tem algo de verdadeira, pois de fato em todos os capítulos do projeto de pesquisa o pesquisador tratará do mesmo assunto: o desenvolvimento da pesquisa; por outro lado, é falsa, porque embora cada capítulo trate do mesmo assunto, fará essa abordagem de perspectivas diferentes – delimitando o objeto, estabelecendo o problema, formulando a questão de pesquisa etc.

Esse esforço reflexivo é fundamental para a boa qualidade do projeto. Em primeiro lugar, porque a sua exaustividade permite ao pesquisador enxergar o seu plano de pesquisa da maior quantidade de ângulos possível, o que contribui para prevenir falhas e aperfeiçoar o seu desenvolvimento; mas também porque a variedade de perspectivas sobre o mesmo tema auxilia a desenhar os diversos olhares que deverão ser dirigidos ao objeto de pesquisa durante a sua execução.

d) Clareza: outra característica importante dos projetos de pesquisa é a clareza. O projeto de pesquisa deve ser claro em suas premissas, em seus objetivos, nas etapas da metodologia etc. O ideal seria elaborar um projeto de pesquisa tão claro, com instruções tão explícitas, que pudesse até mesmo ser executado por outro pesquisador. Isso significa solidez da proposta, clareza de objetivos e segurança quanto aos meios necessários ao seu alcance, e se traduz em maior facilidade durante o processo de execução. Noções obscuras, conceitos difusos, objetivos imprecisos representam obstáculos ao posterior desenvolvimento da pesquisa científica, à avaliação da banca e ao diálogo com o orientador, e por isso devem ser evitados durante a fase de elaboração do projeto.

e) Detalhamento: por fim, o complemento necessário da clareza é o detalhamento. Significa que todas as fases do projeto de pesquisa devem almejar o maior nível possível de detalhamento, buscando tanta precisão quanto possível na redação de seus elementos. A maior precisão também contribui para que o projeto desempenhe com a máxima eficiência as funções que lhe são atribuídas.

	Instrumentalidade
	Provisoriedade
Características do Projeto de Pesquisa	**Reflexividade**
	Clareza
	Detalhamento

2.3.3. Os requisitos do projeto de pesquisa em história do direito

Mas o pesquisador somente conseguirá elaborar um projeto de pesquisa com todas essas características se puder garantir, antes mesmo do início do trabalho, a presença de alguns requisitos básicos indispensáveis.

a) Tempo: o primeiro deles é a disponibilidade de tempo. O pesquisador deve ser honesto consigo mesmo ao avaliar qual é o tempo de que ele efetivamente dispõe para se dedicar à realização da pesquisa científica.

Se é verdade que a pesquisa científica é acima de tudo um empreendimento prático, que pode ser realizado por qualquer pessoa independentemente de quaisquer qualidades especiais, é também verdade que pessoas em circunstâncias distintas terão condições materiais distintas de realização da pesquisa científica – o que inevitavelmente levará a resultados distintos. O projeto de pesquisa deve se adequar com precisão às circunstâncias materiais de sua realização, sob pena de gerar muita frustração a todos os envolvidos (em primeiro lugar o próprio pesquisador) e, no limite, até mesmo o fracasso da pesquisa.

Dessa perspectiva, a "academia" científica é semelhante à "academia" de ginástica: quanto mais tempo se tenha disponível para a dedicação à atividade, mais ambiciosos podem ser os objetivos, pois melhores serão os resultados. Ninguém é impedido de se matricular na academia por ter apenas 3 horas semanais disponíveis para realizar os exercícios; mas é evidente que ele terá que seguir um plano de treinos distinto daquele que o instrutor pode atribuir a quem disponha de 30 horas semanais. Agir de outra forma é promover o seu fracasso, seja pela exaustão, seja pela impossibilidade de cumprir as tarefas semanais, seja pela constatação final de que nenhum dos objetivos inicialmente propostos chegou a ser atingido.

Dessa forma, um requisito essencial a ser considerado previamente à elaboração do projeto de pesquisa é a avaliação, pelo pesquisador, da extensão (quantas semanas, meses, anos) e intensidade (quantas horas diárias, semanais, mensais) do tempo de que dispõe para a realização da pesquisa. Uma avaliação preliminar honesta, por meio da qual o pesquisador consiga identificar e reconhecer as suas reais possibilidades e limitações, é fundamental para a elaboração de um projeto de pesquisa suficientemente ambicioso, viável e compatível com as condições materiais de desenvolvimento da pesquisa científica. Uma pesquisa modesta concluída tem muito mais valor do que uma pesquisa ambiciosa inacabada.

b) Originalidade: outro importante requisito do projeto de pesquisa científica é a sua originalidade. Como já mencionamos anteriormente, a ciência só existe quando há originalidade; afinal, o trabalho científico consiste em descobrir coisas novas, que antes da pesquisa não eram conhecidas. A função da pesquisa científica é acrescentar novas informações aos conhecimentos já disponíveis, e não simplesmente reiterar ou confirmar aquilo que já se sabe. Sem originalidade não existe projeto de pesquisa; pode existir, na melhor das hipóteses, um plano de estudos, que venha a preparar o estudante para, no futuro, desenvolver uma pesquisa efetivamente científica.

Dessa forma, o projeto de pesquisa deve ser compatível com o estágio atual de desenvolvimento da pesquisa científica no campo de saber em que ele se enquadra. Realizar uma pesquisa para provar algo que já se sabe é desperdício de tempo e de vida de todos os que com ela se envolvam.

Por isso o projeto de pesquisa, como um todo, e cada um dos seus elementos, em particular, devem buscar esse objetivo da originalidade – se não todos, ao menos alguns deles: um tema original, um objeto original, uma questão de pesquisa original, uma hipótese original, um método original etc.

c) Exploração Preliminar: e não há outra forma de se produzir conhecimento original sobre um campo de saber a não ser dominando-se, com muita segurança, o conhecimento já produzido naquele campo de saber.

Já havíamos mencionado anteriormente que a pesquisa científica é um "empreendimento prático", ou seja, que ela não nasce de ímpetos criativos ou insights geniais, mas do esforço ininterrupto e cotidiano de resolução dos problemas que enfrentamos na realidade. As "ideias" de pesquisa nascem do esforço de resolução de problemas, mas só é capaz de conhecer os problemas existentes aquele que conhece a realidade em que tais problemas se manifestam.

Para usarmos um vocabulário mais técnico da epistemologia e da história das ciências, a pesquisa científica é sempre pesquisa paradigmática (Kuhn, 2001). Ela depende, portanto, de um profundo conhecimento do paradigma vigente em um determinado campo de conhecimento, e de uma grande habilidade no manejo das suas premissas, categorias e previsões. Mesmo a revolução paradigmática, rara como costuma ser, só pode ser realizada por cientistas já muito experientes na linguagem do próprio paradigma em crise, pois somente em face de uma sólida expectativa acerca do modo como a realidade deveria se comportar é que nos tornamos capazes de observar anomalias inexplicáveis nos termos do paradigma antigo.

É importante compreender, além disso, que o empreendimento científico é sempre um empreendimento coletivo, realizado por uma comunidade de pesquisadores. Ingressar em um campo de pesquisa implica dialogar com outros pesquisadores, e para isso é necessário empregar a mesma linguagem por eles empregada, e estar familiarizado com o conteúdo dos discursos que costumam proferir.

Isso nem tem, necessariamente, relação com a ideia de verdade; é até possível, em tese, que a descoberta da verdade venha de um ato de iluminação individual, após um longo período de meditação solitária. Mas esse processo, por mais que possa de fato conduzir à verdade, não pode ser considerado um processo científico. Pode ser, por exemplo, um processo de iluminação espiritual, a produzir uma verdade religiosa ou filosófica; mas jamais uma verdade científica, que se caracteriza pela observância de um método apto a permitir a verificação dos resultados e a repetibilidade dos processos por outros integrantes da comunidade científica.

A etapa de exploração preliminar materializa justamente esse esforço de familiarização do pesquisador com o assunto que pretende pesquisar.

Ela é essencial não só para garantir a inserção paradigmática da pesquisa (ou seja, que o trabalho seja reconhecido pela comunidade científica como integrante do mesmo campo de saber, por sua linguagem, métodos ou categorias), mas também a sua originalidade (ou seja, que de fato o pesquisador não está somente repetindo investigações já realizadas anteriormente por outros membros da comunidade científica). Isso torna a exploração preliminar importante não apenas para jovens pesquisadores, mas também para pesquisadores experientes, que por um lado devem se manter constantemente atualizados em seu próprio campo de especialização, e por outro podem se ver compelidos a investigar objetos distintos daqueles com que estão habituados, sendo necessária a sua familiarização com o novo tema.

A exploração preliminar também ajuda a superar dúvidas ou inseguranças na elaboração do projeto de pesquisa. Às vezes um pesquisador pouco familiarizado com o tema que pretende estudar pode ter dúvidas na definição do objeto, dos problemas, da questão de pesquisa, da hipótese, dos métodos etc. Essas dúvidas podem ser causadas pelas dificuldades do próprio objeto de pesquisa, mas também por simples desconhecimento do pesquisador quanto às características e ao estágio de desenvolvimento do campo a que pretende se dedicar. Nesses casos, o retorno à fase de investigação preliminar é sempre uma medida útil para ajudar a superar bloqueios criativos.

d) Fontes: Por fim, um requisito imprescindível à elaboração do projeto de pesquisa é a prévia familiarização do pesquisador com as fontes de pesquisa que pretende utilizar.

O pesquisador iniciante deve estar ciente de que é muito comum que o desenvolvimento da investigação se mostre dependente de fontes indisponíveis, inacessíveis, incompreensíveis ou simplesmente inexistentes. Descobrir isso antes do início do trabalho é fundamental, pois pode evitar o desperdício de muito tempo de estudos e pesquisas.

Desse modo, na fase de exploração preliminar o pesquisador deve dedicar algum tempo ao trabalho de definir as fontes que pretende utilizar e descobrir se existem, se estão disponíveis à consulta e se ele tem condições de as compreender (o que é especialmente importante no caso de fontes em língua estrangeira ou manuscritas, a exigirem o domínio de técnicas paleográficas). Sem fontes, afinal, não há pesquisa histórica possível.

Requisitos do Projeto de Pesquisa	**Tempo**
	Originalidade
	Exploração Preliminar
	Fontes

Concluída a reflexão acerca da natureza, das características, dos objetivos e dos requisitos do projeto de pesquisa em História do Direito, podemos agora nos dedicar a investigar especificadamente cada um dos seus elementos, propondo recomendações práticas úteis aos pesquisadores que desejem elaborar os seus próprios projetos.

3
A ESCOLHA DO TEMA

3.1. O tema de pesquisa

A definição do tema de pesquisa é o primeiro passo para a construção do projeto de pesquisa. O tema identifica o assunto macro que será abordado pela pesquisa, e permite identificar o campo disciplinar no interior do qual a pesquisa será desenvolvida. Em última análise a definição do tema de pesquisa se refere à matriz disciplinar, à perspectiva científica que informará a abordagem do objeto de pesquisa. O tema deve responder a seguinte pergunta geral: "De qual perspectiva científica pretendo observar o meu objeto de estudo?"

3.2. Características do tema de pesquisa

a) Área de conhecimento: é muito comum que o pesquisador iniciante confunda o tema de pesquisa com o objeto de pesquisa, e ao ser perguntado sobre o tema já responda, imediatamente, com a descrição do objeto que pretende analisar. Trata-se, na verdade, de elementos distintos, apesar de (reflexivamente) relacionados entre si. Afinal, a definição do tema de pesquisa apenas identifica a área geral de conhecimento a ser abordada pela pesquisa a ser realizada, sem delimitar o pedaço da realidade empírica sobre o qual este campo de saber pretende se debruçar.

Essa distinção pode parecer bizantina – afinal de contas, se eu já sei qual é o meu objeto de pesquisa, para que perder tempo explicando o tema a partir do qual pretendo analisá-lo? A verdade, contudo, é que para além da mera diferenciação conceitual, essa distinção gera relevantes consequências, e um tema de pesquisa mal definido pode atrapalhar bastante a investigação do objeto pelo pesquisador. Ao definir o campo disciplinar a que pertence a pesquisa, o tema indica as lentes através das quais a realidade será observada. Objetos de pesquisa específicos podem ser estudados de várias perspectivas, e a definição da perspectiva contribui para identificar o universo de referências, as fontes a serem empregadas, os objetivos passíveis de serem atingidos etc. Sem essa reflexão a pesquisa pode ficar perdida a meio caminho entre duas áreas, e não se desenvolver de forma satisfatória em nenhuma delas.

b) Precisão: além disso, a definição do tema com precisão também poderá contribuir, no futuro, para tornar mais fácil o trabalho de delimitação do objeto de pesquisa, evitando-se a propositura de pesquisas que tratem de mais de um tema de forma inconsciente. Isso se mostra especialmente importante no caso de objetos complexos, que podem ser abordados de mais de uma perspectiva disciplinar.

Pensemos em um objeto específico de pesquisa; algo, por exemplo, como: "a posição da mulher na penitenciária de Curitiba na primeira metade do século XX". O objeto parece estar bem definido, o que a princípio tornaria desnecessária a reflexão sobre o tema em que ele se enquadra; a verdade, porém, é que este objeto particular pode ser examinado por várias perspectivas temáticas distintas: da "História da Mulher no Direito", da "História do Direito Penal", da "História do Processo Penal", "História da Execução Penal", da "História das Penitenciárias" etc... E a adoção de cada uma dessas perspectivas implica em decisões distintas quanto à escolha do referencial teórico, da metodologia, das fontes de pesquisa, da revisão bibliográfica, da questão de pesquisa, da hipótese de pesquisa etc.

Isso não é nem uma peculiaridade da História, ou da História do Direito; vale para todos os campos de saber. É muito diferente, por exemplo, estudar um aspecto qualquer do corpo humano sob a perspectiva da Física, da Química, da Medicina ou da Biologia. A diferença de perspectiva implica uma diferença de olhar, que gera consequências para o desenvolvimento posterior e os resultados da pesquisa. É necessário, portanto, muito cuidado e atenção no processo de definição do tema de pesquisa, para que ele seja capaz de refletir com precisão a perspectiva de que o pesquisador pretende partir em seu trabalho e, consequentemente, o tipo de pesquisa que será desenvolvida.

c) História do Direito: como este é um *Guia Prático de Pesquisa em História do Direito*, geralmente o tema geral de pesquisa se parecerá com algo como "História do Direito Civil" (ou Penal, Constitucional, Administrativo ou qualquer outra disciplina da dogmática jurídica). Bastará, então, que o pesquisador identifique o campo específico do direito em que deseja desenvolver a sua pesquisa. Mas também pode se organizar de modo supra ou transdisciplinar, como "História da Cultura Jurídica", "História das Práticas Judiciais", "História do Indígena no Direito", "História das Representações Jurídicas" etc.

3.3 Como escolher o tema de pesquisa

a) Interesse: o primeiro passo na escolha de um tema de pesquisa é a avaliação do interesse na realização daquela pesquisa. Um bom tema de pesquisa deve ser capaz de despertar interesse, tanto pela importância do seu estudo de uma perspectiva prática, quanto pela valorização intelectual do conhecimento a ele relacionado. A avaliação do interesse do tema de pesquisa deve ser realizada de pelo menos quatro perspectivas:

i. Interesse do pesquisador: é claro que o primeiro interesse a dever ser considerado na definição do tema de pesquisa é o interesse do próprio pesquisador.
   Afinal, a escolha do tema de pesquisa representa a escolha de uma atividade que acompanhará o pesquisador por um, dois, quatro anos, e às vezes pelo resto da sua vida. Se o tema já de início não é de seu interesse, a pesquisa está fadada ao fracasso, pois ninguém terá a disposição e a energia para dedicar tanto tempo e trabalho ao estudo de um tema que simplesmente não lhe interesse, ou para o qual não possua aptidão.
   Pode se tratar de um interesse prático, como a melhor compreensão de um objeto diretamente ligado à sua atividade profissional (como pesquisador, professor ou mesmo advogado); pode ser um interesse intelectual, motivado pela curiosidade ou pelo desejo de melhor compreender aquele assunto; ou pode mesmo ser um interesse afetivo, fruto de uma relação emocional entre o pesquisador e aquele campo de saber, que por alguma razão o instiga ou empolga a conhecer melhor um determinado tema. O conhecimento depende dos instintos, e a intelecção dos fenômenos do real não passa do resultado provisório de um certo modo de relação entre os instintos:

> 333 – *O que é conhecer?* – "Non ridere, non lugere, neque detestari, sed intelligere", eis o que diz Spinoza com toda a simplicidade e a elevação do seu estilo. Mas o que vem a ser, em última análise, o que vem a ser *intelligere* senão a forma sob a qual as três outras operações aparecem ao mesmo tempo? Senão a resultante dessas tendências contraditórias do riso, da piedade, da maldição? Para que um conhecimento fosse possível, foi primeiro necessário que cada uma dessas tendências desse a sua opinião parcial sobre o acontecimento ou a coisa a conhecer; que em seguida houvesse combate entre essas parcialidades, e que desse combate, enfim, pudesse sair um apaziguamento, um equilíbrio das três tendências, cada uma delas recebendo o que lhe era devido por uma espécie de justiça e de contrato; porque essa justiça e esse contrato lhes permitem subsistir todas e ter razão ao mesmo tempo. Nós, cuja consciência só registra as últimas cenas desse longo processo, a reconciliação e o regulamento de contas, pensamos que *intelligere* é alguma coisa de conciliante, de justo, de bom, de essencialmente oposto aos instintos; ao passo que é muito simplesmente *uma certa relação dos instintos entre eles.* Durante muito tempo o nome de pensamento nunca designou mais do que o pensamento consciente; e é hoje somente que começamos a entrever a verdade; a saber: que a maior parte da nossa atividade intelectual se desenrola sem darmos por isso, sem sentirmos nada; mas acredito que os instintos que entram em jogo no combate de que falamos se entendem muito bem em fazer sentir esta luta e em mortificar o seu possuidor: é daí que provém, talvez, este esgotamento repentino que conhecem todos os pensadores (o horroroso esgotamento repentino do soldado no campo de batalha). Há talvez mesmo, no fundo da nossa alma em luta, inúmeros heroísmos que se não veem, mas não se encontra certamente nada de divino, nada que repouse eternamente sobre si, como acreditava Spinoza. O pensamento *consciente*, e sobretudo o do filósofo, é o menos violento de todos, por consequência a mais suave, a mais calma das categorias de pensamento: também o filósofo é precisamente o mais exposto a enganar-se quanto à natureza do conhecimento (Nietzsche, 2000, p. 208).

A partir dessa relação entre instintos é que se estabelece o interesse a motivar a busca de conhecimento mais profundo acerca de um tema determinado. Dessa forma, cabe ao pesquisador interessado em elaborar um projeto de pesquisa examinar com atenção os seus próprios sentimentos e motivações, para com base neles encontrar um tema que, em primeiro lugar, *deseje* conhecer.

ii. Interesse da sociedade: além do interesse do pesquisador, um bom tema de pesquisa histórica deve interessar também à sociedade de que ele faz parte.
Mas é importante que esse "interesse social" seja muito bem compreendido: não se trata de dar à pesquisa histórico-jurídica algum tipo de "utilidade prática", ou de a vincular a algum objetivo de natureza jurídico-dogmática, como a resolução de um litígio ou a melhor compreensão das "origens ancestrais" de um instituto jurídico. Tampouco se trata de se reduzir a pesquisa científica a mero instrumento de atuação política, ou de se submeter a escolha do tema a uma finalidade política imediata – ainda que justa e nobre, como o "combate às injustiças" ou a "luta contra as opressões do presente". Reconhecer que todo conhecimento tem caráter político não significa reduzi-lo a uma função panfletária, e muito menos desprezar aqueles conhecimentos que aparentemente não sejam úteis a essa função, mas apenas estar atento às condições e efeitos políticos de sua produção; e estar consciente do fato de que todo conhecimento histórico implica uma relação de natureza política entre presente e passado, independentemente da utilidade prática imediata que ele possa ter para as lutas do presente. A esse respeito são sempre pertinentes as críticas de Walter Benjamin à ingenuidade historicista:

> O historicismo se contenta em estabelecer um nexo causal entre vários momentos da história. Mas nenhum fato, meramente por ser causa, é só por isso um fato histórico. Ele se transforma em fato histórico postumamente, graças a acontecimentos que podem estar dele separados por milênios. O historiador consciente disso renuncia a desfiar entre os dedos os acontecimentos, como as contas de um rosário. Ele capta a configuração, em que sua própria época entrou em contato com uma época anterior, perfeitamente determinada. Com isso, ele funda um conceito do presente como um "agora" no qual se infiltraram estilhaços do messiânico (Benjamin, 1996, p. 234).

Dessa forma, avaliar o interesse da sociedade na realização da pesquisa histórico-jurídica proposta significa reconhecer que toda pesquisa histórica é história contemporânea, que o olhar que se dirige ao passado sempre parte do presente, e que as condições sociais da vida contemporânea afetam não somente o tipo de olhar que se dirige ao passado, mas também os pedaços de passado que do presente se decide observar.

Trata-se, então, menos de se construir artificialmente uma narrativa sociopolítica que argumente o potencial daquela pesquisa de salvar a humanidade de toda a injustiça e opressão, e mais de se perceber e explicitar o interesse social que está *sempre*, inevitavelmente, pressuposto na determinação do tema de uma pesquisa científica. Em outras palavras, não se trata de selecionar "temas com interesse social" e descartar "temas sem interesse social"; nem de "demonstrar o interesse social" de qualquer tema de pesquisa escolhido; mas de descobrir quais foram os interesses sociais implícitos que levaram contemporaneamente à opção por aquele tema de investigação – pois se não existissem o pesquisador sequer seria capaz de propô-lo como tema de pesquisa.

O pesquisador deve, portanto, se dedicar a identificar os motivos contemporâneos pelos quais decidiu se dedicar à compreensão de um tema jurídico do passado. Assim será capaz de compreender e de explicitar melhor, inclusive criticamente, as premissas sociais, políticas e históricas que orientam o seu trabalho.

Ou, alternativamente, quando tem dificuldade em decidir o tema da sua investigação, uma útil recomendação prática é realizar o caminho inverso e perguntar-se: "que temas são de interesse do mundo em que vivemos hoje?"

Tudo isso, é claro, com a ressalva de que "interesse" não é necessariamente sinônimo de "utilidade prática", já que esse interesse também pode ser de natureza científica, acadêmica, estética, afetiva, cultural etc.

iii. Interesse da instituição: ao definir o seu tema de investigação o pesquisador deve também levar em consideração o interesse da instituição de pesquisa de que faz ou pretende fazer parte.

Como é impossível a qualquer instituição, assim como a qualquer pessoa, ser especialista em tudo, as instituições de pesquisa costumam se especializar em áreas de concentração e linhas de pesquisa particulares. Essa informação geralmente consta dos editais de seleção de novos pesquisadores ou dos documentos de divulgação das instituições de pesquisa (como sítios eletrônicos, panfletos, divulgação publicitária etc.), sejam elas Universidades, Programas de Pós-Graduação, Fundações ou Institutos especializados em determinados campos de saber[5].

Um bom projeto de pesquisa é aquele que leva em consideração o interesse de pesquisa da instituição em que pretende ingressar, adaptando-se a ele, ou que busca a instituição de pesquisa cujos interesses estejam mais próximos dos seus próprios. Essa recomendação é importante não apenas pela razão pragmática de que a pertinência temática costuma ser um critério importante de seleção de projetos de pesquisa em Programas de Pós-Graduação ou para a concessão de bolsas e financiamento, mas principalmente porque a definição de um tema de pesquisa incompatível com os interesses da instituição à qual o projeto será apresentado tornará muito mais difícil o seu desenvolvimento posterior, seja pela falta de um corpo docente apto a dialogar com o pesquisador e orientar os seus trabalhos, seja pela falta dos recursos materiais necessários ao seu adequado desenvolvimento (fontes históricas, obras de referência, instrumentos metodológicos etc.).

Assim, antes de elaborar o seu projeto de pesquisa recomenda-se ao pesquisador que analise com atenção os documentos, os editais e a produção científica da instituição de que pretende participar, e verifique o alinhamento entre o tema que pretende investigar e os temas que costumam interessar à instituição. Se chegar à conclusão de que os interesses são incompatíveis, o mais prudente é modificar o seu tema de pesquisa para adequá-lo aos temas de interesse da instituição, ou simplesmente buscar outra instituição mais afinada aos seus próprios interesses.

[5] Alguns exemplos: o Programa de Pós-Graduação em Direito da Universidade Federal do Paraná indica as suas áreas de concentração e linhas de pesquisa no sítio eletrônico https://ppgd.ufpr.br/linhasdepesquisa/. O Mestrado Acadêmico em Direito da Uninter indica a sua área de concentração e linhas de pesquisa no sítio eletrônico https://www.uninter.com/mestrado/direito-area-de-concentracao/. O Programa de Pós-Graduação em Direito da Universidade de São Paulo indica as suas áreas de concentração e linhas de pesquisa no endereço eletrônico https://pos-graduacao.direito.usp.br/linhas_de_pesquisa/.

Igualmente, para o pesquisador com dificuldade em decidir o seu tema de pesquisa, uma recomendação prática útil é consultar os documentos, os editais e a produção científica da instituição pretendida e verificar se encontra neles algum tema de pesquisa que pareça interessante.

iv. Interesse do orientador: por fim, o pesquisador iniciante também não pode esquecer que terá a sua pesquisa acompanhada por um professor orientador, que também possui os seus próprios interesses de investigação.

Se nem mesmo as instituições de pesquisa podem ser especialistas em tudo e precisam limitar as suas linhas de pesquisa a alguns temas de interesse específico, quanto mais os professores individuais, com todas as suas limitações de tempo, disponibilidade, conhecimento, recursos e formação. Sendo impossível ser especialista em tudo, também o professor orientador pretendido, indicado ou atribuído ao pesquisador iniciante tem o seu próprio campo de trabalho, o seu próprio interesse temático, as suas próprias linhas de pesquisa. E é claro que cada orientador terá muito mais condições e disponibilidade para orientar pesquisas cujos temas sejam compatíveis com os seus próprios interesses.

Dessa forma, é altamente recomendável que o pesquisador verifique a compatibilidade entre os seus interesses de pesquisa e os interesses de pesquisa do seu pretenso orientador, adequando o seu projeto aos temas de trabalho do orientador, ou buscando orientadores cujos interesses sejam mais próximos dos seus. Um projeto de pesquisa que indique um tema de pesquisa incompatível com os interesses do orientador não apenas tem maiores chances de ser rejeitado, mas mesmo que seja aceito levará inevitavelmente a uma pesquisa mal orientada – seja por desconhecimento, seja por desinteresse do orientador.

Os interesses temáticos dos orientadores disponíveis costumam ser divulgados nos editais e documentos das instituições de pesquisa[6].

[6] Por exemplo, o Programa de Pós-Graduação em Direito da Universidade Federal do Paraná divulga as áreas de concentração e linhas de pesquisa dos seus docentes no endereço eletrônico https://ppgd.ufpr.br/wp-content/uploads/2019/09/docentes-ppgd-ufpr-areas-de-concentracao-e-linhas-de-pesquisa-1.pdf; o Mestrado Acadêmico em Direito da Uninter divulga os temas de interesse dos orientadores disponíveis no endereço https://www.uninter.

Mas também podem ser verificados pela consulta aos seus currículos lattes[7] (especialmente nas seções "Linhas de pesquisa", "Projetos de pesquisa" e "Áreas de atuação"), pela análise da sua atuação profissional e da sua produção bibliográfica (informadas nas seções correspondentes do currículo lattes), ou dos trabalhos que já tenha orientado no passado (informados na seção "Orientação" do currículo lattes).

b) Conhecimento prévio: outro elemento a ser considerado na definição do tema de pesquisa é o conhecimento prévio do pesquisador acerca do tema que pretende pesquisar.

Como já se discutiu anteriormente, a pesquisa científica é um empreendimento motivado pela busca da originalidade, pela produção de novos saberes que avancem o conhecimento já existente acerca de um tema determinado. Em vista desse objetivo, o trabalho científico em qualquer campo do saber exige, necessariamente, que o pesquisador no mínimo conheça muito bem o campo em que pretende atuar. Como poderia, sem isso, assegurar-se de que está de fato produzindo conhecimento inovador? Como seria possível a alguém que não conhece o atual estado de desenvolvimento de um campo de pesquisa se assegurar de que está produzindo conhecimento original, de que não está apenas repetindo informações já conhecidas, ou redescobrindo fenômenos já descobertos?

Dessa forma, ao definir o seu tema de investigação deve o pesquisador considerar se o conhecimento de que dispõe sobre o assunto é suficiente para iniciar o trabalho de pesquisa científica. Essa avaliação deve levar em consideração pelo menos quatro perspectivas:

i. Conhecimento do campo jurídico: o pesquisador deve ter familiaridade com o campo jurídico que pretende examinar.

com/mestrado/mestrado-academico-em-direito-grupos-de-trabalho/; e o Programa de Pós-Graduação em Direito da Universidade de São Paulo os divulga no sítio eletrônico https://pos-graduacao.direito.usp.br/corpo-docente/.

[7] A Plataforma Lattes é um sistema de currículos virtual, criado e mantido pelo Conselho Nacional de Desenvolvimento Científico e Tecnológico, que integra em um sistema único as bases de dados curriculares de todos os pesquisadores e grupos de pesquisa brasileiros. Currículos de pesquisadores específicos podem ser consultados na ferramenta de busca do site da plataforma (https://lattes.cnpq.br/), mas geralmente as instituições de pesquisa divulgam os currículos dos professores que as integram. O meu currículo pessoal, por exemplo, pode ser consultado no endereço eletrônico http://lattes.cnpq.br/1235236220070863.

Mesmo em se tratando de pesquisa histórico-jurídica, que afinal lida com fenômenos distintos do direito contemporâneo, deve-se recordar que a única maneira de se dialogar com o passado é com a linguagem disponível no presente. Renunciar ao conhecimento da linguagem técnico-jurídica contemporânea é renunciar a uma ferramenta imprescindível de aproximação à linguagem jurídica do passado, tanto por suas possíveis semelhanças como por suas inevitáveis diferenças. O domínio do vocabulário, dos institutos, dos conceitos e das categorias do pensamento jurídico contemporâneo pode contribuir para a melhor compreensão do linguajar técnico do pensamento jurídico do passado, para a identificação da especificidade jurídica em meio ao conjunto da vida social, e principalmente para a observação, por contraste, de importantes diferenças de origem, função e significado entre o direito do presente e o direito do passado.

Assim, ao selecionar um tema de pesquisa deve o pesquisador considerar se possui suficiente conhecimento técnico-jurídico do fenômeno que pretende analisar.

ii. Conhecimento do período histórico: tratando-se de pesquisa histórico-jurídica, é claro que o pesquisador deve ter também familiaridade com o período histórico que pretende analisar.

O fenômeno jurídico existe em sociedade, e só pode ser compreendido nos termos do contexto social em que existe. Presumindo-se que a racionalidade jurídica do passado será necessariamente distinta da racionalidade jurídica do presente, mesmo quando empregue palavras, conceitos, institutos aparentemente semelhantes, o seu real significado somente poderá ser adequadamente alcançado se integrado ao contexto histórico-social de que faz parte.

Desse modo, como parte do esforço de definição do tema o pesquisador deverá, ainda na fase de exploração preliminar, consultar obras de história geral especificamente dedicadas ao período histórico que pretenda investigar. Compreender o contexto político, social, econômico e cultural de uma época determinada é imprescindível à compreensão da ordem jurídica que durante ela se formou; sem isso a sua análise tende a ser descontextualizada, realizada com os olhos e os instrumentos técnicos e metodológicos do presente.

O pesquisador deve, portanto, eleger como tema de pesquisa ordenamentos jurídicos de períodos históricos que lhe sejam conhecidos; ou buscar esse conhecimento previamente à definição do tema e à elaboração do projeto de pesquisa.

iii. Conhecimento do espaço geográfico: o conhecimento do período histórico abrange, evidentemente, o conhecimento do espaço geográfico em que os fatos históricos transcorrem.
Parece óbvio que para estudar o direito criminal boliviano do século XIX não basta conhecer a história geral do século XIX; mas é necessário conhecer também as condições específicas da história ocorrida no espaço geográfico da Bolívia durante esse período. Mesmo em períodos históricos semelhantes pode haver diferenças radicais entre sociedades distintas, e o pesquisador deve estar atento às características específicas da sociedade que pretende examinar.
Quanto a este ponto, o risco maior para o pesquisador iniciante é acreditar no caráter "geral" da História que se diz "Geral". Não existe "História Geral"; toda história é particular, e a história que se pretende geral nada mais é que uma história particular que, por razões políticas ou culturais, tem a pretensão de se apresentar com caráter universal – geralmente a História do Ocidente Europeu.
Se é assim, deve o pesquisador, ao definir o tema da sua pesquisa, buscar delimitações espaciais que sejam compatíveis com o seu conhecimento prévio, ou reservar um tempo para se familiarizar com a história específica dos povos e sociedades que pretende estudar.

iv. Conhecimento do estado da arte: por fim o pesquisador deve estar informado sobre o estado da arte da disciplina que pretende pesquisar.
A esse respeito deve-se enfatizar o caráter complexo da pesquisa histórico-jurídica, por se encontrar no entrecruzamento entre o saber jurídico e o saber historiográfico. Essa característica exige do pesquisador esforço redobrado, para a obtenção de um nível de conhecimento razoavelmente profundo das pesquisas que se relacionem ao seu tema da perspectiva da dogmática e da teoria do direito, da perspectiva da história geral e da perspectiva específica da história do direito.
Não se trata somente de dominar as informações e instrumentos básicos; conhecer o estado da arte significa conhecer o que de mais avançado esses três campos do saber produziram em relação ao tema definido para a pesquisa, justamente de modo a tornar possível a

identificação dos problemas e o domínio das ferramentas que permitirão o efetivo avanço do conhecimento científico nesse campo de saber. Somente o conhecimento do estado da arte desses três campos pode assegurar a pertinência paradigmática da pesquisa a ser desenvolvida, tornando possível o diálogo com os demais pesquisadores que estudam o mesmo tema – da perspectiva da história, do direito e da história do direito.

Assim, deve o pesquisador iniciante escolher temas com os quais já esteja familiarizado, ou retornar aos estudos preliminares para antes se familiarizar com o estado da arte do tema que pretende pesquisar.

c) *Viabilidade*: igualmente importante na definição do tema de pesquisa é a avaliação quanto à viabilidade do desenvolvimento da pesquisa naquele campo de saber. A viabilidade deve ser examinada de várias perspectivas:

i. Viabilidade material: a viabilidade material se refere à presença das condições objetivas necessárias ao desenvolvimento da pesquisa: um campo disciplinar consolidado, fontes de pesquisa acessíveis, ferramentas teóricas e metodológicas bem desenvolvidas etc. É importante recordar que também a ciência tem limites objetivos, e a história não é diferente: por maior que seja a boa vontade ou o preparo do pesquisador, ele não tem como pesquisar um tema para o qual não existam fontes de pesquisa, ou que tenham sido destruídas, ou que estejam localizadas em arquivos distantes ou inacessíveis, ou cujo acesso seja reservado ou restrito, ou que estejam redigidas em linguagem incompreensível. A abordagem do tema deve ser viável para o pesquisador.

ii. Viabilidade subjetiva: a viabilidade subjetiva se refere ao preparo pessoal do pesquisador para realizar a pesquisa acerca do tema definido: o conhecimento dos campos jurídico, histórico e histórico-jurídico, o domínio das ferramentas e metodologias disponíveis, a capacidade de interpretação das fontes etc. O pesquisador deve ter a prudência de não se propor um desafio acima das suas capacidades, e ao selecionar o tema optar por um dos dois caminhos possíveis: ou definir um tema com o qual já tenha alguma familiaridade; ou reservar um bom tempo de exploração preliminar para se familiarizar com o tema que pretende pesquisar.

iii. Viabilidade temporal: o pesquisador deve avaliar se o tempo de que ele dispõe para se dedicar à pesquisa é compatível com as ambições do tema de pesquisa pretendido. Tanto no sentido da extensão (quantos meses ou anos para concluir a pesquisa) quanto no sentido da intensidade (quantas horas diárias, semanais ou mensais de dedicação); essa é uma avaliação que deve preceder a escolha do tema sob o risco de o pesquisador se propor a realizar um trabalho que jamais conseguirá concluir. Para isso deve considerar não somente o tempo de redação do texto, mas recordar que a pesquisa também exige tempo para a exploração preliminar e a familiarização com o tema, para o acesso e a obtenção das fontes de pesquisa, para a análise e interpretação das fontes, para a tabulação dos dados obtidos etc. Considerados todos esses fatores, o tema escolhido deve ser compatível com os prazos estabelecidos para a conclusão da pesquisa, considerando-se também os demais afazeres acadêmicos e profissionais do pesquisador, os seus compromissos pessoais e familiares e a carga horária que pretende dedicar ao trabalho de pesquisa.

iv. Disponibilidade de recursos: o pesquisador deve avaliar se dispõe de todos os recursos disponíveis para a realização da pesquisa no tema que selecionou – recursos financeiros, de pessoal, tecnológicos etc. É importante estar atento ao fato de que temas diferentes podem exigir recursos diferentes, e o pesquisador deve refletir sobre as peculiaridades da pesquisa que pretende desenvolver. Conforme o tema de pesquisa podem se mostrar necessárias viagens a arquivos, importações de livros, acesso a obras raras, realização de cópias e digitalização de documentos e bibliografia, emprego de programas de computador, métodos de análise estatística etc. Todas essas providências exigem o emprego de recursos na atividade de pesquisa, e a sua eventual indisponibilidade pode acabar tornando inviável o desenvolvimento da pesquisa. Por isso a definição do tema deve considerar os recursos que estarão disponíveis durante a fase de execução do projeto de pesquisa.

d) Dimensão Histórica: por fim, sendo este *Guia Prático* dedicado especificamente à pesquisa em História do Direito, é importante não esquecer que o tema selecionado deve necessariamente possuir uma dimensão histórica. Três preocupações devem ser consideradas:

i. O foco na transformação: como já mencionamos anteriormente, uma das principais características distintivas da pesquisa em História do Direito é a sua dimensão temporal e, consequentemente, o foco no aspecto da transformação da realidade. Para assegurar-se do caráter histórico-jurídico do tema que pretende propor, é prudente que o pesquisador iniciante se questione sobre a presença da transformação como mote da pesquisa que deseja desenvolver. Cabe sempre a pergunta: "Estou primordialmente interessado em compreender a transformação do fenômeno jurídico do passado, ou em obter elementos que justifiquem ou legitimem uma tese jurídica na contemporaneidade? Meu raciocínio me leva do presente até o passado, ou instrumentaliza o passado aos objetivos práticos do presente?" Não é proibido pesquisar o passado com o objetivo de gerar resultados práticos no presente (por exemplo com a busca da interpretação autêntica ou originalista de uma norma jurídica determinada); só é importante perceber que uma pesquisa cujo tema tenha essas características dificilmente poderá ser considerada uma pesquisa propriamente histórico-jurídica.

ii. A existência de realidade histórica: a reflexão sobre o caráter histórico do tema proposto exige também considerar se o tema selecionado para a pesquisa de fato possui realidade histórica – em outras palavras, se ele de fato existe no período histórico que pretendo examinar. Afinal, nem todos os campos e institutos jurídicos existem desde os primórdios da humanidade; a novidade existe, e quando nos impressionamos com uma novidade podemos sentirmo-nos tentados a projetá-la sobre um passado ancestral de que ela não faz parte. Seria irrazoável propor uma pesquisa sobre a "História da Proteção de Dados no século XIX", por exemplo, simplesmente pelo fato de que a própria noção de "dados" pertence à Era da Informática do final do século XX – e a sua proteção, ao século XXI. O pesquisador deve estar atento a isso, e sempre desconfiar de correspondências fáceis entre temas do presente e temas do passado (como uma suposta relação entre o tema contemporâneo da proteção de dados e o tema liberal clássico da privacidade, por exemplo), avaliando a real existência histórica do tema ao qual pretende se dedicar.

iii. Os riscos da História Contemporânea: o pesquisador deve estar especialmente atento aos riscos de um tema de pesquisa excessivamente contemporâneo. Não é que não se possa fazer uma "História do Direito Contemporâneo"; a "História Contemporânea" já é um campo muito bem estabelecido da própria História Geral. Como argumenta Seelaender (2023, p. 59), "a distância temporal não torna o historiador do direito um eunuco da objetividade", e tampouco a escolha de um tema temporalmente longínquo garante uma visão não-contaminada pelos interesses contemporâneos[8]. O autor ainda aponta que escrever a história do direito contemporâneo também tem as suas vantagens: fontes em material pouco durável permanecem disponíveis, testemunhas vivas podem ser entrevistadas etc. Ocorre que o pesquisador com formação jurídica já tem uma dificuldade natural em lidar com a pesquisa histórico-jurídica, pela profunda diferença de racionalidade entre o saber empírico-descritivo da História do Direito e o saber retórico-prescritivo da Dogmática Jurídica; optar por um tema de pesquisa excessivamente próximo dos dilemas do direito contemporâneo aumenta substancialmente o risco de um escorregão que leve o pesquisador iniciante a que este *Guia Prático* se destina a resvalar na dogmática jurídica, convertendo a pesquisa histórica em interpretação autêntica da *voluntas legislatoris*, com efeitos prescritivos para a realidade contemporânea. E ainda que isso não seja proibido ou reprovável, é importante reconhecer que tampouco pode ser considerado um tema típico da pesquisa histórico-jurídica. Assim, mesmo que não exista uma vedação absoluta a que o historiador do direito se preocupe com temas de História Jurídica Contemporânea (há muitos estudos histórico-jurídicos de qualidade sobre a Constituição de 1988, por exemplo), é recomendável ao pesquisador iniciante que se abstenha de abordar temas dessa natureza, ou ao menos que redobre as suas cautelas para evitar deambulações metodológicas que o desviem do campo histórico-jurídico.

[8] O autor exemplifica: "Quem escreve sobre velhas leis agrárias romanas provavelmente torcerá pelos Gracos lá e pelo MST aqui. [...] Os Gracos de cada um de nós espreitam permanentemente" (Seelaender, 2023, p. 57).

<table>
<tr><th colspan="2">A Escolha do Tema de Pesquisa</th></tr>
<tr><td rowspan="2">Tema</td><td>Tema de pesquisa é a matriz disciplinar que informará a abordagem do objeto de pesquisa.</td></tr>
<tr><td>De que perspectiva científica parte a pesquisa?</td></tr>
<tr><td rowspan="3">Características do Tema</td><td>Área de Conhecimento</td></tr>
<tr><td>Precisão</td></tr>
<tr><td>História do Direito</td></tr>
<tr><td rowspan="4">Como Escolher o Tema de Pesquisa</td><td>Interesse</td></tr>
<tr><td>Conhecimento Prévio</td></tr>
<tr><td>Viabilidade</td></tr>
<tr><td>Dimensão Histórica</td></tr>
</table>

Exemplo de Tema de Pesquisa	História do Direito Administrativo

4
A DELIMITAÇÃO DO OBJETO

4.1. O objeto de pesquisa

Definido o tema da pesquisa a ser desenvolvida, o próximo passo envolve um grau maior de detalhamento e precisão, com a delimitação do objeto de pesquisa. O objeto constitui, de certa forma, uma delimitação específica do tema geral de pesquisa. Representa uma faceta, um aspecto essencial, um pedaço do tema geral a ser abordado. Definido o tema como a perspectiva científica que deverá informar o olhar dirigido sobre a realidade, a delimitação do objeto responde à pergunta mais específica: "Que pedaço da realidade desejo analisar?", ou, mais simplesmente: "O que vou pesquisar?"

4.2. Características do objeto de pesquisa

a) Recorte: é muito comum que os pesquisadores iniciantes confundam o tema com o objeto de pesquisa – tanto pela apresentação de temas excessivamente específicos quanto pela propositura de objetos excessivamente genéricos. Daí a importância de uma apresentação clara do tema de pesquisa, para a delimitação do seu objeto como parte recortada do tema geral.

É necessário delimitar o objeto de pesquisa no interior do tema geral porque é impossível olhar tudo ao mesmo tempo; sendo a totalidade do real inacessível ao olhar humano, somos sempre obrigados a olhar para aspectos parciais da realidade, o que limita aquilo que somos capazes de observar. Para conseguirmos compreender um determinado aspecto da realidade precisamos focar o olhar, e ao agirmos dessa forma inevitavelmente desfocamos o olhar de tudo o que não se relaciona diretamente com o pedaço da realidade que estamos observando naquele momento.

Compreende-se, então, que quanto maior o grau de delimitação do objeto de observação, e consequentemente de foco em um objeto determinado, maiores são as condições de se o examinar em profundidade – e consequentemente de se o compreender.

Projetos de pesquisa com objeto mal definido acabam levando à elaboração de pesquisas dispersas, desconexas, repletas de teorias e citações mal relacionadas e sem qualquer reflexão própria do pesquisador; afinal, ao deixar de focar o olhar no seu objeto específico, é obrigado a replicar o olhar de outros pesquisadores em seu esforço de compreensão da realidade histórica.

O trabalho de delimitação do objeto de pesquisa consiste, portanto, em, partindo da perspectiva fixada pelo tema geral, recortar um pedaço da realidade e fazer dele objeto de atenção exclusiva. Para isso o pesquisador precisa realizar um esforço consciente no sentido de deixar de lado a totalidade do real, concentrando-se somente em um pedaço dele – aquele que, no momento da realização da pesquisa, deseja analisar em profundidade.

b) Subjetividade: é importante compreender, dessa forma, que a delimitação do objeto de pesquisa é resultado de um esforço ativo de reorganização do real a partir do olhar do pesquisador. Não existe um cardápio de objetos de pesquisa "naturais", com base no qual possa o pesquisador simplesmente escolher aquele de sua preferência; a delimitação do objeto é resultado de um trabalho diligente, de reformulação e reenquadramento da perspectiva e das informações disponíveis acerca de um determinado tema de pesquisa. Se isso é verdade para as ciências naturais, é mais ainda para a História, cujo objeto nunca está disponível para ser diretamente observado pelo pesquisador, mas é sempre forjado pelo trabalho criativo de reconstrução subjetiva de um passado que já não existe mais, a partir dos indícios e informações recolhidos no presente. Essa natureza criativa do trabalho de delimitação do objeto de pesquisa na História se tornou ainda mais evidente após as reflexões teóricas propostas pela Escola dos Annales, com sua concepção de objeto-problema e a multiplicação dos objetos passíveis de investigação historiográfica.

c) Objetividade: No entanto, apesar da natureza inevitavelmente subjetiva do trabalho de delimitação do objeto de pesquisa, é importante também enfatizar que devem predominar, nesse trabalho, os seus aspectos *objetivos*: embora a delimitação do objeto pressuponha alguma interpretação da realidade à qual a pesquisa se dirige, o objeto em si especifica o pedaço da realidade que deverá ser analisado pelo pesquisador, e não se confunde com as interpretações que o pesquisador eventualmente tenha produzido ou venha a produzir acerca do seu significado.

O esforço de delimitação do objeto de pesquisa deve ser orientado, dessa forma, por uma postura de equilíbrio. Por um lado, deve-se reconhecer a impossibilidade de objetividade absoluta, na medida em que a própria delimitação do objeto implica um olhar subjetivo por meio do qual o pesquisador atribui significado à realidade sob sua observação, decidindo considerar um determinado conjunto de fatos e relações inicialmente dispersos como um fenômeno que merece ser objeto de pesquisa; por outro lado, deve-se apontar a diferença entre o trabalho de delimitação interpretativa da realidade e o conjunto de teorias produzidas a seu respeito, compreendendo-se o caráter essencialmente empírico do objeto de pesquisa.

Como este *Guia Prático* é dedicado principalmente a juristas de formação, é prudente ressaltar a necessidade de atenção ao caráter empírico do objeto de pesquisa. Como juristas somos treinados para coletar argumentos úteis à defesa de "teses", geralmente prescritivas, aplicáveis à realidade; isso faz com que o risco maior das nossas pesquisas histórico-jurídicas seja o excesso de subjetividade, que geralmente se manifesta de duas formas: pela redução da história a argumento retórico para a defesa de uma tese, ao estilo das "interpretações históricas" dos manuais de hermenêutica jurídica; ou pelo uso do pensamento jurídico do passado como repositório de argumentos a serem utilizados no presente, em vez de fonte de acesso à realidade empírica do discurso jurídico do passado.

Quando lemos, como jus-historiadores, um texto doutrinário do passado, é importante recordarmos que não é conosco que ele está dialogando; mas com os seus contemporâneos, a partir da sua visão de mundo, e buscando resolver os seus próprios problemas. Isso faz com que a leitura historiográfica de um texto doutrinário seja radicalmente distinta da leitura jurídica de um texto doutrinário, que nele busca ferramentas para a resolução de problemas atuais. Não é a mesma coisa ler *O Direito Administrativo Brasileiro* publicado em 1964 por Hely Lopes Meirelles como historiador ou como jurista, e o primeiro passo para a adequada análise historiográfica desse objeto é a capacidade de sua identificação como artefato histórico empírico, e não como pensamento jurídico abstrato – o objeto de pesquisa é algo de que falamos, não alguém com quem falamos.

Em suma, em vista do caráter híbrido subjetivo-objetivo do trabalho de delimitação do objeto de pesquisa, como juristas devemos estar mais atentos ao risco de excesso de subjetividade que ao risco de excesso de objetividade. Reduzir a história a argumento retórico para a defesa de uma tese, transformando a pesquisa em panfleto, manifesto ou petição, é renunciar ao caráter empírico que define a própria pesquisa historiográfica.

4.3. Como delimitar o objeto de pesquisa

a) Compatibilidade com o tema de pesquisa: o primeiro passo é avaliar a relação do objeto com o tema de pesquisa definido. Obviamente, caracterizando-se o tema como a matriz disciplinar a partir da qual será examinado um aspecto da realidade, a realização da pesquisa depende da compatibilidade entre o tema e o objeto, e da possibilidade de ser o objeto analisado com base na perspectiva temática adotada. Se a perspectiva temática não tem relação com o objeto delimitado, um dos dois deve ser modificado para se ajustar ao outro.

b) Precisão: a delimitação do objeto de pesquisa deve buscar a maior precisão possível. O objeto não deve ser genérico e perspectivado como o tema, nem específico e interpretativo como a hipótese e a questão de pesquisa; deve ser capaz de apresentar, descritivamente, o aspecto da realidade ao qual a pesquisa pretende se dedicar.

O objeto de pesquisa também não se confunde com as fontes de pesquisa: as fontes de pesquisa são instrumentos materiais de acesso ao objeto, mas o objeto é geralmente mais amplo que as próprias fontes.

c) Delimitação material: para garantir que o objeto tenha o nível de precisão adequado ele deve ser bem delimitado, e esse esforço começa pela sua delimitação material. Definida tematicamente a matriz disciplinar de compreensão da realidade, é necessário estabelecer o aspecto material da realidade que se deseja examinar.

Assim, por exemplo, uma pesquisa desenvolvida no campo geral da "História do Direito Administrativo" pode ter como objeto o próprio direito administrativo, mas é necessário delimitar materialmente que pedaços do direito administrativo serão analisados – pode ser a doutrina de direito administrativo, a jurisprudência de direito administrativo, a legislação administrativa, as fontes do direito administrativo, os debates parlamentares sobre o direito administrativo, a prática administrativa de um órgão ou ente etc. No caso da minha tese de doutorado, por exemplo, o objeto foi delimitado materialmente como sendo a ciência do direito administrativo.

d) Delimitação espacial: realizada a delimitação material do objeto de pesquisa, o próximo passo é a sua delimitação espacial, que deve ser capaz de identificá-lo geograficamente.

Ainda que a decisão quanto à delimitação espacial seja, em última instância, do próprio pesquisador, é importante ressaltar que ela não pode ser realizada arbitrariamente: é a natureza do próprio objeto que estabelece os cortes espaciais adequados à sua investigação. Alguns objetos serão mais bem compreendidos em perspectiva nacional (por exemplo um objeto de natureza doutrinária), alguns serão mais bem compreendidos em perspectiva local (por exemplo um objeto de natureza jurisprudencial) e outros inclusive em perspectiva transnacional (a tradução de uma teoria ou disciplina recepcionada do exterior). Essa decisão depende, portanto, de uma exploração preliminar de qualidade, que seja capaz de identificar o âmbito espacial adequado ao desenvolvimento da pesquisa.

Deve-se levar em conta também a viabilidade de realização da pesquisa no espaço delimitado – tema sobre o qual discorreremos com mais detalhes adiante.

Continuando o exemplo da minha tese de doutorado, delimitei espacialmente o objeto "História da ciência do direito administrativo" vinculando-o ao espaço territorial do Brasil: "História da ciência do direito administrativo no Brasil".

e) Delimitação temporal: a delimitação do objeto de pesquisa deve ser também realizada em perspectiva temporal, de modo a ser capaz de identificá-lo no tempo.

Tampouco a delimitação temporal do objeto de pesquisa pode ser realizada arbitrariamente, ou ao acaso. Este é um erro muito comum entre pesquisadores iniciantes, que tendem a estabelecer como limites temporais números redondos (por exemplo, "entre 1800 e 1900"), ou vincular a delimitação temporal à história política local ou nacional (por exemplo, "no Império – 1822-1889), mesmo quando tais limites não se mostrem adequados à compreensão do objeto de pesquisa específico. Também a delimitação temporal do objeto deve ser orientada pelo problema de pesquisa, que igualmente pode exigir a superação de limites rígidos. Na fixação do período a ser analisado é necessário respeitar os limites da realidade empírica do objeto, sem cortes artificiais ou incompatíveis com o objeto de pesquisa. Por exemplo, não faz muito sentido vincular uma história da cultura jurídica nacional aos limites temporais dos regimes políticos sucessivamente implantados no território do país, pois provavelmente as transformações ocorridas no âmbito da cultura jurídica não são diretamente influenciadas pelas transformações ocorridas no regime político.

Muitas vezes a delimitação espaço-temporal é imposta pelas fontes de pesquisa, que restringem os pontos de acesso ao passado disponíveis. A carência ou disponibilidade de fontes pode obrigar o pesquisador a dirigir o olhar para um ou outro período histórico, mesmo que a problematização do objeto exigisse delimitação temporal distinta.

Em trabalhos mais complexos também é possível articular delimitações espaço-temporais diversas, com distintos níveis de interpretação do fato histórico (curta, média, longa duração); ou também abranger fases heterogêneas, quando o problema que orienta a pesquisa demande a comparação entre fases contrastantes.

O que importa é que a delimitação do objeto, tanto material, quanto espacial, quanto temporal, deve ser refletida e construída a partir da sua problematização. A história não é dividida em pedaços, é o pesquisador quem a recorta para melhor focar o olhar; é, assim, responsável pela decisão do recorte, devendo ser capaz de justificá-la racionalmente em caso de questionamento – o que só é possível por sua vinculação com o problema que orienta a investigação do objeto.

Desse modo, o espaço da pesquisa deve ser problematizado, o tempo da pesquisa deve ser problematizado. Mas isso só é possível com alguma familiaridade prévia com o objeto de pesquisa, o que (novamente!) depende da qualidade da exploração preliminar realizada. É a exploração preliminar que fornecerá ao pesquisador as informações de que ele necessita para a compreensão dos períodos de crise e ruptura do seu objeto de pesquisa, para a identificação dos períodos espaço-temporais de estabilidade e permanência, para a identificação do material de pesquisa disponível etc.

E é claro que isso exige também a revisão contínua do objeto de pesquisa durante a fase de execução, já que o desenvolvimento da pesquisa pode demonstrar que a delimitação espaço-temporal inicialmente proposta não é adequada ao desenvolvimento do trabalho. Assim, a delimitação espaço-temporal preliminar deve ser tratada como hipótese, passível de ajustes e correções durante a execução do projeto de pesquisa.

A delimitação temporal também deve avaliar a questão da viabilidade, considerando-se a compatibilidade entre a extensão do período a ser analisado e o tempo disponível para a conclusão da pesquisa – o que aprofundaremos a seguir.

Ainda sobre a base do mesmo exemplo, em minha tese de doutorado delimitei temporalmente o objeto "História da doutrina de direito administrativo no Brasil" por sua vinculação ao período durante o qual se desenvolveu a sua primeira manifestação, verificada durante a exploração preliminar das fontes: "História da doutrina de direito administrativo no Brasil entre 1854 e 1884".

f) Possibilidade de observação empírica: outro aspecto comumente descurado pelo pesquisador iniciante é o da possibilidade de observação empírica do objeto delimitado. Muitas vezes, em busca de um objeto de pesquisa radicalmente original, surpreendente ou invulgar, o pesquisador propõe um objeto de pesquisa bem delimitado, mas excessivamente criativo, que não dispõe de condições materiais de observação empírica – o que inviabiliza o desenvolvimento da pesquisa.

Se o objeto é um pedaço recortado da realidade, é importante recordar que esse objeto deve estar disponível à observação empírica do historiador, sob pena de se tornar impossível a realização da pesquisa. É pertinente observar que nem a disciplina histórica, nem os métodos de investigação histórica e nem os historiadores são oniscientes, e que nem todos os aspectos do passado estão acessíveis à nossa compreensão. Justamente o contrário: a maior parte do passado se encontra irremediavelmente perdida, e jamais poderá ser reconstruída; a tempestade que sopra do passado e impele ao futuro o anjo da história de Walter Benjamin empurra também o historiador, que quanto mais se afasta do passado mais se torna incapaz de recolher as suas ruínas para lhes atribuir algum sentido em seu esforço de compreensão.

Angelus Novus (Paul Klee, 1920)[9]

> Há um quadro de Klee que se chama Angelus Novus. Representa um anjo que parece querer afastar-se de algo que ele encara fixamente. Seus olhos estão escancarados, sua boca dilatada, suas asas abertas. O anjo da história deve ter esse aspecto. Seu rosto está dirigido para o passado. Onde nós vemos uma cadeia de acontecimentos, ele vê uma catástrofe única, que acumula incansavelmente ruína sobre ruína e as dispersa a nossos pés. Ele gostaria de deter-se para acordar os mortos e juntar os fragmentos. Mas uma tempestade sopra do paraíso e prende-se em suas asas com tanta força que ele não pode mais fechá-las. Essa tempestade o impele irresistivelmente para o futuro, ao qual ele vira as costas, enquanto o amontoado de ruínas cresce até o céu. Essa tempestade é o que chamamos progresso (Benjamin, 1996, p. 235).

[9] Imagem disponível na Wikimedia Commons, sítio eletrônico https://commons.wikimedia.org/wiki/File:Klee-angelus-novus.jpg, acessado em 25 de abril de 2023.

Assim, objetos de pesquisa muito distantes no tempo, ou sem fontes disponíveis, ou sem outras formas científicas de acesso, não são adequados ao desenvolvimento da pesquisa em história do direito. Dispor-se à pesquisa sobre objetos não alcançáveis pela observação empírica, como as formas de troca entre os povos africanos do ano 8.000 a.C., ou o estado psicológico de Montezuma durante a invasão espanhola, será no mínimo infrutífero. Compreender este fato é essencial à compreensão dos reais limites e possibilidades da pesquisa historiográfica.

Mas além da possibilidade de observação empírica, há uma dimensão mais fundamental desse aspecto que é o fato da própria existência empírica do objeto. Essa parece uma afirmação tão primária que a sua enunciação beira o supérfluo e o absurdo, mas os tempos em que vivemos exigem que a questão seja enfrentada: a História é uma ciência, e como todo saber científico só pode se debruçar sobre aquilo que de fato existe. Ainda que possamos questionar os limites da concepção moderna de objetividade empírica, para fins práticos deve-se reconhecer no mínimo que, como parte de uma comunidade de científica, o objeto examinado pelo pesquisador deve ser razoavelmente considerado existente por parte da comunidade a que pertence. A ciência é um procedimento comunitário e dialógico, e sem esse reconhecimento mútuo recaímos em um solipsismo absoluto que está mais próximo da iluminação religiosa que da atividade científica – ou mesmo da teoria da conspiração.

Podemos ter interpretações diferentes sobre um mesmo fenômeno; podemos lhe atribuir significados distintos; mas precisamos de um mínimo de consenso acerca da sua existência real, sob pena de se negar a própria possibilidade de história empírica e recair no absoluto subjetivismo relativista – e, em casos extremos, negacionista. Nem a História, em particular, nem qualquer outra Ciência, em geral, pode ser realizada dessa forma; o mínimo necessário é uma concepção de mundo compartilhada, e também a delimitação do objeto deve levar este fato em consideração.

g) Problematização: ainda não é o momento de se avançar até o tema da formulação do problema[10], mas é importante ressaltar desde já que o pesquisador deve considerar a possibilidade de problematização do seu objeto de pesquisa.

[10] Ver *infra*, cap. 6.

Desde a primeira metade do século XX a historiografia tem buscado a substituição da tradicional história narrativa por uma "história-problema", que se dedique a interpretar e compreender o seu objeto de investigação em vez de se limitar a apenas descrevê-lo factualmente. Ao adotar a multidisciplinariedade como premissa metodológica, acoplando outras disciplinas ao estudo da história, os integrantes da Escola dos Annales contribuíram para o desenvolvimento de uma nova concepção de "fato histórico", não mais compreendido como mera realidade objetiva, mas como construção do próprio historiador mediada pela teoria, pelos problemas e pelas hipóteses por meio das quais se dirige ao passado. É conhecido o exemplo seminal da pesquisa de Lucien Febvre (2009) sobre o problema da incredulidade no século XVI: mais do que narrar fatos, propõe-se a compreender uma mentalidade, a partir da investigação sobre o suposto ateísmo atribuído a Rabelais. Isso conduz também a uma nova concepção de "fato histórico", que deixa de ser compreendido como realidade dotada de objetividade intrínseca para passar a ser concebido como construção teórica do próprio historiador, a partir dos problemas e hipóteses com os quais se dirige ao passado.

Dessa perspectiva, o objeto de pesquisa não pode ser mero fato a ser descrito; ele é, primordialmente, um problema a ser compreendido, o que depende de uma abordagem que permita a sua emergência como problema: a delimitação de um objeto excessivamente amplo acaba conduzindo às tradicionais "histórias gerais", sempre superficiais, factuais, narrativas e incapazes de se fixarem com atenção sobre um objeto de pesquisa problematizado; é necessário, portanto, especificar, contextualizar, atentar a elementos de contraste e obscuridade, para a partir deles formular um objeto de pesquisa compatível com o trabalho de problematização histórica.

Continuando com o mesmo exemplo já discutido, o objeto de pesquisa "História da ciência do direito administrativo no Brasil entre 1857 e 1884" pode se tornar muito mais complexo e interessante após um esforço de problematização, que ultrapasse a mera descrição das obras doutrinárias para buscar a compreensão das funções político-discursivas desempenhadas por tais artefatos no contexto histórico em que existiram – delimitando-se o objeto de pesquisa, por exemplo, como a "Formação e função da doutrina de direito administrativo no Brasil entre 1854 e 1884".

h) Viabilidade: uma característica já mencionada anteriormente, mas que agora passamos a examinar com mais profundidade, é a da necessária viabilidade do objeto de pesquisa. A análise do objeto de pesquisa delimitado deve ser viável, em vários sentidos.

i. Viabilidade de acesso: deve-se considerar, em primeiro lugar, a viabilidade de acesso ao objeto de pesquisa proposto. Pressupondo-se que ele existe, que é passível de observação empírica, que as fontes estão disponíveis, resta a questão prática incontornável: é viável o acesso deste pesquisador específico às fontes de pesquisa existentes? Muitas fontes são preservadas em arquivos de acesso restrito, ou se encontram em países distantes, ou estão desorganizadas, ou espalhadas por arquivos dispersos, ou não podem ser interpretadas, e todas essas dificuldades práticas podem tornar completamente inviável a execução de um projeto de pesquisa que na teoria parecia possível. O pesquisador deve, portanto, estar seguro de que terá condições de analisar o objeto de pesquisa que pretende delimitar.

ii. Viabilidade temporal: outro aspecto a ser considerado é o da viabilidade temporal: o pesquisador dispõe do tempo necessário para a adequada investigação do objeto de pesquisa que delimitou? Como já mencionamos anteriormente, é necessário avaliar tanto a extensão de tempo disponível (em semanas, meses anos) quanto a intensidade de dedicação de tempo disponível (quantas horas por dia, semana, mês) para a análise do objeto delimitado. Um objeto de pesquisa muito amplo ou extenso pode ser incompatível com as condições efetivas de trabalho do pesquisador, e acabar levando ao fracasso do projeto elaborado. Em caso de dúvida, é sempre mais prudente partir de um objeto de pesquisa mais restrito, muito bem delimitado, e avaliar as possibilidades de sua ampliação durante o andamento da pesquisa. É claro que há pesquisas a que se dedica uma vida inteira, mas é importante estabelecer marcos intermediários de conclusão: não só para a adequada gestão do tempo, mas até para a sensação de realização do pesquisador, que dá fôlego para a continuidade do trabalho sob novas perspectivas.

iii. Viabilidade material: por fim, deve-se considerar também a viabilidade material de execução da pesquisa, em seus vários aspectos: verificar se o pesquisador domina os métodos por meio dos quais analisará o objeto de pesquisa; se compreende o idioma das fontes e das obras de referência; se dispõe de acesso aos equipamentos a serem

utilizados; se conhece os instrumentos que pretende empregar; se dispõe dos recursos financeiros necessários para a aquisição de livros, fotocópias, viagens, acesso a arquivos etc.
Em suma, ao elaborar o seu projeto de pesquisa o pesquisador deve considerar se o escopo delimitado para o objeto é compatível com as suas forças e condições de trabalho.

i) Dimensão Histórica: por fim, tratando-se de uma pesquisa em História do Direito, o objeto de pesquisa delimitado deve possuir dimensão histórica. Essa expressão deve ser concebida em dois sentidos.

i. Existência histórica: em primeiro lugar, o objeto deve ter efetivamente existido no período histórico delimitado para a pesquisa. É um hábito muito comum, entre juristas sem formação historiográfica, projetar sobre o passado normas, instituições, categorias e práticas jurídicas típicas da realidade jurídica contemporânea. A perspectiva dogmática de análise do Direito contribui para isso, na medida em que tende a apresentar os institutos jurídicos contemporâneos de forma hipostasiada e descontextualizada, como entes universais e absolutos; isso acaba levando os juristas a enxergarem o direito contemporâneo de maneira a-histórica, concebendo-o como uma realidade sempre existente, em vez de como fenômeno sujeito ao nascimento, às transformações do tempo e à morte.
   Ainda que algum grau de abstração seja sempre necessário para permitir o diálogo entre presente e passado (por exemplo do conceito de propriedade, a viabilizar a análise histórica de uma *proprietas* romana que tem muito pouco em comum com as nossas próprias concepções de apropriação de coisas), há situações em que o esforço de abstração supera os limites do razoável, tornando impossível qualquer comparação que não seja completa distorção do direito do passado para se adaptar às expectativas do que pretende enxergar o olhar contemporâneo. Há institutos e soluções jurídicas tão atuais e inovadores que qualquer tentativa de se produzir conhecimento histórico a seu respeito está fadada ao fracasso – a não ser que se adote, obviamente, uma abordagem de história contemporânea. Seria pouco razoável, por exemplo, uma pesquisa que delimitasse como seu objeto a "história da propriedade intelectual na República Romana".

Nem tudo o que existe hoje também existiu no passado. Este fato é consequência da própria concepção de pesquisa histórica como pesquisa sobre a transformação, e reconhecê-lo é essencial para que o objeto delimitado não seja mera ficção – ou, pior ainda, projeção anacrônica no passado de objetos e problemas típicos e específicos de nossa realidade no presente.

ii. Possibilidade de transformação: mas enfatizar a dimensão histórica do objeto de pesquisa delimitado implica também em reconhecê-lo como passível de transformação. Afinal, caracterizando-se a pesquisa jus-historiográfica essencialmente como o estudo das transformações por que passa o direito através do tempo, um ente jurídico cuja própria possibilidade transformação é *a priori* negada jamais pode ser objeto de pesquisa historiográfica.

Assim, a delimitação de um objeto de pesquisa relacionado à "história dos direitos naturais", por exemplo, só pode ser compreendida sob a condição de se negar a própria premissa jusnaturalista: de que existiria um conjunto de direitos naturais absoluto, universal e imutável. Uma pesquisa como essa só faz sentido como "história do jusnaturalismo", ou seja, das várias maneiras como as sociedades do passado têm compreendido a categoria dos direitos naturais, e das várias transformações ocorridas no conceito, na forma e no conteúdo dos direitos naturais com o passar do tempo – o que, em última análise, os extrai do âmbito da estabilidade natural para recolocá-los no domínio da variabilidade histórica.

É claro que isso depende menos das características do objeto delimitado que de um certo olhar a ele dirigido pela abordagem historiográfica. Elementos aparentemente estáveis e eternos podem se mostrar, para o historiador atento, passíveis de transformação – e muitas pesquisas relevantes já o tem feito com sucesso para institutos que se apresentam com pretensão de eternidade como a propriedade, a família, a subjetividade, a arbitragem etc.

<table>
<tr><th colspan="2">A Delimitação do Objeto de Pesquisa</th></tr>
<tr><td rowspan="2">Objeto</td><td>É a delimitação específica do tema geral de pesquisa, um pedaço do tema geral a ser abordado.</td></tr>
<tr><td>Qual é a parcela da realidade que a pesquisa pretende analisar?</td></tr>
<tr><td rowspan="3">Características do Objeto</td><td>Recorte</td></tr>
<tr><td>Subjetividade</td></tr>
<tr><td>Objetividade</td></tr>
<tr><td rowspan="9">Como delimitar o objeto de pesquisa</td><td>Compatibilidade com o tema de pesquisa</td></tr>
<tr><td>Precisão</td></tr>
<tr><td>Delimitação Material</td></tr>
<tr><td>Delimitação Espacial</td></tr>
<tr><td>Delimitação Temporal</td></tr>
<tr><td>Possibilidade de Observação Empírica</td></tr>
<tr><td>Problematização</td></tr>
<tr><td>Viabilidade</td></tr>
<tr><td>Dimensão Histórica</td></tr>
</table>

Exemplo de Objeto de Pesquisa	A função da doutrina de direito administrativo no Brasil entre 1857 e 1884.

5
A IDENTIFICAÇÃO DO REFERENCIAL TEÓRICO

5.1. O referencial teórico

A identificação do referencial teórico da pesquisa permite compreender a perspectiva por meio da qual o pesquisador atribui significado à realidade que pretende analisar. O referencial teórico remete, portanto, a uma determinada maneira de se compreender o campo de fenômenos que serão examinados na sua pesquisa. Ele é o conjunto de lentes através das quais se torna possível a compreensão do objeto de pesquisa delimitado, é o modo como o pesquisador enxerga o mundo. Para identificar o referencial teórico de que parte na investigação do objeto delimitado o pesquisador deve se perguntar: "De que maneira enxergo a realidade?"

A reflexão sobre o referencial teórico toma por premissa o fato de que a realidade em estado bruto é inacessível à mente humana. Toda compreensão da realidade passa necessariamente por um filtro semântico, e é este filtro semântico a determinar as pré-compreensões fixadoras do campo de significados passíveis de serem produzidos acerca dos fenômenos a serem observados. É impossível compreender a realidade sem um quadro teórico de referência que oriente essa compreensão; ele está sempre presente como condição de possibilidade de qualquer esforço de conhecimento do real, mesmo que de modo inconsciente. Até a pessoa sem formação científica necessariamente parte de algum tipo de referencial teórico ao praticar um ato simples como pegar um guarda-chuva antes de sair de casa – por meio do qual atribui significados à chuva, ao fato de se molhar na rua, ao esforço de se proteger da chuva, à estrutura física da realidade que faz com que a chuva caia e o guarda-chuva seja capaz de protegê-la etc. Estando o referencial teórico sempre presente, mesmo inconscientemente, incumbe ao pesquisador não tanto um trabalho de "escolha" do referencial teórico, mas principalmente de sua "identificação": cabe-lhe refletir criticamente sobre a sua existência, descobrir as premissas, conceitos e categorias de que parte em seu esforço investigativo e explicitar o quadro teórico implícito por meio do qual enxerga e atribui significado à realidade.

A teoria funciona, assim, como o suporte analítico por meio do qual os dados obtidos na pesquisa empírica podem ser compreendidos; ela fornece as definições conceituais, as categorias explicativas e um conjunto de proposições que permitem atribuir significado à realidade e compreender fenômenos do mundo natural. Dessa perspectiva, não existe teoria correta ou teoria errada; toda teoria permitirá a atribuição de um conjunto limitado de significados a uma parcela limitada da realidade, e impedirá a observação e compreensão de outras parcelas, assim como a atribuição de outros significados. A definição do referencial teórico a ser adotado em uma pesquisa científica deve levar em consideração a sua compatibilidade com a situação que requer a sua incidência, avaliando a sua capacidade de atribuir significados, fornecer explicações e fazer previsões acerca do objeto específico delimitado para a pesquisa.

5.2. Características do referencial teórico

a) Abstração: toda teoria é resultado de um esforço de reflexão, abstração e generalização a partir de eventos particulares. Isso significa, por um lado, que toda teoria científica é construída a partir de uma experiência empírica, o que a torna sempre particular, portanto, incapaz de dar conta da totalidade do real; mas significa também, por outro lado, que o esforço de abstração tem sempre a pretensão de generalidade, ou seja, de que aquela explicação teórica percebida como válida a partir de um ou de um conjunto de casos possa também ser aplicada a outros casos semelhantes que venham a se apresentar na realidade.

O referencial teórico pode ser desenvolvido de forma original por cada pesquisador, a partir da sua própria experiência de pesquisa, de modo a explicar o seu objeto de pesquisa particular e outros semelhantes. É a linha adotada por grande parte dos historiadores vinculados à *Nouvelle Histoire* dos Annales: a crise das metanarrativas pós-68 e a quebra da pretensão de totalidade histórica conduziram a historiografia a uma fragmentação discursiva, passando-se a demandar uma multiplicidade de teorias e metodologias específicas que fossem capazes de dar conta da multiplicidade de temas variados que então se tornavam objetos de investigação.

É claro, porém, que não é necessário criar um arsenal teórico completamente novo para cada pesquisa, especialmente em se tratando dos pesquisadores iniciantes que constituem o público preferencial deste *Guia Prático*. O mais comum será que o pesquisador, já previamente formado por uma perspectiva teórica preexistente, empregue-a na compreensão do objeto de estudo que tenha selecionado. Não pode esquecer, contudo, que mesmo essa perspectiva teórica preexistente também foi construída a partir da observação de casos particulares, o que a torna inevitavelmente limitada, parcial e imperfeita; e nem que o esforço de abstração necessário à sua aplicação a casos distintos pode exigir correções, adaptações e ajustes conforme o objeto de pesquisa específico a que se destina.

A característica de abstração faz com que o referencial teórico não possa ser confundido com os elementos de compreensão teórica especificamente aplicáveis à pesquisa que se pretende desenvolver – como a hipótese, os objetivos etc. Afinal, todo o trabalho de pesquisa se desenvolve a partir de abstrações discursivas, que empregam conceitos, categorias, explicações gerais etc.; tais abstrações de nível intermediário não se confundem com o referencial teórico, cujo caráter mais completamente abstrato presume a pretensão de explicação geral e a possibilidade de sua aplicação a objetos de pesquisa distintos daquele sendo analisado.

O referencial teórico também não se confunde com a metodologia, sempre mais concreta e referida a uma determinada maneira de se realizar o trabalho de pesquisa. É claro que estão articulados, e que uma determinada opção teórica acaba orientando os encaminhamentos metodológicos; mas o referencial teórico está mais ligado a compreensões gerais da realidade, enquanto a metodologia se traduz em atividades práticas de desenvolvimento da pesquisa.

Por fim, o referencial teórico também não se confunde com a revisão bibliográfica, que indica as obras relevantes para a compreensão do objeto de pesquisa, mas não o quadro teórico geral que orienta o seu desenvolvimento. O referencial teórico é o quadro de conceitos geral empregado pelo pesquisador na compreensão do seu objeto de pesquisa; a revisão bibliográfica é composta pelas diversas interpretações concretas já desenvolvidas acerca do objeto de pesquisa, com as quais o pesquisador pode dialogar, discordar, concordar, criticar etc.

b) Autoconsciência: na medida em que se propõe a produzir conhecimento original acerca de um determinado fenômeno histórico, a pesquisa histórico-jurídica é sempre obrigada a partir de um conjunto de explicações pressupostas acerca da realidade a ser estudada. Essa teoria pressuposta pode ser resultado de uma escolha teórica deliberada, pode ter sido inconscientemente absorvida das obras examinadas na fase de exploração preliminar, ou pode mesmo se tratar de uma concepção teórica irrefletida, produzida ingenuamente pelo senso comum sem passar pelo crivo da crítica científica. Seja como for, está sempre presente, influencia as formas pelas quais o pesquisador compreende a realidade e por isso deve ser objeto de uma autoanálise cuidadosa que promova a sua explicitação e permita o desenvolvimento de uma autoconsciência a respeito da sua existência e das suas características.

Se é inevitável enxergar o mundo por intermédio dos filtros do referencial teórico, é necessário que o pesquisador esteja no mínimo consciente dos filtros que o influenciam, de modo a compreender de onde parte e até onde pode enxergar. Essa autoconsciência permite ao pesquisador tomar conhecimento dos limites da sua própria visão de mundo e tomar consciência dos limites da pesquisa científica que pretende desenvolver. A opção por um referencial teórico traz consigo implicações para o desenvolvimento posterior da pesquisa – conceituais, metodológicas, de perspectiva... Estar ciente dessas implicações facilitará enormemente a preparação e a execução do projeto.

A autoconsciência do referencial teórico é importante também para o debate franco perante a comunidade científica; a explicitação das categorias pressupostas na compreensão da realidade histórica permite aos demais pesquisadores entabularem um diálogo mais profundo e efetivo com a pesquisa a ser realizada, pois torna possível a prévia identificação da visão de mundo que orienta a pesquisa, do idioma empregado em sua compreensão e dos termos com base nos quais o objeto será analisado.

c) Coerência: a autoconsciência quanto ao referencial teórico de que parte a pesquisa também é importante para se assegurar a sua compatibilidade com o projeto proposto. Ainda que de uma perspectiva estritamente científica seja difícil classificar peremptoriamente uma teoria como correta ou errada, há teorias mais ou menos adequadas à compreensão de determinados fenômenos históricos. Se a teoria é a lente que nos permite enxergar a realidade, é pertinente ponderar que para enxergar a Lua eu preciso usar um telescópio, mas para observar bactérias será mais útil dispor de um microscópio. Nem o telescópio, nem o microscópio são melhores que a alternativa, mas podem ser mais adequados à observação de um aspecto ou outro da realidade. Deve-se avaliar, portanto, se o referencial teórico proposto é coerente com o recorte proposto para o objeto delimitado.

Assim, uma pesquisa que aborde um tema de natureza mais profundamente econômica ou política, como por exemplo a História do Direito do Trabalho, pode se beneficiar de um referencial teórico marxista; já uma abordagem voltada a temas relacionados ao pensamento jurídico, como por exemplo a História do Direito Constitucional, talvez seja mais bem desenvolvida sob a perspectiva da história dos conceitos de Reinhart Koselleck.

É claro que não há uma regra rígida a esse respeito, e tudo depende da visão de mundo pessoal do pesquisador e da perspectiva que ele deseja adotar na abordagem do seu objeto de pesquisa. O pesquisador é livre para escolher, criar ou mesmo combinar mais de um referencial teórico no desenvolvimento de sua pesquisa – ressalvada a incontornável exigência de coerência também entre os diversos referenciais teóricos adotados. Deve estar ciente, porém, de que terá o ônus argumentativo de demonstrar a aplicabilidade e a compatibilidade das premissas teóricas de que parte com os aspectos da realidade que se dispõe a analisar.

d) Conhecimento prévio: um requisito evidente, mas usualmente descurado pelos iniciantes, é a necessidade de conhecimento prévio do referencial teórico a ser empregado pelo pesquisador.

É mais comum do que deveria a escolha de um referencial teórico apenas por parecer muito interessante, ou por ser compatível com um determinado posicionamento político, ou mesmo por ser bem-visto pelo orientador ou pela instituição que se deseja agradar. É claro que todos esses motivos também são razões legítimas para a escolha de um referencial teórico, mas não são suficientes; devem ser respaldados pelo seguro domínio dos seus fundamentos, preceitos, desdobramentos, variações e subcorrentes. Há ocasiões em que o historiador precisa inclusive delimitar o seu referencial teórico, optando por uma corrente ou abordagem específica no interior da teoria geral escolhida (muito comum em teorias com pretensão de totalidade ou objeto de intensa disputa política intrateórica, como é o caso do marxismo).

Desse modo, o pesquisador tem apenas duas opções: ou opta por um referencial teórico já conhecido, no interior do qual se sinta seguro para manejar conceitos e formular explicações gerais; ou retorna à fase de exploração preliminar, aprofundando o seu conhecimento teórico até se sentir apto a empregar com segurança as categorias e proposições da perspectiva teórica escolhida.

e) Teoria da História: tratando-se de um projeto de pesquisa em História do Direito, é evidente que o referencial teórico adotado deve ser capaz de formular uma teoria do processo histórico – fornecendo categorias aptas a explicar os processos de transformação social, os modelos de reconstrução do passado histórico, os tipos de relação que se estabelecem entre presente e passado, a natureza da verdade produzida pelo saber historiográfico, o papel desempenhado pelo direito no transcurso histórico etc.

A ressalva, apesar de óbvia, é importante, porque este *Guia Prático* tem em mente principalmente o leitor jurista – muito fortemente habituado a adotar perspectivas teóricas não-empíricas e não-históricas em seus esforços de compreensão da realidade. Assim, teorias de natureza puramente lógica, filosófica ou dogmática são incompatíveis com o desenvolvimento da pesquisa em História do Direito, pois não fornecem respostas completas e convincentes a todos os obstáculos usualmente enfrentados pela pesquisa historiográfica. Pelo contrário, tendem a estabelecer um quadro de interpretação da realidade como ente estático e universal, em vez de como algo passível de transformação histórica, e assim acabam atrapalhando o desenvolvimento da pesquisa histórico-jurídica.

f) Teoria do Direito: mas é claro que além da explicação teórica sobre o processo de transformação histórica, o referencial teórico de uma pesquisa em História do Direito deve também fornecer algumas explicações teóricas de caráter geral acerca da natureza e do funcionamento do fenômeno jurídico.

Ainda que nesse tipo de pesquisa o direito seja a rigor o objeto de uma investigação que mantém o seu caráter essencialmente historiográfico, e que para conseguir enxergar as diversas manifestações de juridicidade no decorrer do tempo seja necessário evitar definições muito densas do fenômeno jurídico[11], algumas concepções básicas devem ser estabelecidas pelo

[11] Ver Guandalini Junior (2022).

menos como bússolas da investigação historiográfica, ou como critérios de contraste e comparação que permitam a exposição das peculiaridades dos ordenamentos jurídicos do passado. Assim, para além de uma teoria do processo histórico, é necessário que o referencial teórico (ou um dos referenciais teóricos) da pesquisa contenha também uma teoria do direito, fornecendo explicações a questões como o que é o direito, de que maneiras ele pode se manifestar empiricamente, como ele opera, qual é o papel desempenhado pelo direito em uma determinada sociedade, quais são as principais causas de sua transformação etc.

5.3. Como identificar o referencial teórico

a) Identificação das variáveis relevantes: o primeiro passo a ser dado no esforço de identificação de referencial teórico de uma pesquisa científica é a identificação das variáveis relevantes à compreensão do objeto delimitado. Trata-se, em outras palavras, de identificar com clareza que aspecto da realidade o pesquisador pretende analisar, e quais são os fatores que ele considera relevantes à compreensão desse aspecto do real. Identificados tais fatores, torna-se possível selecionar o referencial teórico que pareça mais apto a permitir a sua observação, análise e compreensão, assim como o astrônomo e o biólogo somente escolhem o telescópio ou o microscópio após decidirem compreender o universo sob a perspectiva dos astros ou dos micróbios.

Dessa forma, cabe ao jus-historiador perguntar-se sobre os aspectos que pretende focar em seu esforço de compreensão do passado jurídico, e então avaliar as perspectivas teóricas mais capazes de fornecer explicações satisfatórias quanto aos aspectos de seu interesse.

A avaliação das variáveis explicativas do objeto de pesquisa também pode ser útil para a identificação do referencial teórico implícito, inconscientemente pressuposto pelo pesquisador na análise do seu objeto de pesquisa. A reflexão sobre as respostas que daria a questionamentos mais gerais sobre a natureza da História e do Direito pode ser um recurso muito útil, pois permite a tomada de consciência e a organização racional da visão de mundo que orienta a pesquisa; questões como: qual é o principal fator de transformação histórica? Qual é o papel dos indivíduos na história? Qual é o papel das coletividades na história? Qual é o papel do direito na história? Quais são os elementos mais importantes à compreensão de uma sociedade no passado? Que conceitos e categorias preciso empregar para a compreensão do meu objeto de estudo?... E assim por diante. As respostas dadas a essas perguntas podem auxiliar o pesquisador a organizar a sua visão de mundo e adquirir consciência teórica durante a sua investigação.

b) Definição conceitual: outra prática útil à identificação do referencial teórico que orienta o desenvolvimento da pesquisa é a realização de um trabalho prévio de definição conceitual, por meio do qual o pesquisador formule e organize os principais conceitos e categorias a orientarem a compreensão semântica do objeto de pesquisa.

Assim, um trabalho sobre a História do Direito Constitucional, por exemplo, deve partir de concepções razoavelmente claras acerca do que é uma constituição, de qual é o papel desempenhado por uma constituição no interior da ordem jurídica e constitucional, de qual é a maneira pela qual uma constituição é ou deve ser elaborada etc. Tomando por base essas definições o pesquisador poderá identificar a perspectiva teórica mais compatível com as categorias que precisará empregar, ou até mesmo elaborar a sua própria perspectiva teórica.

c) Revisão da literatura empírica: o referencial teórico também pode ser identificado pela observação das perspectivas teóricas usualmente adotadas pelas pesquisas já realizadas acerca daquele mesmo objeto.

As pesquisas já realizadas provavelmente enfrentaram dilemas e obstáculos muito semelhantes aos que serão enfrentados pela nova pesquisa proposta; assim, examinar as soluções teóricas já empregadas na superação dessas dificuldades pode fornecer boas sugestões de categorias e explicações úteis à nova investigação.

Além disso, ao desenvolver a sua investigação o pesquisador se integra ao paradigma teórico de um campo de saber, que possui linguagem própria, perspectivas específicas e um conjunto de questões consideradas relevantes. Comunicar-se no mesmo idioma, inclusive teórico, é uma boa sugestão a quem deseje ser parte relevante do diálogo entabulado pela comunidade científica.

Recomenda-se, então, que durante a revisão da literatura produzida sobre o seu campo de investigação o pesquisador faça um mapeamento das perspectivas teóricas manejadas, realizando uma análise comparativa das diversas visões teóricas existentes e identificando os seus principais elementos – argumentos, hipóteses teóricas, conceitos, categorias, proposições explicativas etc. Com base neles poderá selecionar ou desenvolver uma perspectiva teórica adequada a esse diálogo.

d) Revisão da literatura teórica: por fim, também pode auxiliar no trabalho de identificação do referencial teórico a ser empregado na pesquisa o retorno à fase de estudos e exploração preliminar, com a revisão da literatura de natureza teórica produzida sobre a História e o Direito, em geral, e sobre o tema de pesquisa selecionado, em particular. A revisão de textos teóricos sempre pode contribuir para uma visão mais sofisticada e complexa dos processos de transformação histórica e do seu impacto nas transformações jurídicas, e consequentemente para a adoção de uma perspectiva teórica mais adequada ao desenvolvimento da pesquisa pretendida.

Esse trabalho pode ser feito em duas perspectivas: tanto pela revisão de manuais e obras didáticas relacionadas à Teoria da História e à Teoria do Direito, quanto pela leitura mais aprofundada de obras teóricas de autores específicos que tenham refletido sobre estes temas.

No campo específico da História do Direito a obra de referência é a já clássica *Introdução Teórica à História do Direito*, de Ricardo Marcelo Fonseca (2009), que apresenta um panorama das principais teorias da história disponíveis e avalia os modos como podem ser empregadas na pesquisa histórico-jurídica; no campo da História Geral há uma variedade maior de textos disponíveis, mas costumo recomendar o curso em cinco volumes de *Teoria da História* de José D'Assunção Barros (2011), que é muito completo e bastante didático e acessível ao pesquisador iniciante. A leitura atenta dessas duas obras pode fornecer um apoio precioso a quem esteja enfrentando dificuldades na identificação do referencial teórico da sua pesquisa – pelo menos sob a perspectiva histórica.

<table>
<tr><th colspan="2">A Identificação do Referencial Teórico</th></tr>
<tr><td rowspan="2">Referencial Teórico</td><td>É o conjunto de conceitos, categorias e explicações que torna possível a compreensão do campo de fenômenos a serem examinados; é como uma lente por meio da qual se observa o objeto de pesquisa delimitado.</td></tr>
<tr><td>Como o pesquisador enxerga a realidade?</td></tr>
<tr><td rowspan="6">Características do Referencial Teórico</td><td>Abstração</td></tr>
<tr><td>Autoconsciência</td></tr>
<tr><td>Coerência</td></tr>
<tr><td>Conhecimento Prévio</td></tr>
<tr><td>Teoria da História</td></tr>
<tr><td>Teoria do Direito</td></tr>
<tr><td rowspan="4">Como identificar o Referencial Teórico</td><td>Identificação das variáveis relevantes</td></tr>
<tr><td>Definição conceitual</td></tr>
<tr><td>Levantamento bibliográfico</td></tr>
<tr><td>Revisão da literatura teórica</td></tr>
</table>

Exemplo de Referencial Teórico	A arqueologia do discurso e a analítica do poder de Michel Foucault.

6
A FORMULAÇÃO DO PROBLEMA

6.1. O problema

O problema da pesquisa consiste em uma dificuldade inscrita no tema escolhido. Apresenta-se como especificação do tema e do objeto de pesquisa, realizando uma delimitação complementar do objeto ao apresentá-lo não só como fenômeno a ser descrito, mas também como problema a ser compreendido. Dessa forma o problema esclarece a dificuldade com a qual se defronta o pesquisador, e que ele pretende resolver com o seu trabalho de pesquisa. Na formulação do problema o pesquisador deve se perguntar: "Por que aquele objeto histórico desafia o olhar contemporâneo? O que há nele de incompreensível ou relevante, que toca as angústias do presente?"

Muitos manuais de metodologia acabam identificando o problema de pesquisa com a questão de pesquisa – ou seja, a pergunta que a pesquisa pretende responder. Trata-se de uma opção válida, mas que torna menos complexa a estruturação do projeto de pesquisa. É verdade que todos os elementos do projeto estão sempre tratando do mesmo assunto, abordado por facetas distintas – conforme a reflexividade e a circularidade que lhe são características; mas é verdade também que quanto mais variadas as facetas por meio das quais se observa o objeto, mais complexa é a compreensão que pode ter dele o pesquisador, e mais sofisticada será a sua abordagem durante a execução da pesquisa. Assim, ainda que o problema possa ser identificado com a questão de pesquisa, parece-nos que a separação entre esses elementos por sua lapidação em facetas distintas pode contribuir para a acurácia e o melhor desenvolvimento do projeto.

Em vista desse esforço de distinção podemos definir a questão de pesquisa como um elemento pertinente ao interior da própria pesquisa que será realizada, indicando a pergunta específica que a pesquisa pretende responder[12]. Já o problema pode ser compreendido como um elemento transcientífico e metatextual, que não se refere somente à questão específica daquela pesquisa, mas ao campo de saber ou à sociedade como um todo – e que aquela pesquisa, em conjunto com outras, pode contribuir para resolver. Se a ciência pode ser compreendida como uma marreta por meio da qual derrubamos os muros que nos incomodam no presente, o problema da pesquisa pode ser compreendido como o muro a ser derrubado, enquanto à questão se refere ao ponto do muro que pretendo atacar.

A metáfora pode ser ainda muito abstrata para se compreender a distinção entre o problema e a questão de pesquisa. Mas essa é uma distinção bastante perceptível nas disciplinas tecnológicas, que, voltadas à modificação da realidade, têm sempre um problema prático muito claro a orientar o desenvolvimento de suas pesquisas. Pensemos, por exemplo, nos esforços científicos recentemente realizados para o enfrentamento da pandemia de coronavírus; todos as pesquisas realizadas tinham um problema comum muito claro a enfrentar: a contenção da pandemia; mas cada uma delas partiu de uma questão de pesquisa particular nesse esforço coletivo: como desenvolver uma vacina, como desenvolver um tratamento, como conter os índices de transmissão, qual a eficácia de máscaras – ou versões ainda mais específicas dessas perguntas, que superam a capacidade de compreensão de quem não seja especialista nesses campos de saber (como é o meu caso).

Na História pode ser mais difícil estabelecer um corte claro entre o problema e a questão de pesquisa, porque raramente a pesquisa historiográfica terá em mente a resolução de um problema prático evidente. Ainda assim, toda pesquisa histórica é filha do seu próprio tempo, e é inevitável que o interesse que a motiva tenha alguma relação, ainda que remota, com um problema enfrentado no presente – social, ou mesmo estritamente científico. Se a pesquisa historiográfica é como um "salto de tigre em direção ao passado", o problema consiste nas razões que levaram o tigre a saltar, em primeiro lugar.

[12] Ver infra, cap. 8.

A Origem é o Alvo.
Karl Kraus, Palavras em verso

> A história é objeto de uma construção cujo lugar não é o tempo homogêneo e vazio, mas um tempo saturado de "agoras". Assim, a Roma antiga era para Robespierre um passado carregado de "agoras", que ele fez explodir do continuum da história. A Revolução Francesa se via como uma Roma ressurreta. Ela citava a Roma antiga como a moda cita um vestuário antigo. A moda tem um faro para o atual, onde quer que ele esteja na folhagem do antigamente. Ela é um salto de tigre em direção ao passado. Somente, ele se dá numa arena comandada pela classe dominante. O mesmo salto, sob o livre céu da história, é o salto dialético da Revolução, como o concebeu Marx (Benjamin, 1996, p. 232).

Retomando o exemplo já trabalhado anteriormente, o problema que motivou minha pesquisa sobre a história do direito administrativo brasileiro no século XIX foi a constatação de que havia livros de direito administrativo circulando no país em uma época durante a qual não deveria haver, pois a historiografia predominante indicava a década de 1930 como o período de formação da burocracia administrativa nacional. Essa surpresa se constituiu como ponto de obscuridade, aspecto inexplicável da realidade observada, a motivar a concentração do olhar contemporâneo em sua melhor compreensão. Afinal, compreender melhor este fato ajuda a compreender melhor o próprio processo de formação de um Estado Nacional brasileiro. O problema se apresenta, assim, como perplexidade: se a Administração Pública brasileira só se estrutura completamente na década de 1930, por que circulavam textos de direito administrativo no Brasil do século XIX?

É claro que essa distinção não significa que não haja relação entre problema e questão de pesquisa. Estes elementos permanecem, como aliás todos os elementos do projeto de pesquisa, intimamente relacionados: um problema de pesquisa geral pode ajudar a identificar questões de pesquisa particulares, a serem respondidas com os métodos e hipóteses sugeridos pelo próprio problema geral.

O problema também não se confunde com os objetivos da pesquisa, que são aqueles resultados específicos que o pesquisador pretende obter com a sua realização. Mas está igualmente ligado a eles, na medida em que os objetivos gerais costumam estar relacionados à resolução do problema apresentado à realidade.

O problema, assim, especifica o tema e o objeto de pesquisa ao apresentar um obstáculo que se pretende superar durante a sua compreensão. Isso faz com que a pesquisa historiográfica não seja meramente factual, descritiva e narrativa, mas também interrogativa, interpretativa e compreensiva da realidade.

6.2. Características do problema

a) Sentido Interrogativo: na medida em que corresponde a uma dificuldade inscrita no objeto de pesquisa, o problema historiográfico tem naturalmente sentido interrogativo, referindo-se a um ponto obscuro de compreensão da realidade do passado ou de ação na sociedade contemporânea. Assim, estabelece a vinculação do trabalho de pesquisa à realização de um esforço para se conhecer o que não se sabe, ou para enfrentar uma dificuldade ainda não superada.

b) Sentido Compreensivo: nos termos propostos pela Escola dos Annales, um problema de pesquisa tem sempre sentido compreensivo e interpretativo. O problema se vincula a um esforço de compreensão de aspectos desconhecidos do passado, que seja capaz de produzir novos significados a seu respeito e de estabelecer novas condições de diálogo entre presente e passado. Não se trata simplesmente de "descobrir e descrever de forma narrativa um fato ou acontecimento desconhecido", como na antiga historiografia positivista; trata-se de apresentar novas interpretações, para a melhor compreensão do passado e de nosso próprio tempo.

c) Delimitação do Recorte: afirmando-se como especificação do tema e do objeto de pesquisa, o problema precisa, necessariamente, delimitar o seu campo de abrangência. Não pode, dessa forma, ser genérico; deve especificar com precisão a obscuridade que se pretende compreender e o campo de interpretações passível de ser mobilizado nesse esforço de compreensão.

O problema complementa, assim, o recorte espacial e o recorte temporal do objeto delimitado; é o problema que fornecerá os critérios desse recorte, o que evitará cortes arbitrários ou irracionais, vinculados a elementos não relacionados ao objeto de pesquisa. É também em função do problema que todos os elementos do projeto deverão ser manejados durante a realização da pesquisa.

d) Precisão: o problema proposto deve ser claro e preciso. Problemas muito vagos são problemas insolúveis, e que não contribuem para a orientação do pesquisador durante o esforço de pesquisa que pode conduzir à sua resolução; problemas muito simples tornam a pesquisa desnecessária, pois não há motivo para pesquisar um problema já resolvido; problemas muito complexos tornam a pesquisa inútil, pois não há razão para investigar um problema que sejamos incapazes de contribuir para resolver. O problema deve ter a medida de complexidade precisa e adequada às pretensões e possibilidades da pesquisa.

e) Caráter Prático ou Teórico: toda pesquisa se desenvolve com vistas à resolução de um problema da vida, ainda que ele não pareça tão evidente à primeira vista. Se não houvesse um problema a ser resolvido sequer haveria motivação para o esforço de pesquisa, que não teria razão de existir.

Esse problema pode ter natureza prática ou teórica: pode se tratar de um problema relativo à vida prática da sociedade contemporânea, e que a pesquisa histórico-jurídica tem o potencial de contribuir para resolver (por exemplo uma pesquisa relativa à história da desigualdade racial ou de gênero no direito brasileiro, e que pode auxiliar diretamente na compreensão desses problemas na contemporaneidade); ou pode ser um problema de caráter mais estrito, relativo ao campo de saber em que a pesquisa está sendo desenvolvida.

A verdade é que na ampla maioria das vezes os dois tipos de problemas estarão presentes: um problema prático motiva questionamentos por parte do pesquisador, que descobre que a pesquisa científica ainda não produziu as respostas de que ele precisava; assim, parte em busca da resolução imediata do problema teórico (a lacuna no campo de conhecimento) com o objetivo mediato de resolver também o problema prático (a questão social a ser enfrentada).

6.3. Como formular o problema

a) Interesse Pessoal: o caráter às vezes excessivamente abstrato do problema de pesquisa pode tornar difícil a sua formulação. O primeiro passo é avaliar os motivos que levaram o pesquisador a se interessar por aquele projeto de pesquisa, em primeiro lugar, o que muitas vezes pode ser resultado de processos inconscientes.

Ninguém se interessa por estudar algo sem qualquer ligação com as necessidades práticas da vida cotidiana; mas muitas vezes essas necessidades permanecem ocultas, o que acaba atrapalhando o desenvolvimento e a execução do projeto: o pesquisador entra em crise existencial por se tornar incapaz de compreender a quê todo aquele trabalho se destina, e não enxerga mais o sentido da sua pesquisa. Às vezes devemos realizar um esforço quase psicanalítico para conseguirmos desvelar os verdadeiros interesses a orientarem a nossa pesquisa por trás da aparente neutralidade do discurso científico.

Identificar o interesse pessoal naquela pesquisa pode contribuir para a formulação de um problema mais preciso e coerente com o objeto de pesquisa, e mais apto a orientar a construção dos demais elementos do projeto.

b) Interesse científico: outra medida útil ao pesquisador em dificuldade quanto à formulação do seu problema de pesquisa é avaliar o interesse científico no desenvolvimento da pesquisa. Afinal, para que o problema possa ser considerado um problema científico (paradigmático), ele deve ser considerado um problema relevante por parte da comunidade de pesquisadores em que o projeto se insere. Para isso o pesquisador deve estar muito bem familiarizado com os trabalhos científicos produzidos naquele campo de saber, que o ajudam a identificar o que é ou não considerado um problema por parte da comunidade.

Algumas perguntas podem ajudar nessa reflexão: este problema realmente merece investigação? Este problema existe ou foi inventado pelo pesquisador? Este problema permanece pendente, ou já foi resolvido por outras pesquisas? Tenho algo de novo a dizer acerca deste problema?

No caso específico da pesquisa em História do Direito deve-se realizar o trabalho adicional de verificar-se o reconhecimento do problema pela perspectiva histórica, em geral, e histórico-jurídica, em particular. Alguns problemas relativos ao direito do passado podem parecer relevantes de uma perspectiva filosófica, teórica, ou mesmo dogmática, mas não ter interesse algum para a comunidade de historiadores do direito. Por exemplo, não há qualquer interesse historiográfico em se enfrentar o problema da "norma fundamental do direito babilônio" ou do "direito constitucional grego", ainda que tais problemas possam ser relevantes para um teórico do direito ou um constitucionalista. Somente a íntima familiaridade com o método histórico-jurídico, adquirida na fase de exploração preliminar, pode dar uma resposta segura a essas questões.

c) Interesse social: após a identificação dos motivos pessoais e científicos que levaram o pesquisador a se interessar por aquele objeto de pesquisa, deve-se realizar um esforço de abstração, identificando-se de que modo ele se relaciona com os interesses gerais da sociedade. Afinal, nem o interesse individual nem o interesse científico poderiam existir sem alguma forma de interesse social naquele tipo de investigação; de alguma maneira, aspectos determinados da vida em sociedade orientaram a percepção de um objeto específico como problemático por parte do pesquisador e da comunidade científica, e os motivaram a investigá-lo cientificamente.

A identificação da correlação entre a percepção pessoal de um objeto como problemático e os motivos sociais que levam à sua percepção como problemático também pode contribuir para a maior autoconsciência do pesquisador acerca dos motivos que o levaram a realizar pesquisa proposta. Os interesses do pesquisador podem ser instrumentalizados por interesses ocultos, condicionados por visões ideológicas ou manipulados por intenções políticas; ainda que seja impossível eliminar esses aspectos da pesquisa científica, é importante ao menos estarmos cientes de quais são os nossos, para que saibamos por que consideramos problemático um dado objeto, ou a que interesses atendemos quando o designamos como problema de pesquisa.

d) Materialidade: o resultado desse esforço de abstração, quando bem realizado, não é a desconexão da realidade ou o isolamento do pesquisador em uma torre de marfim, mas justamente a conexão da pesquisa com a realidade da vida concreta.

O trabalho de reflexão acerca do problema é o mais importante elemento de conexão da pesquisa com a vida, pois assegura que ela possa se tornar uma caixa de ferramentas para a ação na realidade. Sem isso a pesquisa corre o risco de se tornar lucubração abstrata, bizantinismo, sutileza estéril, sem qualquer vínculo com os problemas cotidianamente enfrentados pelo pesquisador.

A clara formulação do problema é o que garante a caracterização do saber científico como relé de ligação entre o pensamento e a prática, impedindo que ele se encerre em si mesmo e perca a conexão com a sociedade que o produziu. O esforço de reconexão entre saber e realidade pode muitas vezes fazer com que o problema de pesquisa sequer tenha relação com a história, em si; na maior parte das vezes ele será um aspecto material da realidade contemporânea, que instiga esse olhar para o passado como forma de se buscar uma compreensão melhor, por contraste, de aspectos específicos da vida concreta atual.

e) Coerência: o problema de pesquisa também deve manter a coerência com todos os outros elementos do projeto de pesquisa: a matriz disciplinar, o tema, o método, o referencial teórico. Deve haver uma racionalidade comum a todos eles, que assegure que o problema faça sentido (seja realmente percebido como problema) no interior da perspectiva temática e teórica adotada, e que o problema realmente possa ser enfrentado com as ferramentas metodológicas fornecidas por sua matriz disciplinar.

f) Viabilidade: o problema de pesquisa proposto deve ser viável. Não significa que a pesquisa deve ser capaz, sozinha, de resolver completamente o problema proposto; mas significa que o problema deve ser concebido como ao menos passível de resolução por aquele campo de saber, e que deve haver alguma vinculação prática entre o desenvolvimento da pesquisa e os esforços coletivos de resolução daquele problema.

Não faz sentido que o projeto identifique como problema algo superior às forças do pesquisador, incompatível com a natureza da pesquisa historiográfica, ou que sequer possa ser resolvido pelo pensamento científico. A pesquisa científica só se justifica como instrumento de resolução de problemas passíveis de serem resolvidos por métodos científicos – o que depende inclusive das concepções de ciência e problemas científicos historicamente vigentes em um determinado paradigma.

A viabilidade também está ligada ao campo de conhecimentos do pesquisador: não faz sentido que o pesquisador se proponha como problema de pesquisa algo que está além da sua capacidade de compreensão ou trabalho, ou para além das capacidades da própria história do direito como campo disciplinar. O pesquisador não deve propor problemas para cujo enfrentamento não dispõe de conhecimento ou ferramentas adequados.

g) Resolução do Problema: a delimitação do problema que orienta a pesquisa contribui para identificar, posteriormente, todos os outros elementos da pesquisa – a justificativa, a questão, a hipótese, os objetivos, o método etc. Formulado o problema da pesquisa, todos os atos que vierem a ser praticados no trabalho de pesquisa científica devem estar voltados à sua resolução; se o pesquisador percebe que qualquer ação realizada durante a pesquisa não está de alguma forma vinculada à resolução do problema, este é um sinal de que aquela ação está fora de lugar, e não deve ser praticada no âmbito daquela pesquisa.

Afinal, todos atos a serem praticados durante o trabalho de pesquisa devem estar ligados ao objetivo principal de resolução do problema identificado. Se a pesquisa não é capaz de contribuir para a resolução do problema, isso é provavelmente resultado de uma incompatibilidade entre o problema identificado e os métodos de pesquisa propostos, a exigir uma revisão de ambos. Se a pesquisa é uma marreta erguida com a intenção de se derrubar um muro, é sempre necessário verificar se a ferramenta e o uso que se faz dela são capazes de contribuir para derrubar o muro, ou se é necessário obter uma ferramenta mais forte ou adequada – ou enfrentar um muro mais modesto. A correta identificação do problema é a medida dessa verificação.

<table>
<tr><th colspan="2">A Formulação do Problema</th></tr>
<tr><td rowspan="2">Problema</td><td>Indica a dificuldade que o pesquisador pretende resolver com o seu trabalho de pesquisa, atribuindo-lhe uma função interrogativa, interpretativa e compreensiva da realidade.</td></tr>
<tr><td>O que há no objeto delimitado de incompreensível, que desafia o olhar contemporâneo e toca os dilemas enfrentados no presente?</td></tr>
<tr><td rowspan="5">Características do Problema</td><td>Sentido interrogativo</td></tr>
<tr><td>Sentido compreensivo</td></tr>
<tr><td>Delimitação do recorte</td></tr>
<tr><td>Precisão</td></tr>
<tr><td>Caráter prático ou teórico</td></tr>
<tr><td rowspan="7">Como formular o Problema</td><td>Interesse pessoal</td></tr>
<tr><td>Interesse científico</td></tr>
<tr><td>Interesse social</td></tr>
<tr><td>Materialidade</td></tr>
<tr><td>Coerência</td></tr>
<tr><td>Viabilidade</td></tr>
<tr><td>Resolução do problema</td></tr>
</table>

<table>
<tr><td>Exemplo de Problema</td><td>Se a Administração Pública brasileira só se estrutura completamente na década de 1930, por que circulavam textos de direito administrativo no Brasil do século XIX?</td></tr>
</table>

7
A JUSTIFICATIVA DA PESQUISA

7.1. A justificativa

A justificativa consiste na razão da pesquisa, no motivo pelo qual ela deve ser realizada, no interesse real existente na sua realização. Ela responde à pergunta "Por que é importante realizar essa pesquisa?".

Dessa perspectiva, a justificativa está sempre intimamente relacionada ao problema; afinal, está ligada ao fato de que a pesquisa pode contribuir para a sua resolução. O trabalho do projeto é justamente demonstrar de que maneira essa contribuição pode ocorrer. Para isso o pesquisador deve conhecer bem o estado da arte (o estado de desenvolvimento dos esforços de resolução do problema no campo científico) e o interesse social existente em sua investigação; somente com base nessas informações será capaz de demonstrar o interesse na realização da pesquisa específica que está propondo em seu projeto.

Ainda partindo do exemplo do meu próprio projeto de doutorado, na ocasião de sua apresentação à banca de avaliação identifiquei como justificativas ao desenvolvimento da pesquisa a falta de conhecimento sobre o processo de formação histórica do direito administrativo brasileiro e a utilidade desse conhecimento para o aprofundamento da compreensão sobre o processo de formação do nosso Estado Nacional. Acoplei, dessa forma, uma justificativa de caráter estritamente científico (o preenchimento de uma lacuna no campo de conhecimento) a uma justificativa de caráter mais amplamente social (a melhor compreensão da estrutura estatal brasileira).

A justificativa deve, em suma, demonstrar a importância e a necessidade da realização da pesquisa. Ela se destina a convencer o leitor da relevância acadêmica e social do trabalho proposto, e da viabilidade de sua execução. Ao propor um projeto de pesquisa o pesquisador não apenas se abre ao diálogo, mas também busca convencer outras pessoas (um orientador, uma banca, uma entidade de financiamento) a participarem ativamente do diálogo que propõe. A participação dessas outras pessoas nesse diálogo não se faz sem custo, dedicação de tempo e de trabalho, muitas vezes sem qualquer forma de contraprestação adicional; dessa forma, incumbe ao pesquisador o esforço de convencer todas as pessoas com que espera dialogar que a pesquisa proposta merece o investimento dos recursos inerentes ao diálogo.

O filósofo Renato Janine Ribeiro contou recentemente, em sua página pessoal no Facebook, uma anedota que bem demonstra como pode ser difícil conquistar a atenção de orientadores:

> Quando morei na França, faz um tempo, um brasileiro me contou que quis fazer tese com o grande antropólogo Lévi-Strauss. Este respondeu que lhe daria 2 minutos para resumir sua proposta. Antes mesmo dos 2 minutos, se não me engano na própria entrada de seu apto, LS disse que não queria orientar o trabalho.
>
> Na época, achei um delírio não dar, sei lá, meia hora, 2 dias, o tempo que fosse. Hoje, entendo[13].

É claro que o professor universitário padrão não é tão requisitado quanto provavelmente era Lévi-Strauss. Isso faz com que costume conceder mais tempo aos seus candidatos, distribua com mais facilidade os recursos de que dispõe, e talvez não seja tão exigente quanto aos critérios de sua atenção. Mesmo assim, a realização de uma pesquisa científica continua dependendo do consumo de recursos escassos (atenção, tempo, vagas, bolsas), o que obriga o pesquisador a convencer os responsáveis pela sua distribuição de que o projeto merece o investimento.

Por certo tudo isso só faz sentido sob o ponto de vista de quem enxerga a atividade científica como diálogo e esforço coletivo; para quem vê o seu trabalho como monólogo a justificativa se torna irrelevante, pois nesse caso o pesquisador se basta a si mesmo, não depende da participação de

[13] Publicação realizada em 30 de março de 2023 na página pessoal de Renato Janine Ribeiro no Facebook. Acessada em 02 de maio de 2023 no sítio eletrônico https://www.facebook.com/renato.janineribeiro/posts/pfbid0ZK5dJ7JACVoqyC9KRV1jypjCnLGtevZyqJ5n4RyMr2FJbecLF5QCRLQFkLgmcJcUl.

outras pessoas e não precisa convencer ninguém a empregar qualquer tipo de recursos ou dar qualquer tipo de atenção aos seus esforços. Mas aí a investigação começa a se afastar do tipo de empreendimento comunitário que caracteriza o trabalho científico contemporâneo para perigosamente se aproximar de um ato individual de conversão espiritual.

7.2. Características da Justificativa

a) Contexto: deve-se compreender, em primeiro lugar, que a pesquisa científica não é uma atividade puramente intelectiva realizada em um espaço transcendental; trata-se de uma atividade prática, realizada em um contexto histórico-social particular. Desse modo, a justificativa para a sua realização está intrinsecamente ligada ao reconhecimento de sua relevância no contexto em que existe, em vista das expectativas e dos valores inerentes a um determinado ambiente histórico, geográfico, social, cultural e institucional. Mesmo sutis mudanças em quaisquer dessas variáveis podem demandar ajustes na justificativa, ou mesmo tornar injustificável um trabalho que antes parecia interessante, em face de novos contextos e circunstâncias.

A compreensão do trabalho científico como atividade prática contextual significa que o pesquisador deve também estar atento à oportunidade da pesquisa que propõe – ao menos para que esteja preparado a justificá-la perante eventuais questionamentos a esse respeito. Especialmente no campo das ciências humanas, que podem ter um impacto social mais direto que pesquisas das ciências básicas, é importante que o pesquisador não descure a conveniência do trabalho que pretende realizar em face dos efeitos que pode gerar na conjuntura em que vive. Para isso deve se questionar se as preocupações que motivam a pesquisa já não estão ultrapassadas em face do contexto social; ou muito adiantadas; ou se são incompatíveis com as preocupações da sociedade contemporânea; ou se geram riscos de natureza política, ética, social etc. Não é a mesma coisa, por exemplo, pesquisar a organização política do império romano em épocas de liberdade democrática ou durante a mobilização política da sua simbologia por um governo fascista – o que tampouco significa que o tema seja proibido nesses contextos, mas significa que o pesquisador responsável deve estar atento aos efeitos sociais da sua pesquisa, levando-os em consideração ao justificar a investigação proposta perante a comunidade acadêmica e a própria sociedade.

b) Relevância Social: se todo trabalho científico é um trabalho contextual, o primeiro critério de sua justificativa é a avaliação dos benefícios concretos que a pesquisa poderá trazer para a sociedade.

É claro que a relevância social da pesquisa histórico-jurídica tem as suas peculiaridades, e nunca vai se manifestar da mesma maneira que a relevância social de uma pesquisa tecnológica, por exemplo. Ela geralmente se refere à compreensão mais profunda de um tema considerado socialmente importante em um determinado contexto histórico. Pode ser, por exemplo, um tema histórico que tenha se tornado relevante para o debate político contemporâneo (como ocorreu com o tema da Ditadura Militar nos últimos anos); pode ser uma oportunidade comparativa que contribua para a compreensão do presente (compreender o funcionamento de governos de coalizão no passado); pode ser a revisão crítica de construções mitológicas sobre institutos jurídicos atuais (desconstruir visões distorcidas do direito romano); pode ser a compreensão do processo de construção de uma identidade (a formação do Estado Nacional brasileiro).

Seja como for, demonstrar a relevância social de um projeto de pesquisa significa conectá-lo com a sua importância para a sociedade, evitando que a pesquisa científica se torne mero exercício de erudição autossatisfatória por um intelectual isolado em sua torre de marfim. O trabalho científico é sempre, mesmo em instituições privadas, um empreendimento comunitário socialmente financiado; por isso ele é constantemente (e legitimamente!) fiscalizado pela imprensa, por partidos políticos, por órgãos reguladores como a CAPES, os Tribunais de Contas etc. Especialmente quando o projeto se destina a pleitear uma vaga em programa de pós-graduação (que mesmo privado também deve prestar contas à CAPES quanto ao seu impacto social) ou a obter algum tipo de bolsa ou financiamento, o pesquisador precisa justificar a relevância do seu trabalho para a sociedade de que faz parte, e que nele investe.

É evidente, contudo, que isso não significa subordinar a estruturação de um projeto de pesquisa científica a uma utilidade prática imediata, ou a um projeto político específico, ou mesmo aos interesses materialistas dessa entidade onipresente que é "o Mercado". O trabalho científico possui autonomia, racionalidade própria, seus próprios critérios de relevância e de avaliação de seu impacto social; são, portanto, científicos os critérios de avaliação da relevância social, e não tecnológicos, políticos ou econômicos.

c) Relevância Científica: outro elemento a ser levado em consideração na elaboração da justificativa é a relevância científica do projeto proposto. A relevância científica depende da capacidade do projeto de pesquisa de preencher uma lacuna de conhecimento identificada pelo pesquisador.

A avaliação da relevância científica exige um conhecimento preciso e completo, por parte do pesquisador, da bibliografia relativa ao seu objeto de pesquisa e do estado da arte em que se encontram as pesquisas realizadas. O requisito demonstra novamente a importância da exploração preliminar, como forma de familiarização do pesquisador com o seu objeto de pesquisa.

A relevância científica de um projeto de pesquisa pode ser demonstrada pela inexistência de outros trabalhos científicos que já tenham abordado aquele objeto; pelo emprego de uma abordagem teórico-metodológica original em relação a um objeto já conhecido; pela conexão do trabalho com os desenvolvimentos mais recentes de um campo de pesquisa; pela indicação de autores que tenham considerado aquele objeto cientificamente relevante; ou mesmo de forma mais prática, pela demonstração da vinculação do projeto às linhas de pesquisa existentes em uma instituição.

O pesquisador deve, em suma, demonstrar a importância do projeto de pesquisa que propõe para o desenvolvimento científico do campo de saber em que o seu trabalho se insere.

d) Congruência: a justificativa também deve ser capaz de demonstrar a congruência entre os diversos elementos que integram o projeto de pesquisa. É este o momento para esclarecer de que maneira o objeto especifica o tema da pesquisa, em que medida o referencial teórico proposto é compatível com a análise do objeto delimitado, a relação entre a hipótese e a questão de pesquisa, a adequação do método à investigação proposta, a viabilidade de realização da pesquisa etc. A ideia neste momento, em suma, é de fato justificar o projeto em sua integralidade, convencendo os leitores da sua viabilidade e do interesse real existente em sua execução.

O fato de a justificativa ter de demonstrar a congruência de toda a pesquisa faz com que seja comum a ocorrência de bloqueios nessa fase de elaboração do projeto. Isso acontece não porque redigir a justificativa seja mais difícil do que redigir os demais elementos do projeto, mas porque a justificativa não se realiza isoladamente, pois precisa reunir todos os elementos do projeto em um conjunto coerente e harmônico. Isso faz com que os defeitos de conjunto do projeto tenham a oportunidade de se manifestar aqui com mais clareza do que em outros momentos do trabalho.

Nesse caso, recomenda-se retornar ao problema de pesquisa e trabalhar para torná-lo mais claro e preciso; e em seguida reformular todos os demais elementos do projeto em função desse problema. Cada elemento do projeto de pesquisa é decisivo para a definição dos demais elementos, e se um deles não se estabelece de forma sólida, todos os demais padecerão do mesmo mal, o que tornará o projeto frágil.

Por outro lado, é pertinente recordar que a reflexividade do projeto de pesquisa não só permite, mas exige do pesquisador que a cada novo passo dado seja necessário retorne aos elementos anteriores, para os reformular mais claramente em função das novas etapas construídas. Afinal, o processo de elaboração de um projeto de pesquisa é também um processo de desenvolvimento de autoconsciência acerca da proposta de pesquisa, que permite ao pesquisador compreender cada vez melhor a investigação que deseja realizar, e assim tornar cada vez mais claros os elementos já redigidos do próprio projeto.

e) Originalidade: a justificativa precisa também demonstrar a originalidade do projeto de pesquisa; convencer o leitor da importância da realização da pesquisa depende da demonstração da sua originalidade, da sua aptidão à descoberta de algo novo sobre o tema ao qual pretende se dedicar. Este é, portanto, o momento propício para que o pesquisador demonstre que a abordagem proposta, ou o objeto delimitado, ou a questão apresentada, ou a hipótese formulada são completamente originais, de modo que a pesquisa se mostre efetivamente capaz de preencher uma lacuna no campo de conhecimento.

f) Viabilidade: ao justificar o seu projeto o pesquisador deve demonstrar aos seus leitores que a investigação que pretende realizar é viável – sob todos os aspectos já discutidos anteriormente. Tendo a viabilidade sido um critério decisivo para a seleção do tema, a delimitação do projeto e a formulação do problema, é na justificativa que o pesquisador expõe os motivos pelos quais se considera capaz de executar o projeto de pesquisa com sucesso.

Assim, deve evidenciar o seu domínio do tema (em seus aspectos teórico-metodológicos, mas também quanto ao estado da arte), o seu fácil acesso às fontes (por já estarem digitalizadas, ou em locais de fácil acesso, redigidas em língua compreensível ou dominada pelo pesquisador), a compatibilidade do escopo com as condições temporais e materiais disponíveis e a sua aptidão a realizar a pesquisa (metodológica, de dedicação, de formação prévia, por pesquisas anteriores).

g) Concretude: é importante recordar que a justificativa de um projeto de pesquisa é sempre uma justificativa concreta, de um projeto de pesquisa concreto. Isso significa que a justificativa não deve perder tempo demonstrando a importância da pesquisa histórica, em geral, ou do estudo de um determinado período, local ou tema abstrato; a justificativa é sempre da pesquisa específica que está sendo proposta. É ela que está em questão quando da avaliação do projeto de pesquisa.

Também por esse motivo é tão importante que a justificativa esteja vinculada à resolução do problema que define cientificamente o objeto delimitado para a pesquisa.

h) A Justificativa da Pesquisa Historiográfica: no caso específico da pesquisa historiográfica, e histórico-jurídica, a justificativa deve levar em consideração o papel desempenhado pelo conhecimento histórico na ciência e na sociedade contemporâneas. Afinal, a pesquisa historiográfica tem o ônus adicional de justificar a pertinência do deslocamento temporal proposto para a análise pretendida, uma vez que tratará de temas sem relação direta ou impacto imediato nas condições da vida contemporânea. Isso se torna especialmente importante quando a pesquisa histórico-jurídica se propõe a dialogar com perspectivas mais tradicionais, teóricas ou dogmáticas, de abordagem do fenômeno jurídico.

Durante a justificação do caráter historiográfico da pesquisa proposta o pesquisador deve tomar muito cuidado com chavões e justificativas fáceis do senso comum, como a antiga ladainha de que "é importante conhecer o passado para compreender o presente e prever o futuro", ou de que "precisamos conhecer as nossas origens para sabermos quem somos", ou de que "podemos enxergar no direito do passado as características essenciais do direito do presente", ou de que "devemos examinar o direito do passado para compreendermos a evolução por que passou até os dias de hoje". Examinar as fragilidades teóricas desse tipo de abordagem extrapola os objetivos deste *Guia Prático*, e em caso de dúvidas a esse respeito é sempre prudente retornar à fase de exploração preliminar para familiarizar-se um pouco mais com as características do olhar historiográfico – um bom começo é reler a *Introdução Teórica à História do Direito* de Fonseca (2009). Seja como for, um conselho de prudência é que quaisquer justificativas de caráter presentista sejam postas em xeque como anacrônicas, e submetidas à reflexão crítica em perspectiva historiográfica.

Por fim, além de justificar o próprio deslocamento temporal, deve o projeto justificar também as decisões metodológicas tomadas com relação a esse deslocamento – a delimitação da matéria, a escolha do espaço geográfico, a fixação do período, a problematização proposta, a abordagem teórica empregada etc.

7.3. Como justificar a pesquisa

a) Avaliar a Realidade do Pesquisador: o primeiro passo a ser dado na elaboração de uma boa justificativa para o projeto de pesquisa é o de examinar a realidade em que vive o pesquisador. A adequada compreensão das circunstâncias históricas nas quais pretende desenvolver a sua pesquisa permite que o pesquisador não apenas avalie o contexto de sua produção, mas também os impactos que ela pode produzir na sociedade contemporânea.

Assim pode compreender de que modo os seus contemporâneos interpretarão a sua pesquisa, os diálogos que ela pode estabelecer entre presente e passado e o modo como ela será socialmente valorizada – o que contribui, em última instância, para uma compreensão mais profunda do significado socialmente atribuído ao seu projeto de pesquisa e, consequentemente, para a reflexão crítica acerca dos motivos que justificam a sua execução.

b) Mapear o Estado da Arte: outra recomendação útil ao trabalho de justificação do projeto de pesquisa é a de mapear o estado da arte, examinando pesquisas semelhantes já realizadas acerca do mesmo objeto para identificar eventuais lacunas existentes naquele campo de saber.

Todo trabalho de investigação científica é, por sua própria natureza, limitado: aborda um objeto delimitado, de uma perspectiva específica, a partir de um referencial teórico particular, com métodos próprios. Isso faz com que nenhum trabalho seja capaz de dar conta da integralidade da realidade; algum aspecto é sempre deixado de lado, alguma questão sempre permanece sem resposta.

Analisar outros trabalhos científicos relacionados ao tema do projeto pode contribuir para que o pesquisador visualize com mais clareza essas questões sem resposta, ou mal respondidas, oriente a sua pesquisa nessa direção e justifique assim, por sua originalidade, a relevância científica do projeto de pesquisa apresentado.

c) Refletir sobre os motivos pessoais do pesquisador: a reflexão quanto aos motivos pessoais que levaram o pesquisador a se interessar pela pesquisa também pode contribuir para a elaboração da sua justificativa. Afinal, o pesquisador não é uma consciência abstrata vivendo como espírito transcendental, cuja única motivação para a realização de uma pesquisa seria a curiosidade pura, genuína e desinteressada. O pesquisador é também um sujeito histórico, e os dilemas do seu tempo, mesmo inconscientemente, condicionam os seus interesses, o seu olhar e a leitura que realiza do passado.

Compreender melhor os motivos do seu interesse pode auxiliar na identificação das causas geradoras do impulso de diálogo entre presente e passado, e consequentemente também das razões materiais e concretas que justificam a realização da pesquisa proposta.

d) Revisar a congruência entre os elementos do projeto: a redação da justificativa do projeto de pesquisa é também uma boa oportunidade para a revisão da congruência entre os elementos que o integram. Muitas vezes a dificuldade de justificar o projeto de pesquisa é reflexo de uma incongruência fundamental entre os seus elementos constituintes, que podem estar conduzindo a pesquisa a direções contraditórias ou incompatíveis.

Reavaliar a compatibilidade entre os elementos do projeto pode contribuir para reforçar o sentimento de direção comum, de ordenação de todos os esforços a uma finalidade convergente, o que certamente facilitará a identificação das razões que justificam a existência da pesquisa.

e) Avaliar a aptidão do pesquisador: por fim, como a justificativa deve ser capaz de demonstrar ao leitor do projeto a viabilidade de sua conclusão, é importante que o pesquisador demonstre possuir as condições necessárias à completa execução do trabalho.

A reflexão sobre a aptidão do pesquisador para a realização da pesquisa também pode auxiliar na elaboração da justificativa, ao permitir a identificação dos vínculos entre a sua formação prévia, o seu domínio dos instrumentos, a sua capacidade de acesso e interpretação das fontes e o conjunto de atividades necessário à realização da pesquisa. O projeto se justifica também pela sua probabilidade de sucesso, em vista da presença das condições objetivas necessárias à sua execução.

A Justificativa da Pesquisa	
Justificativa	É o motivo pelo qual a pesquisa merece ser realizada.
	Por que essa pesquisa é importante?
Características do Justificativa	Contexto
	Relevância Social
	Relevância Científica
	Congruência
	Originalidade
	Viabilidade
	Concretude
	A Justificativa da Pesquisa Histórica
Como Justificar a Pesquisa	Avaliar a realidade do pesquisador
	Mapear o estado da arte
	Refletir sobre os motivos pessoais do pesquisador
	Revisar a congruência entre os elementos do projeto
	Avaliar a aptidão do pesquisador

Exemplo de Justificativa	O exame da doutrina de direito administrativo em circulação no Brasil do século XIX é um trabalho que nunca foi feito sob a perspectiva histórico-jurídica, e pode contribuir para a compreensão do processo de construção do Estado Nacional brasileiro.

8
A ELABORAÇÃO DA QUESTÃO DE PESQUISA

8.1. A questão de pesquisa

A questão de pesquisa é a pergunta que o pesquisador pretende responder com a realização da pesquisa; é a dúvida que motivou o seu desenvolvimento. Partindo-se da premissa de que a pesquisa científica só se justifica como esforço prático de descoberta de aspectos desconhecidos da realidade, a questão materializa justamente o âmbito desses aspectos desconhecidos, delineando a pergunta cuja resposta poderá contribuir para a sua descoberta. Ela pode ser traduzida na formulação: "Que pergunta a pesquisa pretende dirigir à realidade?"

Trata-se, dessa forma, do mais importante elemento de um projeto de pesquisa. Afinal, é a questão de pesquisa que diferencia um projeto de pesquisa científica de um mero plano de estudos. O plano de estudos se destina somente à familiarização do seu autor com um determinado campo científico; contenta-se, dessa forma, em alcançar o estado da arte desse campo, sistematizando os conhecimentos já produzidos e consensualmente aceitos pela comunidade científica. O projeto de pesquisa, porém, não se contenta em apenas conhecer a ciência mais avançada, pois se dispõe a realmente produzir conhecimento novo, o que faz por meio dos esforços de resolução da questão de pesquisa formulada. Assim, até podemos pensar em um projeto de pesquisa sem algum dos elementos indicados neste *Guia Prático*, ainda que isso pudesse torná-lo mais frágil e incompleto; mas é absolutamente impossível pensar em um projeto de pesquisa sem uma questão de pesquisa. Uma pesquisa científica é um processo encadeado e sequencial de busca por respostas para uma pergunta prévia e formalmente elaborada, de modo que sem questão não há pesquisa.

Compreendida dessa forma, a questão de pesquisa está relacionada ao problema de pesquisa, mas não se confunde com ele. Isso porque o problema é a dificuldade real que a pesquisa se propõe a resolver, enquanto a questão formula interrogativamente as perguntas cujas respostas tornarão possível a resolução prática do problema. Caracteriza-se, dessa forma, como "especificação" do problema e do objeto de pesquisa, de modo que definir a questão de pesquisa significa também aperfeiçoar a delimitação do objeto de pesquisa. No caso específico do meu projeto de doutorado, já mencionado anteriormente neste *Guia*, a questão que motivou a pesquisa foi a da função política desempenhada pela ciência do direito administrativo durante o processo de construção do Estado Nacional brasileiro.

8.2. Características da questão de pesquisa

a) Sentido interrogativo: a questão de pesquisa deve se apresentar como pergunta. Ela é, de fato, um "questionamento" acerca do objeto delimitado para a pesquisa, cuja proposta de resposta consubstanciará a hipótese de pesquisa. A sua formulação como sentença interrogativa contribui para delimitar com mais clareza os aspectos desconhecidos da realidade que serão objeto de investigação, e para orientar a construção de uma hipótese de pesquisa mais precisa.

b) Clareza e objetividade: uma boa questão de pesquisa deve ser simples, clara e objetiva. Qualquer pessoa, mesmo que não seja iniciada naquele campo de saber, deve ser capaz de compreender o objetivo da pesquisa ao ler a questão que a orienta.

Isso significa que a formulação da questão de pesquisa não deve desenvolver grandes reflexões teóricas, ou ingressar na análise empírica dos fenômenos a serem investigados. Ainda que inevitavelmente pressuponha um filtro semântico e uma interpretação teórica da realidade a ser examinada, tais elementos não devem ser explicitados neste momento, em que o foco deve ser a formulação de uma pergunta passível de ser respondida de forma clara e objetiva.

c) Originalidade: uma vez que a pesquisa se destina à descoberta de aspectos desconhecidos da realidade, a questão de pesquisa deve também ser original – não necessariamente no sentido de que nunca tenha sido formulada por outras pesquisas, mas pelo menos no de que nunca tenha sido satisfatoriamente respondida por outras pesquisas. Afinal, uma questão que simplesmente repita questões já respondidas por outras pesquisas não acrescenta nada ao conhecimento científico, e não pode, portanto, ser considerada científica.

Essa característica reitera a importância da fase de exploração preliminar preparatória à elaboração do projeto de pesquisa. Só é capaz de propor uma questão de pesquisa original o investigador muito familiarizado com o estado da arte, que conhece com muita segurança as questões de pesquisa já formuladas e respondidas naquele campo de saber. Acontece que essas informações não se encontram em manuais didáticos ou textos informativos de caráter generalista; dependem da leitura de teses, monografias, artigos científicos, o que depende de uma exploração preliminar exaustiva – como já havíamos ponderado, é preciso conhecer muito bem um campo de saber para produzir conhecimento novo a seu respeito.

É claro que também é possível repropor uma questão já proposta anteriormente, mas cuja resposta pareça insatisfatória ao pesquisador – por sua incompletude, por falta de evidências, por falta de complexidade, por não abordar uma perspectiva específica etc. Seja como for, a repropositura de uma questão já enfrentada deve ser feita de modo a refletir a especificidade da sua reformulação, esclarecendo os aspectos insatisfatórios das pesquisas anteriores que se pretende corrigir com a nova abordagem proposta.

d) Precisão: a questão deve ser precisa e específica. Questões muito amplas ou abstratas são irrespondíveis, e não ajudam a determinar para onde deve seguir o trabalho de pesquisa. É sempre melhor dar preferência a uma questão modesta e limitada, mas que seja passível de resposta nas condições concretas de investigação historiográfica, do que a uma questão excessivamente ambiciosa, que acabe se tornando irrespondível nos termos do projeto proposto.

Se considerar necessário, o pesquisador pode também apresentar mais de uma questão de pesquisa em seu projeto, propondo questões gerais e específicas, que podem até mesmo contribuir na identificação dos objetivos da pesquisa. Para isso, contudo, é necessário avaliar se as questões propostas se mantêm coerentes entre si, e se é viável a sua propositura em face do tempo disponível e das condições do trabalho de pesquisa. Além disso, é necessário estar atento para não confundir a questão de pesquisa, propriamente dita, com questões acessórias – cuja resposta até pode se mostrar útil ao desenvolvimento da pesquisa, mas que não são o seu elemento principal. A questão deve ser precisa, e concentrar-se no essencial.

e) Possibilidade de controle empírico: assim como o problema de pesquisa, também a questão de pesquisa em história do direito deve se referir a um fenômeno do mundo real. Uma vez que a pesquisa historiográfica se caracteriza como pesquisa empírica, a questão de pesquisa deve se referir a aspectos passíveis de verificação empírica, o que decorre de uma limitação objetiva do próprio método historiográfico.

A rigor, nem mesmo a ciência, genericamente considerada, é capaz de responder a todos os questionamentos relativos à vida humana. "Qual é o sentido da vida?"; "Que sabor de sorvete é mais gostoso?"; "Ela me ama?", são importantes questões existenciais, que efetivamente podem ser respondidas, mas não pelo método científico. Reconhecer os limites do conhecimento científico é um primeiro passo importante para se identificar as questões que ele pode ou não responder, e a possibilidade de controle empírico é um requisito fundamental à formulação de questões de pesquisa em história do direito.

Pelo mesmo motivo, tampouco são compatíveis com a pesquisa histórico-jurídica questões formuladas sob a forma de avaliações ou julgamentos; ainda que tais aspectos da subjetividade do pesquisador inevitavelmente interfiram na interpretação dos resultados obtidos, não podem integrar a questão de pesquisa formulada, justamente por sua inaptidão ao controle empírico científico.

f) Caráter histórico: por fim, em se tratando de uma pesquisa científica no campo da história do direito, é imprescindível avaliar também se a questão pode ser respondida da perspectiva do campo, e com os aportes do método historiográfico.

Isso exige considerar se a questão se refere a um esforço de compreensão do passado sob a perspectiva da mudança e transformação – que é, afinal, a essência da perspectiva histórica. Questões que indiquem uma instrumentalização excessiva da história para a resolução de problemas contemporâneos tendem a desviar a pesquisa histórico-jurídica para interesses dogmáticos – o que seria perfeitamente legítimo, mas descaracterizaria o trabalho histórico-jurídico proposto no âmbito específico deste *Guia Prático*.

Avaliar a compatibilidade da questão proposta com o método historiográfico significa também, além disso, ponderar a capacidade da pesquisa historiográfica de dar respostas à questão proposta – seja pela disponibilidade das fontes, seja pela possibilidade de acesso ao objeto sob a perspectiva proposta. Assim, por exemplo, uma pesquisa que se perguntasse sobre o estado psicológico de D. Pedro I durante a Declaração da Independência provavelmente enfrentaria muita dificuldade para ser concluída nos termos do método de pesquisa historiográfico.

8.3. Como elaborar a questão de pesquisa

a) Referir-se ao objeto de pesquisa: em caso de dificuldade na elaboração da questão de pesquisa, o primeiro passo é levar em consideração o objeto de pesquisa delimitado. Afinal, todo o trabalho de investigação deve se estruturar em torno do objeto, o que faz com que também a questão de pesquisa deva se referir diretamente ao objeto nos termos em que foi delimitado.

Se por alguma razão essa relação direta entre objeto e questão não se verifica, provavelmente a questão de pesquisa foi mal formulada, ou o objeto de pesquisa foi mal delimitado. É o caso, então, de revisar o projeto para assegurar a sua reflexividade e coerência interna.

b) Especificar o problema: uma segunda recomendação prática para a elaboração da questão de pesquisa é tomar por base o problema que orienta o trabalho, buscando a sua especificação em sentido interrogativo.

Como já havíamos comentado, a relação entre o problema e a questão de pesquisa é tão íntima que muitos manuais de metodologia da pesquisa sequer reconhecem distinção entre eles, tratando as duas expressões como sinônimos. Na perspectiva adotada neste *Guia Prático*, contudo, consideramos útil distinguir os dois elementos para multiplicar as perspectivas a partir das quais o trabalho de investigação pode ser observado. Se o problema se refere à dificuldade material que o pesquisador pretende resolver com a sua pesquisa, a questão indica a pergunta específica a ser respondida pelo trabalho de investigação – e cuja resposta poderá contribuir, direta ou indiretamente, à resolução do problema apontado.

Se é assim, refletir sobre as perguntas que podem contribuir para a resolução do problema também pode auxiliar no trabalho de elaboração da questão de pesquisa.

c) Identificar a lacuna do conhecimento: uma vez que a questão de pesquisa pretende identificar a pergunta sem resposta que deverá orientar todo o trabalho de investigação, uma providência útil à sua elaboração é avaliar, no campo disciplinar, as perguntas que ainda não tenham sido respondidas (ou satisfatoriamente respondidas) pelas pesquisas existentes.

Para isso, definido o objeto da pesquisa, deve o investigador se familiarizar com todos os trabalhos já produzidos sobre o mesmo assunto, identificando pontos de obscuridade, explicações insuficientes ou lacunas jamais preenchidas pelo estado da arte. Todas essas lacunas podem contribuir para a elaboração de uma questão de pesquisa original, e consequentemente para o avanço do conhecimento naquele campo de saber. É claro que, para isso, a questão deverá ser formulada de modo que a sua resposta seja capaz de preencher a lacuna constatada.

d) Suspender teorias e interpretações: essa é uma recomendação especialmente importante para o pesquisador com formação jurídica, profissionalmente treinado a empregar diversas técnicas interpretativas no preenchimento das lacunas do ordenamento jurídico. Ocorre que as técnicas hermenêuticas de integração do sistema jurídico (como a analogia, os princípios gerais do direito, os costumes, a equidade) são, por sua própria natureza, abstratas e criativas, operando com base na presunção de semelhanças inexistentes destinadas a desempenhar a tarefa eminentemente prática de preservação da completude do ordenamento.

Essa tendência profissional a presumir respostas onde elas não existem pode tornar o jurista daltônico à percepção de questões não respondidas pela história do direito, levando-o a presumir explicações abstratas de caráter analógico ou integrativo que, a rigor, não possuem nenhum fundamento empírico na realidade – ou na própria pesquisa histórico-jurídica. Dessa forma, suspender provisoriamente quaisquer teorias e interpretações pode auxiliar o jurista a superar a sua cegueira seletiva, e a formular as questões de pesquisa ainda não respondidas pelo estado da arte da pesquisa histórico-jurídica.

É claro que um referencial teórico sólido permanece imprescindível à boa estruturação de um projeto de pesquisa, já que toda questão se propõe sobre o pano de fundo de uma dada concepção teórica e de uma interpretação acerca do modo como a realidade se comporta. Mas a identificação precisa da questão de pesquisa exige uma suspensão provisória desses elementos teóricos e interpretativos para que a pergunta se manifeste em sua pureza, o que a abre à possibilidade das mais variadas respostas possíveis.

e) Perguntar: após todos esses esforços, o que resta ao pesquisador é simplesmente formular perguntas acerca do seu objeto de pesquisa. Enumerar tudo o que não sabe a seu respeito, avaliar todas as questões não respondidas pelas pesquisas já realizadas, identificar novas perspectivas a partir das quais questões antigas podem ser enfrentadas podem auxiliar, como em um *brainstorming*, a elaborar a questão de pesquisa específica a ser abordada pelo projeto proposto.

Elaborada uma lista de perguntas, pode o pesquisador escolher uma, ou algumas, que considere mais interessantes, mais relacionadas ao seu problema de pesquisa, mais originais ou mais aptas a serem respondidas pelo método científico, em geral, e historiográfico, em particular.

<table>
<tr><th colspan="2">A Questão de Pesquisa</th></tr>
<tr><td rowspan="2">Questão</td><td>É a pergunta que o pesquisador pretende responder com a realização da pesquisa.</td></tr>
<tr><td>Que pergunta a pesquisa pretende dirigir à realidade?</td></tr>
<tr><td rowspan="6">Características da Questão</td><td>Sentido interrogativo</td></tr>
<tr><td>Clareza e objetividade</td></tr>
<tr><td>Originalidade</td></tr>
<tr><td>Precisão</td></tr>
<tr><td>Possibilidade de controle empírico</td></tr>
<tr><td>Caráter historiográfico</td></tr>
<tr><td rowspan="5">Como elaborar a Questão de Pesquisa</td><td>Referir-se ao objeto de pesquisa</td></tr>
<tr><td>Especificar o problema</td></tr>
<tr><td>Identificar a lacuna do conhecimento</td></tr>
<tr><td>Suspender teorias e interpretações</td></tr>
<tr><td>Perguntar</td></tr>
</table>

<table>
<tr><td>Exemplo de Questão de Pesquisa</td><td>Qual foi a função política desempenhada pela ciência do direito administrativo durante o processo de construção do Estado Nacional brasileiro?</td></tr>
</table>

9
A FORMULAÇÃO DA HIPÓTESE

9.1. A hipótese

Elaborada a questão de pesquisa, a hipótese de pesquisa consiste em uma sugestão de resposta possível à questão proposta. Trata-se de uma asserção preliminar construída sobre a base de um raciocínio hipotético que se propõe a apresentar uma ou algumas soluções possíveis à questão de pesquisa que se pretende investigar. Ela pode ser traduzida pela pergunta: "Qual é a resposta mais provável à questão de pesquisa proposta?"

Como a hipótese é formulada preliminarmente ao trabalho de investigação, ela costuma possuir pouco ou nenhum fundamento empírico que a sustente. Caracteriza-se, dessa forma, pela sua provisoriedade, apresentando-se como mera sugestão de resposta, cuja confirmação permanece dependente de procedimentos de verificação empírica da sua compatibilidade com a realidade. Trata-se de mera suposição, por meio da qual a imaginação se antecipa ao conhecimento de modo a orientar os trabalhos necessários à descoberta científica. Encontra-se, desse modo, a meio caminho entre o fato e a ficção, entre a evidência e a imaginação, indicando os caminhos a serem percorridos para o desenvolvimento do trabalho.

A hipótese é, em suma, uma previsão de resposta para a questão de pesquisa proposta, que pode ou não vir a ser confirmada ao final da pesquisa. É um "chute"; mas é um "chute informado", que não se contenta em apenas sugerir qualquer absurdo em resposta à questão de pesquisa, mas deve ser construído com base nas expectativas do referencial teórico, nas outras pesquisas realizadas sobre temas semelhantes e em presunções realistas acerca do modo como a realidade deve se comportar.

Ainda que se trate de uma suposição *a priori* assumida pelo pesquisador, ela deve partir de assunções já bem estabelecidas e aceitas como verdadeiras pelo consenso científico. A hipótese é sempre construída sobre a base de uma teoria, com base na qual o pesquisador imagina uma situação fictícia e parte dela para desenvolver a sua pesquisa e proceder à sua verificação. Formulada a hipótese, ela passa a atuar como guia, a bússola principal de todo o trabalho de pesquisa – que, afinal, será integralmente dedicado à resolução da questão de pesquisa pela verificação da hipótese formulada. É a hipótese, portanto, quem fornece a direção da pesquisa e orienta o pesquisador quanto às atividades e métodos necessários à sua execução.

Ainda tomando por base o exemplo da minha pesquisa de doutorado, formulei no projeto a hipótese de que o direito administrativo brasileiro cumpria, no século XIX, uma função não "administrativa", mas "constituinte", contribuindo para a construção de um Estado Nacional pela atribuição de legitimidade ao imperador D. Pedro II e pela organização de uma estrutura administrativa para o nascente Estado brasileiro. Todo o trabalho posterior de investigação se dedicou à verificação dessa hipótese.

O trabalho com a hipótese de pesquisa é sempre realizado em duas etapas: uma primeira etapa, na fase de projeto, dedicada à sua formulação abstrata; e uma segunda etapa, na fase de execução, dedicada à sua verificação empírica. Na fase de formulação da hipótese predomina a reflexão, que se apresenta como *insight* intuitivo e se antecipa às evidências que deverão ser coletadas, o que exige a inspiração e a criatividade de que falávamos anteriormente. Já na fase de verificação, durante a execução da pesquisa, predominam os fatos e a avaliação empírica, que decorrem do trabalho de observação da realidade para verificar se ela de fato se comporta do modo como a hipótese presumiu que deveria se comportar. Essa é a etapa ativa da prova dos dados, que visa à sua comprovação ou refutação em face da realidade empírica, e que consiste, no final das contas, no trabalho de toda a pesquisa científica. O trabalho com a hipótese demanda, portanto, a combinação equilibrada de subjetividade e objetividade, de ousadia e humildade.

Já havíamos caracterizado o trabalho científico essencialmente como um empreendimento prático, que não exige especial disposição do espírito ou excepcionais características mentais para ser bem realizado. O momento da formulação da hipótese de pesquisa, porém, talvez seja o que mais dependa da inspiração, a sugerir conexões inesperadas entre as variáveis relevantes à compreensão do objeto de estudo. Mas que não haja engano: essa inspiração não cai do céu como um raio iluminador somente das mentes mais brilhantes; ela é resultado de muito trabalho, de familiaridade com o campo disciplinar, de profunda compreensão do objeto de pesquisa e do seu confronto com as expectativas teóricas sobre o comportamento do objeto analisado. Ou seja, mesmo o elemento mais criativo do projeto de pesquisa também depende de trabalho, esforço e dedicação – pois é somente com base na conexão entre as verdades já conhecidas que podem ser sugeridas as hipóteses mais originais.

É sempre importante enfatizar, especialmente ao pesquisador iniciante, que o trabalho da pesquisa científica não é "confirmar" a hipótese; o trabalho é "verificá-la" – a hipótese sempre pode ser refutada pelos dados da realidade. No momento da sua formulação ela é apenas uma possibilidade, sugerida por inspirações criativas que o desenvolvimento da pesquisa pode demonstrar compatíveis ou incompatíveis com a realidade. Desse modo, uma pesquisa que se limite a concluir que a hipótese original não se sustenta não é uma pesquisa fracassada; pelo contrário, trata-se de um trabalho importantíssimo, que contribui efetivamente para o desenvolvimento do conhecimento científico e abre a possibilidade de novas pesquisas sobre o mesmo objeto. Em termos científicos é muito mais útil e relevante a refutação de uma hipótese de pesquisa original do que a confirmação de uma hipótese de pesquisa ordinária e já conhecida; a primeira pesquisa é avanço, a segunda é estagnação.

Dessa forma, a boa pesquisa é aquela que não se encontra presa à hipótese preliminar formulada, mas que apenas a toma como norte para orientar a investigação, devendo o pesquisador realizar o esforço de se manter completamente aberto à possibilidade de sua refutação durante o desenvolvimento da pesquisa.

9.2. Características da hipótese

a) Originalidade: a hipótese de pesquisa é provavelmente o mais importante elemento a assegurar a originalidade da pesquisa como um todo – e, consequentemente, o seu próprio caráter científico.

É até possível imaginar uma pesquisa que reitere hipótese já verificada em trabalhos anteriores, talvez com outros métodos ou por meio de outras fontes; mas é difícil imaginar que essa pesquisa possa ser considerada tão original quanto outra que tenha conseguido demonstrar ou refutar hipótese completamente original, jamais investigada por quaisquer outros pesquisadores.

Ao formular a hipótese, portanto, deve o pesquisador se assegurar de estar apresentando sugestão de resposta nunca antes apresentada à questão de pesquisa proposta, ou pelo menos uma crítica ou modificação da resposta já apresentada anteriormente.

b) Relevância: a hipótese de pesquisa deve ser relevante. Ela deve ter potencial preditivo ou explicativo acerca do fenômeno a que pretende se referir, fornecendo uma resposta satisfatória, razoável e completa à questão de pesquisa proposta. A hipótese formulada deve ser capaz de esclarecer o objeto delimitado, contribuindo à sua compreensão de maneira significativa e relevante.

c) Provisoriedade: caracterizando-se como asserção preliminar, a hipótese de pesquisa é marcada também pela sua provisoriedade. Uma boa hipótese de pesquisa não se estrutura como sistema fechado, mas se mantém maleável e aberta a ajustes, correções e desenvolvimentos durante a execução da pesquisa.

Para garantir que a hipótese de pesquisa mantenha a sua provisoriedade, é recomendável não formular hipóteses de pesquisa acerca de temas sobre os quais tenhamos convicções muito sólidas ou profundas. Um apego excessivo à hipótese de pesquisa leva o pesquisador a rejeitar a abertura ao real e a possibilidade de refutação da hipótese, transformando o trabalho científico em mero esforço retórico de reafirmação de crenças internas preexistentes.

A hipótese não pode ser tratada como certeza, ou como evidência. Trata-se de uma suposição a orientar o desenvolvimento da pesquisa, e que deve poder ser alterada ou substituída assim que se mostre incapaz de responder satisfatoriamente à questão de pesquisa proposta.

d) Verificabilidade: uma boa hipótese de pesquisa deve ser passível de refutação; é isso, afinal, que define o seu caráter empírico e a sua adesão ao método científico. Todo o trabalho de pesquisa é dedicado à comprovação ou refutação da hipótese de pesquisa, e uma hipótese de pesquisa cuja natureza inviabilize a operação de sua falsificação é uma hipótese não-científica, que não pode orientar a pesquisa em história do direito.

Para contribuir efetivamente com o desenvolvimento do conhecimento científico uma hipótese de pesquisa deve ser falsificável, ou seja, deve ser passível de confronto com uma proposição de observação que seja inconsistente com ela. A hipótese deve descrever a realidade empírica com precisão suficiente a tornar logicamente possível que a própria realidade a demonstre falsa (ainda que isso não venha a ocorrer).

Não pode, dessa forma, ser confundida com entes do raciocínio abstrato como axiomas, postulados teóricos, ou definições conceituais, que por sua natureza abstrata não podem ser confrontados com a realidade. Tampouco pode ser confundida com meras conjecturas, sugestões de explicação que por razões práticas ou metodológicas superem as capacidades contemporâneas de verificação empírica.

Assim, ao formular a sua hipótese de pesquisa é imprescindível que o pesquisador avalie se existem condições práticas em que ela possa vir a ser provada falsa. Se não existirem, não é uma hipótese de pesquisa adequada.

e) Assertividade: para ser verificável uma hipótese de pesquisa deve ser também claramente afirmativa e precisa. Uma hipótese excessivamente genérica ou pouco comprometida consigo mesma não é uma boa hipótese, pois a falta de assertividade impossibilita o teste de falseabilidade e a sua comprovação empírica.

A assertividade demanda um certo grau de risco; o pesquisador não pode ter medo de errar, e para isso deve se lembrar de que o erro também é precioso, e de que uma hipótese falseada também representa um avanço do conhecimento científico. Assim, deve sempre buscar afirmações ousadas acerca do seu objeto de pesquisa, descrevendo-as da maneira mais precisa e detalhada possível justamente para que se tornem, desse modo, passíveis de verificação.

Também por isso é recomendável que a hipótese seja sempre formulada em enunciados simples; o excesso de complexidade pode tornar a hipótese menos assertiva, e de mais difícil comprovação empírica. No mesmo sentido é também recomendável evitar que se manifestem na hipótese avaliações subjetivas do pesquisador, que tampouco são passíveis de verificação empírica – expressões como "bom", "ruim", "muito", "pouco", "interessante", "melhor", "pior" etc. são sinais de excesso de subjetividade na formulação da hipótese.

A boa hipótese de pesquisa deve buscar exatidão conceitual e especificidade empírica, delimitando o seu conteúdo de uma forma que propicie o trabalho de seu confronto com a realidade.

f) Coerência: a hipótese de pesquisa deve ser coerente, sob várias perspectivas.

i. Consistência lógica: em primeiro lugar, deve ter consistência lógica. O enunciado da hipótese não pode ter contradições internas, manifestando-se em formulação clara que apresente explicitamente a sugestão de explicação da realidade.

ii. Coerência com o corpo de conhecimento disponível: deve ser também consistente com o corpo de conhecimento disponível no momento da pesquisa. É sempre importante recordar que o trabalho científico é um trabalho comunitário e dialógico, e que para isso o pesquisador é obrigado a se comunicar no mesmo idioma dos demais membros da sua comunidade. É até possível, em tese, imaginar a formulação de uma hipótese completamente inconsistente com as premissas do campo, que rompa com a ciência normal e dê origem a uma revolução paradigmática na disciplina em que o pesquisador trabalha. Mais difícil é imaginar que isso possa ocorrer com os pesquisadores iniciantes a que este *Guia Prático* se destina, que ainda estão se inserindo na pesquisa paradigmática e aprendendo a se comunicar no idioma histórico-jurídico. Nesses casos, se a hipótese é muito inconsistente com o corpo de conhecimento histórico-jurídico disponível, o mais provável é que ela tenha sido mal formulada.
Sugerir hipóteses como a de que as pirâmides foram construídas por alienígenas, de que os nazistas não realizaram o genocídio judeu ou de que não existiu ditadura militar no Brasil inviabiliza o diálogo com os demais pesquisadores que integram a comunidade histórico-jurídica e acaba excluindo a pesquisa do campo disciplinar – caracterizando-se-a não mais como pesquisa científica, mas como alucinação ou teoria da conspiração.

iii. Coerência com a questão de pesquisa: a hipótese também deve ser coerente com a questão de pesquisa. É claro, uma vez que ela se destina a propor uma resposta para a questão de pesquisa, o seu conteúdo deve ser capaz de respondê-la integralmente, sob todos os aspectos. Se não há integral correspondência entre a hipótese de pesquisa e a questão de pesquisa, esse é o sinal de que uma das duas se mostra inadequada, devendo ser reformulada para que ambas se tornem compatíveis.

iv. Coerência com o objeto de pesquisa: o pesquisador também deve avaliar a coerência entre a hipótese o objeto de pesquisa. Isso significa que a explicação sugerida pela hipótese deve ser passível de observação e verificação no próprio objeto delimitado para a pesquisa. Hipóteses que se refiram a elementos externos ao objeto delimitado extrapolam os limites fixados para o desenvolvimento da pesquisa, e exigem a modificação de um dos dois – seja para a reformulação de uma hipótese mais restrita, seja para a ampliação do objeto delimitado.

v. Coerência com o referencial teórico: a coerência da hipótese também deve ser avaliada em relação ao referencial teórico. Uma vez que o referencial teórico fornece o filtro semântico através do qual o pesquisador pretende examinar a realidade, a hipótese deve se mostrar compatível com esse filtro semântico, sob pena de inviabilizar o desenvolvimento da pesquisa nos limites do quadro teórico estabelecido. Não faz sentido, por exemplo, eleger a perspectiva marxista como marco teórico de compreensão da história do direito do trabalho para depois ignorar completamente o conceito de luta de classes na formulação da hipótese de pesquisa.
Ao optar por compreender a realidade sob o prisma de um referencial teórico específico, o pesquisador delimita o campo de explicações passíveis de serem mobilizadas para aquele espaço do real. Desse modo, a hipótese deve mobilizar as construções racionais formuladas pelo marco teórico indicado, enquadrando-se em seu sistema conceitual e explicando a realidade com as ferramentas e instrumentos por ele previstos. Quando isso não ocorre, é o sinal de que o referencial teórico deve ser substituído ou a hipótese deve ser corrigida.

vi. Coerência com a realidade: por fim, a hipótese de pesquisa deve ter coerência com a realidade, ou seja, deve ser capaz de fornecer uma resposta considerada plausível à questão de pesquisa formulada.

Uma boa hipótese de pesquisa não entra em choque com os fatos conhecidos pela ciência estabelecida.

Em razão dos limites metodológicos do conhecimento científico, uma hipótese de pesquisa implica sempre a avaliação de uma variável sobre o pano de fundo fixo de uma realidade fixa. Sem esse pano de fundo fixo sequer seria possível falar-se em "variáveis", pois tudo seria variável e o trabalho científico se tornaria inviável no interior de um caleidoscópio dinâmico em constante transformação.

Ainda que o trabalho científico demande o questionamento das verdades estabelecidas, ele exige o foco do olhar, e consequentemente o foco também das verdades passíveis de serem submetidas a questionamento. Se todo o real é questionável, a hipótese não tem elementos fixos em relação aos quais possa ser comparada, e a pesquisa científica se perde em um procedimento metafísico interminável de relativismo absoluto.

Só é possível avaliar uma variável se o pesquisador puder contar com a estabilidade da realidade excluída do seu foco de investigação, e se a variável sob exame for compatível com os aspectos desfocados dessa realidade que atua como pano de fundo da pesquisa. Dessa forma, a hipótese de pesquisa é obrigada a pressupor que todos os fatos contextuais aos quais ela não se refere explicitamente já foram demonstrados verdadeiros, concentrando-se somente na falseabilidade daquelas variáveis que integram o âmbito de investigação delimitado.

Se a investigação da hipótese depende da demonstração de que os fatos conhecidos são falsos, isso é um sinal de que a pesquisa proposta depende de outra pesquisa, anterior. Nesse caso é melhor abandonar o projeto e se dedicar à investigação dos seus pressupostos, para um dia no futuro buscar a demonstração da hipótese em segundo grau que depende da verificação da hipótese anterior.

g) Caráter Historiográfico: a hipótese de uma pesquisa em história do direito deve também ter caráter historiográfico, o que significa que deve levar em consideração as questões da passagem do tempo e do movimento.

A obviedade da afirmação não a torna menos necessária, especialmente aos juristas iniciantes na pesquisa em História do Direito – que constituem o público a que se dirige este *Guia* –, tão acostumados a empregá-la como instrumento retórico na apresentação de teses dogmáticas relativas à eternidade ou à evolução de institutos jurídicos contemporâneos.

Hipóteses que se proponham a demonstrar a estabilidade, imutabilidade, naturalidade ou universalidade de entes jurídicos são contrárias aos próprios objetivos da pesquisa historiográfica, portanto incompatíveis com a pesquisa em História do Direito. O pesquisador deve se esforçar para construir uma hipótese de pesquisa que explique o passado jurídico sob a perspectiva da transformação e da alteridade em relação ao presente em que vivemos.

9.3. Como formular a hipótese

a) Identificar as variáveis relevantes: o primeiro passo na formulação da hipótese de pesquisa é identificar as variáveis concretas que possam contribuir para a compreensão do fenômeno analisado. Formular uma hipótese consiste em relacionar essas variáveis de uma maneira que elas façam sentido e respondam satisfatoriamente à questão de pesquisa.

Se não é possível identificar as variáveis explicativas do objeto de pesquisa, provavelmente a questão de pesquisa está mal formulada – por não se referir à realidade empírica, ou por se referir a elementos que ultrapassam as condições de inteligibilidade histórica. Identificadas as variáveis relevantes, é em função delas que a hipótese deve ser formulada, pois é com base nelas que se desenvolverá a resposta à questão de pesquisa proposta.

b) Avaliar as hipóteses sugeridas pelo referencial teórico: construções teóricas têm, de modo geral, pretensão de totalidade, e se propõem a fornecer explicações abstratas completas acerca da integralidade do real.

É claro que essas explicações abstratas são meras conjecturas, que sequer chegam a poder ser consideradas hipóteses científicas. Afinal, é somente no confronto com o real que se poderá verificar a correção dos seus pressupostos, e a possibilidade de sua conversão em hipóteses científicas.

Ainda assim, essas conjecturas podem representar um primeiro passo importante na investigação da realidade, e sugerir caminhos interessantes para a formulação das hipóteses de pesquisa.

c) Revisar as explicações fornecidas pelo estado da arte: ainda que o objeto e a questão de pesquisa sejam completamente originais, nenhuma pesquisa se desenvolve em um vazio epistemológico, e é altamente provável que outros pesquisadores tenham examinado objetos e questões pelo menos remotamente semelhantes. A revisão das explicações fornecidas pelas pesquisas já realizadas pode inspirar a formulação de novas hipóteses, no mínimo pela aplicação analógica de uma hipótese já examinada a um novo objeto, ou até mesmo pela possibilidade de aperfeiçoar ou tornar mais precisa uma hipótese já investigada.

A revisão do estado da arte também é importante para assegurar a originalidade da proposta a ser formulada, o que depende da dedicação do pesquisador na fase de exploração preliminar.

d) Empregar a observação e a intuição: a observação metódica da realidade também pode contribuir para a formação de conexões originais entre os conhecimentos já estabelecidos. Combinada com a intuição pelo método indutivo, a observação pode extrair da realidade empírica generalizações racionais, aptas a contribuir na formulação de hipóteses criativas e originais acerca daquele campo de pesquisa.

e) Formular uma resposta provisória: o último passo, enfim, é partir desses elementos para formular uma proposta de resposta à questão de pesquisa elaborada. Essa resposta deve ser um enunciado claro, assertivo e verificável, de modo a assegurar o seu caráter empírico e científico. É prudente também considerar a disponibilidade de métodos ou fontes suficientes para o trabalho de verificação da hipótese.

<table>
<tr><th colspan="2">A Hipótese de Pesquisa</th></tr>
<tr><td rowspan="2">Hipótese</td><td>É uma asserção preliminar e provisória, construída sobre a base de um raciocínio hipotético, que sugere uma solução possível à questão de pesquisa elaborada.</td></tr>
<tr><td>Qual é a resposta mais provável à questão proposta?</td></tr>
<tr><td rowspan="7">Características da Hipótese</td><td>Originalidade</td></tr>
<tr><td>Relevância</td></tr>
<tr><td>Provisoriedade</td></tr>
<tr><td>Verificabilidade</td></tr>
<tr><td>Assertividade</td></tr>
<tr><td>Coerência</td></tr>
<tr><td>Caráter Historiográfico</td></tr>
<tr><td rowspan="5">Como formular a Hipótese de Pesquisa</td><td>Identificar as variáveis relevantes</td></tr>
<tr><td>Avaliar as hipóteses sugeridas pelo referencial teórico</td></tr>
<tr><td>Revisar as explicações fornecidas pelo estado da arte</td></tr>
<tr><td>Empregar a observação e a intuição</td></tr>
<tr><td>Formular uma resposta provisória</td></tr>
</table>

Exemplo de Hipótese de Pesquisa	O direito administrativo brasileiro cumpria no século XIX uma função não "administrativa", mas "constituinte", contribuindo para a construção de um Estado Nacional pela atribuição de legitimidade ao imperador D. Pedro II e pela organização de uma estrutura administrativa para o nascente Estado brasileiro.

10
A DEFINIÇÃO DOS OBJETIVOS DA PESQUISA

10.1. Os objetivos

Os objetivos consistem nas metas que se pretende atingir com a realização do trabalho. Eles respondem à pergunta "Quais são os resultados que se espera obter ao final da pesquisa?".

É claro que o principal objetivo da pesquisa científica é solucionar o problema nos termos em que ele foi formulado. Para isso, contudo, é necessário atingir o objetivo preliminar de verificar a hipótese, de modo a obter-se a resposta à questão de pesquisa proposta. Esse objetivo, por sua vez, exige o cumprimento de uma série de objetivos intermediários, cujo alcance se apresenta como condição à realização do objetivo final.

A definição dos objetivos de um projeto de pesquisa é semelhante à definição dos objetivos de uma viagem: o objetivo final pode ser chegar em Paris; mas para isso deverão ser cumpridos os objetivos intermediários de se providenciar a emissão do passaporte, obter o visto, adquirir moeda estrangeira, reservar o quarto de hotel, comprar a passagem do avião etc. Trata-se de refletir sobre as metas intermediárias que o pesquisador será obrigado a alcançar para chegar ao fim da jornada; vários caminhos podem levar ao mesmo objetivo, e traçar de antemão o caminho a ser seguido contribui para que o pesquisador não se perca durante a sua viagem. Justamente por isso os objetivos da pesquisa são usualmente classificados em duas espécies: os objetivos gerais e os objetivos específicos.

Os objetivos gerais estabelecem uma ou mais metas gerais para o trabalho como um todo, referindo-se imediatamente à verificação da hipótese para a resposta à questão de pesquisa, ou mediatamente à resolução do problema que a pesquisa se propõe a enfrentar. Já os objetivos específicos se referem às etapas intermediárias da pesquisa, são "objetivos operacionais" que desempenham uma função instrumental ao desenvolvimento da pesquisa, por se considerarem necessários ao atingimento do objetivo geral; relacionam-se, dessa forma, a cada uma das etapas do raciocínio que deverá ser apresentado para a verificação da hipótese, o que faz com que comumente se relacionem a cada um dos capítulos do plano de trabalho no projeto de pesquisa (e consequentemente do relatório, dissertação ou tese a ser redigido).

Os objetivos costumam ser expostos sob a forma de sentenças iniciadas por verbos no infinitivo, em lista sucessiva e numerada por tópicos. Ainda tomando como exemplo o meu projeto de doutorado, ele tinha como objetivo geral a verificação da hipótese da função constituinte do direito administrativo brasileiro no século XIX, e como objetivos específicos todas as atividades necessárias à realização desse objetivo geral: identificar as obras de direito administrativo brasileiro publicadas no período, identificar os autores e sua origem social, avaliar o tratamento jurisprudencial do direito administrativo no período, examinar os conteúdos ministrados nas faculdades de direito, analisar os principais temas debatidos etc.

10.2. Características dos objetivos

a) Precisão: os objetivos da pesquisa devem ser definidos com precisão. Quanto mais precisa e específica for a sua definição, mais fácil será tomá-los como critérios para a orientação do trabalho de pesquisa. Objetivos definidos de forma genérica costumam ser mais fáceis de se cumprir; mas pouco úteis à organização das atividades necessárias ao seu cumprimento, já que qualquer ação pode ser considerada relacionada à sua execução.

Um objetivo muito geral como "viajar para o Norte" pode até ser mais fácil de se alcançar; mas provavelmente não ajudará a organizar as atividades necessárias à realização da viagem tanto quanto um objetivo definido de forma mais precisa, como "viajar para Paris", por exemplo.

b) Congruência: o objetivo geral e os objetivos específicos devem ser congruentes, entre si e com os demais elementos do projeto de pesquisa.

Em primeiro lugar, o objetivo geral deve estar claramente conectado com a resolução do problema a resposta da questão e a verificação da hipótese de pesquisa. Afinal, é de fato este o principal objetivo da pesquisa científica, e qualquer incongruência entre o objetivo e esses elementos é um sinal claro de que o projeto está mal estruturado, e de que provavelmente há dificuldades com problema formulado, a questão elaborada ou a hipótese proposta. Um ou mais desses elementos deverá ser revisto.

Por outro lado, todos os objetivos específicos devem ser inquestionavelmente necessários ao atingimento do objetivo geral. Essa é também uma boa oportunidade de saneamento do projeto de pesquisa, e de sua orientação ao foco único do trabalho que é, afinal de contas, a verificação da hipótese de pesquisa.

De fato, é muito comum entre pesquisadores iniciantes, especialmente entre pesquisadores dedicados e "apaixonados" pelo seu objeto de pesquisa, a transformação do trabalho de pesquisa em um passeio de diletante. Para empregarmos novamente a metáfora de viagem, em vez de "viajar a Paris" o pesquisador apaixonado decide "passear pela França", fazendo desvios por lugares interessantes que até podem tornar a viagem mais divertida, mas acabam atrapalhando a realização do objetivo principal de chegar ao destino inicialmente planejado. Da mesma forma, objetivos específicos que não se relacionem diretamente com o cumprimento do objetivo principal, ou que sejam paralelos a ele, ou desnecessários ao seu atingimento, não contribuem para a qualidade ou a profundidade da pesquisa científica; pelo contrário, a reduzem, pois retiram o foco da verificação da hipótese proposta para vaguear o olhar por objetos irrelevantes a esse objetivo.

O projeto de pesquisa deve ser pensado como um esforço em linha reta, não como um passeio permeado por desvios e distrações. O pesquisador deve se recordar que tem um prazo para concluir a pesquisa, que depende do trabalho de um orientador para a sua execução e que o seu texto será lido por outros pesquisadores interessados em sua hipótese de pesquisa – e não em assuntos paralelos que não se relacionem diretamente ao tema. Desse modo, o melhor a fazer é excluir quaisquer interesses paralelos do projeto de pesquisa, deixando-os em suspenso para a retomada após a conclusão daquela pesquisa específica.

Eu também passei por situação semelhante durante a minha pesquisa de doutorado: ao investigar as obras doutrinárias sobre o direito administrativo no Brasil do século XIX me deparei com um debate interessantíssimo sobre a natureza e os limites do Poder Moderador, que envolvia diversos juristas dedicados ao estudo do direito constitucional. Por mais interessante que o assunto me parecesse, objetivamente não tinha relação direta com o meu objeto de pesquisa; dessa forma, deixei-o em suspenso para retomá-lo alguns anos após a defesa da minha tese, como novo projeto de pesquisa independente do anterior (publicado em Guandalini Junior, 2016b).

Sanear a pesquisa de interesses paralelos contribui também para sanear o próprio texto do relatório, dissertação ou tese, tornando-o mais direto e objetivo, e assim mais adequado à leitura e debate por parte da comunidade de pesquisadores. A escrita científica deve se realizar de forma clara e direta, e não por desvios, curvas e volteios.

c) Viabilidade: os objetivos do projeto de pesquisa não podem ser excessivamente ambiciosos. Um objetivo ambicioso demais dificilmente vai se realizar, e o resultado da pesquisa será frustrante a todos os que tenham se envolvido com ela – e mesmo aos seus leitores, se também o texto final fizer promessas que seja incapaz de cumprir.

Um objetivo que pareça superior às condições de trabalho do pesquisador também pode gerar desconfiança em potenciais orientadores ou eventuais julgadores quanto à sua real capacidade de levar o projeto a termo, prejudicando-o em processos seletivos ou de avaliação. Isso é muito comum entre pesquisadores iniciantes, que tanto por empolgação excessiva quanto por falta de experiência com a pesquisa histórica tendem a propor a construção de "histórias gerais", examinando o desenvolvimento de um instituto ou campo de saber às vezes por centenas ou milhares de anos, "desde os seus primórdios até os dias de hoje" – o que é, na prática, impossível.

Assim, o pesquisador deve levar em consideração as suas condições reais de trabalho, assegurando-se de que os objetivos do seu projeto sejam compatíveis com as circunstâncias de tempo, preparo e disponibilidade das fontes e do pesquisador para a pesquisa. É sempre conveniente recordar que os 12 meses do trabalho de iniciação científica, os 24 meses do mestrado e os 48 meses do doutorado não representam a totalidade da vida acadêmica do pesquisador; são apenas os seus primeiros passos, que podem ser complementados por décadas de trabalho dedicado ao mesmo objeto, ou aos demais objetos que venha a considerar interessantes.

Retomando o exemplo prático da minha própria experiência acadêmica, mesmo depois de passar 4 anos analisando para o doutorado a doutrina de direito administrativo brasileira no século XIX, passei os 12 anos seguintes ainda examinando o mesmo objeto, sob diferentes perspectivas. Apenas muito recentemente tive a curiosidade de me arriscar a arranhar a doutrina de direito administrativo brasileira do início do século XX (Guandalini Junior e Teixeira, 2021), ainda assim consciente de não ter concluído todo o trabalho que me propus a realizar para o século XIX. O trabalho científico é trabalho de formiguinhas, exige paciência e dedicação para o carregamento de um grão de areia por vez.

Um objetivo modesto e factível simplifica o trabalho de organização do projeto, facilita a sua avaliação e conduz com mais facilidade ao sucesso. Podemos novamente usar a metáfora da viagem para imaginar como será mais simples e prático planejar uma viagem à França (que já é, por si só, bastante trabalhosa) do que uma viagem por todos os países da Europa, por exemplo. Quando o objetivo parece excessivamente ambicioso, uma recomendação prática útil é dividir o projeto em vários projetos de pesquisa autônomos, a serem executados sequencialmente – é mais prático, afinal, organizar várias viagens separadas do que uma única viagem composta de dezenas de etapas. O pesquisador mais ansioso pode até mesmo organizar um cronograma de pesquisas para toda a vida, detalhando os projetos específicos à medida em que eles vão se tornando factíveis.

d) Originalidade: mas a preocupação com a viabilidade também não deve intimidar o pesquisador; o objetivo deve ser pelo menos um pouco ambicioso, já que a ambição mínima de qualquer pesquisa científica é a de produzir novo conhecimento, descobrir algo acerca da realidade que ninguém mais sabe.

Essa originalidade deve se refletir também nos objetivos da pesquisa, que não podem se limitar a pretender conhecer, demonstrar ou conferir informações já conhecidas, demonstradas ou verificadas por outros trabalhos científicos.

Mesmo quando a pesquisa exija alguma etapa de familiarização com o estado da arte, a necessária revisão bibliográfica não pode ser considerada um dos objetivos da pesquisa, mas apenas uma atividade preliminar necessária ao cumprimento dos objetivos efetivamente definidos como tais – assim como também preciso me vestir para a viajar a Paris, embora esse não possa ser considerado um objetivo da minha viagem.

e) Historicidade: por fim, o objetivo deve estar ligado à compreensão histórica de um determinado objeto. Isso significa, como já discutimos anteriormente, que o objetivo deve estar ligado à compreensão de um processo de transformação, mudança, movimento, já que é isso o que caracteriza a especificidade histórica da pesquisa em desenvolvimento.

Essa insistência, talvez demasiada, na necessária historicidade dos diversos elementos do projeto de pesquisa é importante não só pelo evidente motivo de ser este um *Guia Prático de Pesquisa em História do Direito,* mas também pela necessidade de se enfatizar a especificidade da pesquisa histórico-jurídica em relação a outros tipos de pesquisa em Direito – dogmática, filosófica, sociológica etc. Há muitos manuais de metodologia da pesquisa jurídica disponíveis aos pesquisadores interessados em realizar esse tipo de pesquisa, mas pouquíssimos (talvez apenas este?) dedicados à especificidade da pesquisa histórico-jurídica.

Ressalto a necessidade de atenção aos temas do movimento, da transformação e da heterogeneidade porque ao elaborar o seu projeto o pesquisador deve se manter permanentemente atento aos riscos de desvio metodológico, de modo a evitar a conversão da pesquisa histórico-jurídica que pretendia desenvolver em apenas mais uma revisão cronológica de institutos jurídicos em perspectiva dogmática.

Assim, ao definir os objetivos da sua pesquisa o pesquisador deve se precaver contra objetivos presentistas, como "descobrir a origem do instituto jurídico", "avaliar a evolução do instituto jurídico através do tempo", "identificar a semelhança entre passado e presente" etc. Em vez disso, concentrar-se em observar o passado, mapear a mudança e identificar elementos de heterogeneidade em relação ao nosso próprio tempo.

10.3. Como definir os objetivos

a) Refletir sobre o problema da pesquisa: como já havíamos comentado, o principal objetivo de qualquer pesquisa é sempre resolver um problema do mundo real. Desse modo, se o problema estiver bem identificado não será difícil definir o objetivo geral da pesquisa: resolver o problema.

É por isso que um primeiro passo muito útil na organização dos objetivos da pesquisa é refletir sobre o problema da pesquisa. Alguma dificuldade na definição dos objetivos pode indicar falha na formulação do problema, e representar uma boa oportunidade para se o repensar e reestruturar de modo mais claro e objetivo.

Para isso também pode ser útil refletir sobre a justificativa da pesquisa, a questão de pesquisa e a hipótese formulada; a partir da relação entre esse conjunto de elementos pode ficar mais fácil estabelecer o conjunto de objetivos do projeto de pesquisa.

b) Refletir sobre os objetivos gerais: definidos os objetivos gerais da pesquisa, eles passam a representar o ponto de partida para a definição dos objetivos específicos – que são, afinal, instrumentais à consecução dos objetivos gerais. Dessa forma, refletir calmamente sobre os objetivos gerais, e sobre todos os passos necessários ao seu atingimento, pode facilitar muito o trabalho de identificação dos objetivos específicos. Os objetivos específicos, devem, assim, ser elaborados como "especificação" dos objetivos gerais, o que contribui para lhes dar contornos mais precisos e direcionar mais claramente a pesquisa a ser realizada.

Esse caminho percorrido do geral ao particular é fundamental também para assegurar a congruência entre os objetivos gerais e os objetivos específicos. Se os objetivos específicos são instrumentais à consecução dos objetivos gerais deve haver completa compatibilidade entre eles, de modo que não haja objetivos específicos sem relação com o atingimento dos objetivos gerais, e tampouco faltem objetivos específicos que possam contribuir para o seu alcance.

c) Identificar os resultados que se pretende obter: é importante ter em mente que o objetivo aponta para um resultado a ser atingido, não para uma tarefa a ser executada. Até podemos ter objetivos intermediários, mas mesmo estes não se confundem com as ações práticas necessárias ao seu atingimento. Focar o olhar nos resultados pode ajudar a definir com maior clareza e precisão quais são os objetivos efetivos do projeto de pesquisa.

Retomando a metáfora da viagem, o objetivo nunca é "viajar", mas "chegar ao destino pretendido". Do mesmo modo, o objetivo de uma pesquisa científica nunca será apenas "estudar", mas alcançar os resultados prenunciados quando da definição do problema, da elaboração da questão, da formulação da hipótese etc.

d) Identificar as etapas do processo: essa recomendação prática se refere, novamente, à definição dos objetivos específicos. Afinal, ainda que tenha um único objetivo geral, a pesquisa científica se organiza como processo, conjunto de atividades encadeadas, que por sua própria natureza se desenvolve em várias etapas distintas. A conclusão de cada uma dessas etapas pode representar um marco importante na consecução do objetivo geral, o que permite que cada uma delas seja, em si, considerada como objetivo específico.

É importante estar atento para não incluir etapas desnecessárias ou irrelevantes no arrolamento dos objetivos específicos. Somente as etapas realmente importantes para o alcance do objetivo pretendido devem ser consideradas; as demais, mesmo que interessantes, nobres ou relevantes para outros objetivos, devem ser impiedosamente descartadas. A fase de projeto é de desbaste: o pesquisador deve ser capaz de distinguir o que é a pesquisa do que não é a pesquisa, lapidando a pedra bruta do seu primeiro *insight* até que reste em suas mãos somente o diamante puro da pesquisa proposta.

e) Empregar verbos precisos no infinitivo: o uso de verbos no infinitivo pode parecer mero cacoete estilístico, mas a verdade é que a definição dos objetivos só pode ocorrer dessa maneira, como conjunto de ações a serem concluídas em algum momento no futuro. A enumeração dos objetivos sob essa forma contribuirá para mantê-los claros e explícitos, orientando com nitidez o trabalho a ser desempenhado pelo pesquisador.

Para isso, contudo, é imprescindível que os verbos a serem empregados sejam precisos. Sem essa precisão os objetivos podem se perder em um mar de significados equívocos, retirando do pesquisador a importante bússola que poderia guiá-lo durante a execução do projeto. Recomenda-se, assim, evitar verbos muito genéricos como "estudar", "conhecer", "aprofundar" etc. Em seu lugar é preferível optar por verbos como "descrever", "identificar", "analisar" – ou seja, verbos que impliquem diretamente a produção de resultados concretos.

<table>
<tr><th colspan="2">Os Objetivos da Pesquisa</th></tr>
<tr><td rowspan="2">Objetivos</td><td>São as metas que se pretende atingir com a realização do trabalho.</td></tr>
<tr><td>Quais são os resultados que se espera obter ao final da pesquisa?</td></tr>
<tr><td rowspan="5">Características dos Objetivos</td><td>Precisão</td></tr>
<tr><td>Congruência</td></tr>
<tr><td>Viabilidade</td></tr>
<tr><td>Originalidade</td></tr>
<tr><td>Historicidade</td></tr>
<tr><td rowspan="5">Como definir os Objetivos</td><td>Refletir sobre o problema da pesquisa</td></tr>
<tr><td>Refletir sobre os objetivos gerais</td></tr>
<tr><td>Identificar os resultados que se pretende obter</td></tr>
<tr><td>Identificar as etapas do processo</td></tr>
<tr><td>Empregar verbos precisos no infinitivo</td></tr>
</table>

Exemplos de Objetivos	**Objetivos Gerais:** 1. Compreender as funções desempenhadas pela doutrina de direito administrativo em circulação no Brasil entre 1857 e 1888; 2. Compreender o processo de formação do Estado Nacional brasileiro. **Objetivos Específicos:** 1. Identificar as obras de direito administrativo publicadas no Brasil entre 1857 e 1888; 2. Identificar os autores dessas obras e os seus principais dados biográficos; 3. Identificar os debates sobre o direito administrativo travados no Conselho de Estado brasileiro no período; 4. Identificar os conteúdos de direito administrativo ensinados nas Faculdades de Direito brasileiras no período; 5. Examinar o conceito de direito administrativo empregado pelas obras doutrinárias do período; 6. Identificar as principais referências doutrinárias estrangeiras; 7. Identificar os principais temas abordados pelas obras doutrinárias do período; 8. Avaliar a ordem discursiva no interior da qual esse saber jurídico circulava; 9. Avaliar as transformações por que passa a doutrina de direito administrativo brasileira durante o período delimitado; 10. Avaliar as peculiaridades da doutrina de direito administrativo brasileiro durante o período delimitado; Etc.

11
O DESENVOLVIMENTO DA METODOLOGIA DA PESQUISA

11.1. A metodologia

A metodologia indica as ações práticas que o pesquisador pretende realizar para atingir os resultados pretendidos. Refere-se, dessa forma, ao conjunto de procedimentos e técnicas utilizados de forma racional, sistemática, regular, explícita e passíveis de repetição, voltados ao alcance dos objetivos fixados para a pesquisa. No projeto de pesquisa o item sobre a metodologia responde à pergunta "Como a pesquisa será realizada?".

Desde o início da modernidade, com as reflexões de Descartes (2001) e Bacon (1999), o método é o que distingue o saber científico do senso comum. Na concepção desses autores pioneiros, para evitar os "erros dos sentidos" ou os "ídolos do pensamento" que nos afastam da realidade objetiva; em perspectiva mais contemporânea (Popper, 2008), para assegurar a repetibilidade e tornar possível a falseabilidade da pesquisa científica. Seja como for, o método é o que permite a conversão de uma consideração ideológica, filosófica, literária ou intuitiva em uma explicação científica, racional e passível de debate por parte da comunidade científica. Fundamental, portanto, que haja uma reflexão dedicada a seu respeito no projeto de pesquisa.

No projeto de pesquisa a seção dedicada à metodologia deve explicar ao leitor *como* a pesquisa será realizada. Não se confunde, portanto, nem com o objeto, nem com as fontes, nem com os objetivos: o método explica como o autor pretende trabalhar com o objeto, como pretende analisar as fontes, como pretende alcançar os seus objetivos. Para isso deverá responder a questões como por exemplo: "como serão selecionadas as fontes?";

"que informações serão buscadas?"; "como elas serão analisadas?"; "como serão agrupadas e classificadas?"; "por meio de que instrumentos técnicos ou estatísticos serão quantificadas?"; "que critérios serão considerados na análise qualitativa?"; "que categorias serão empregadas?", etc.

Trata-se, dessa forma, de uma espécie de passo-a-passo, um "modo de fazer", o caminho que deverá ser percorrido para se obter os resultados esperados. A metodologia se relaciona com as ferramentas que serão empregadas para o atingimento dos objetivos. Sob essa perspectiva se distingue também do referencial teórico: se este se refere a uma maneira de compreender o mundo, a um modo de pensar, a um filtro semântico de compreensão da realidade, a metodologia remete a uma forma específica de trabalho, de extração de informações dos materiais disponíveis. Vincula-se, assim, a ações concretas dirigidas à resolução do problema de pesquisa.

A observação que já fizemos sobre o referencial teórico vale também para a metodologia: não existe método correto ou método errado; cada método é mais ou menos útil aos resultados que se pretende atingir, mais ou menos adequado aos instrumentos que se pretende manejar, mais ou menos compatível com o referencial teórico de partida. Assim, como já usamos a metáfora do telescópio ou microscópio no capítulo sobre o referencial teórico, podemos agora observar que são distintos os métodos de utilização do telescópio e do microscópio, e que o pesquisador deve utilizar os métodos exigidos pelas ferramentas que deseja empregar e pelo objeto que deseja observar. O método ruim para um tipo de pesquisa pode ser bom para outra abordagem, conforme os seus objetivos. Também por esse motivo, o projeto de pesquisa deve não apenas apresentar, mas também justificar a opção de método que considerou mais adequada à consecução dos seus objetivos.

Um erro muito comum em projetos de pesquisadores iniciantes é o de indicar na seção de metodologia o método "indutivo", "dedutivo" ou "dialético" como forma de investigação. Os manuais costumam indicá-los como os métodos básicos, e o pesquisador com pouca experiência pode achar que basta escolher um dos dois para o desenvolvimento da sua pesquisa. Mas não é disso que se trata; o método deve explicitar as atividades práticas por meio das quais a pesquisa será realizada.

O método pode ser mais simples ou mais complexo conforme a natureza e as perspectivas da pesquisa a ser realizada. Da mesma forma, ele pode variar conforme a natureza qualitativa ou quantitativa da pesquisa, já que os métodos de pesquisa quantitativa costumam ser mais técnicos e objetivos. Isso não significa, porém, que a pesquisa qualitativa não precise refletir sobre o seu método; "pretendo ler o referencial teórico, conhecer o estado da arte e ler as fontes com muito cuidado até ter uma ideia" não é um método, é uma esperança! Mesmo a pesquisa qualitativa depende de uma reflexão prévia acerca dos critérios de seleção do que será analisado, de como as fontes serão lidas, de quais categorias serão empregadas, de quais perguntas serão feitas etc.

Seja como for, qualitativa ou quantitativa, a pesquisa historiográfica se apresenta, por sua natureza, como descrição compreensiva da realidade. Dessa forma, mesmo a pesquisa qualitativa depende de um método que a vincule ao real, apresentando-se, em última instância, como perspectiva empírica de compreensão da realidade. Isso é comum em pesquisas que se debrucem sobre análises qualitativas do pensamento jurídico, ou de perspectivas teóricas do passado: o pensamento e a teoria também são fatos empíricos, e o trabalho da pesquisa é descrevê-los como elementos que compõem a realidade histórica, e não os tomar como instrumentos metafísicos de acesso à integralidade do real.

Talvez a única exceção seja a pesquisa restrita à teoria da história, mas esse tipo de tema pode aproximar o trabalho mais dos métodos teórico-filosóficos que de métodos propriamente historiográficos de investigação, e por isso parece extrapolar os limites estabelecidos para este *Guia Prático de Pesquisa*.

11.2. Características da metodologia

a) Detalhamento: a metodologia proposta para o desenvolvimento da pesquisa deve ser detalhada, precisa e rigorosa. Quando se trata de explicar "como" realizar uma atividade, enunciados genéricos não são suficientes.

Dessa perspectiva, o método é como uma receita de culinária: deve ser capaz de descrever em detalhe todas as fases da atividade, indicar exaustivamente todos os ingredientes que serão utilizados e apontar com precisão as quantidades que deverão ser empregadas. Ao avaliar a qualidade da metodologia apresentada em seu projeto de pesquisa o pesquisador deve se perguntar se apenas com as instruções formuladas, sem quaisquer outras explicações complementares, outro pesquisador seria capaz de levá-lo a cabo; se a resposta for negativa, esse é um sinal de que a descrição do método não está suficientemente detalhada.

O pesquisador deve avaliar exatamente de que maneira cada atividade do método proposto poderá contribuir para a realização dos objetivos da pesquisa. Assim, não basta informar que "serão analisadas as fontes primárias"; é preciso explicitar de que maneira elas serão lidas, como serão classificadas, o que se pretende encontrar em cada uma delas, como os dados serão organizados, como serão interpretados, qual é o objetivo da análise. O método deve identificar as variáveis relevantes para a análise, justificar a sua relevância e esclarecer de que maneira elas serão analisadas. Somente assim será possível avaliar, no diálogo com o orientador e com eventuais bancas de seleção, a compatibilidade das atividades propostas com o trabalho de verificação da hipótese de pesquisa.

Ao elaborar a sua metodologia o pesquisador deve refletir também sobre a maneira específica como cada atividade proposta poderá contribuir para a verificação final da hipótese de pesquisa. Se essa relação não estiver clara, esse é um sinal de que o método é inadequado, ou de que incluiu uma atividade sem relação com a pesquisa que pretende realizar. O bom método inclui todas as atividades necessárias e suficientes ao alcance dos objetivos estabelecidos, e apenas elas. Ações complementares, paralelas ou apenas "interessantes" que não estejam diretamente ligadas ao cumprimento dos objetivos traçados não devem integrar o método de pesquisa.

É verdade que às vezes o método precisa ser exploratório. Quando o projeto proposto é muito avançado, ou trata de assuntos não inteiramente dominados pelo pesquisador, é possível que ele tenha que se propor a analisar fontes de pesquisa sem saber muito bem o que pode encontrar, ou como deve lidar com elas. É claro que isso também pode ser feito; realizar uma pesquisa muito inovadora pode ser como tatear no escuro, e muitas vezes a própria pesquisa exige algum grau de risco e ousadia por parte do pesquisador. Mas nesses casos se torna ainda mais importante pensar com muita clareza nas categorias e objetivos que vão orientar a pesquisa. Às vezes precisamos entrar em uma floresta inexplorada, sem saber muito bem o que existe do outro lado ou como chegar lá; mas nesses casos a bússola que nos guia deve ser especialmente precisa, e o plano de exploração especialmente detalhado, sob pena de nos perdermos e nunca conseguirmos chegar ao objetivo originalmente proposto.

b) Congruência: o método deve ser congruente com o referencial teórico que orienta a sua realização, e está diretamente ligado aos objetivos da pesquisa. Como já tivemos a ocasião de mencionar, o trabalho de construção de um projeto de pesquisa é um trabalho circular e reflexivo, que exige muitas releituras e revisões dos elementos que o integram para garantir a sua harmonia e organicidade.

i. Congruência com o referencial teórico: certas perspectivas teóricas consideram certos métodos mais adequados que outros para responder às questões propostas. Assim, por exemplo, um referencial teórico marxista pode tender a privilegiar métodos quantitativos e de análise econômica, enquanto uma pesquisa vinculada à *Nouvelle Histoire* pode dar preferência a perspectivas culturalistas ou de micro-história. Já vimos que não existe método certo ou errado; mas há métodos compatíveis ou incompatíveis com a perspectiva da abordagem proposta pela pesquisa.

ii. Congruência com os objetivos propostos: constatada a congruência com o referencial teórico, deve o pesquisador avaliar se dispõe de métodos adequados ao atingimento de cada um dos objetivos propostos para o trabalho de pesquisa. A metodologia deve ser capaz de indicar de modo claro e detalhado como cada um dos objetivos será atingido.
Muitas vezes a dificuldade de elaboração do método de pesquisa reflete dificuldades na construção dos objetivos. Pode ser que os objetivos não estejam suficientemente claros, o que dificulta o trabalho de identificação do modo mais adequado de se os alcançar – se eu não tenho certeza do lugar onde pretendo chegar, é mesmo mais difícil definir as ações que devo realizar para chegar lá.
Ou pode ser que os objetivos tenham sido definidos de modo excessivamente ambicioso, e acabem superando as próprias capacidades do pesquisador – não é difícil estabelecer o método adequado para empilhar tijolos; mas se o objetivo é construir uma casa precisamos de um conhecimento prévio bastante detalhado de engenharia e técnicas construtivas, ou sequer saberemos por onde começar. Nesse caso é prudente reformular os objetivos para estabelecer metas mais modestas, compatíveis com os métodos de que dispomos para as alcançar.

c) Viabilidade: a definição da metodologia adequada à realização da pesquisa também está ligada à factibilidade. O método deve ser capaz de demonstrar não só que o pesquisador sabe como realizar a pesquisa, mas também que ele dispõe das condições materiais e pessoais necessárias à sua realização. Por isso métodos muito extravagantes, ou que dependam do emprego de recursos tecnológicos muito avançados, ou de muitos recursos de pessoal, não são adequados: tendem a demonstrar a incapacidade objetiva do pesquisador de concluir aquele projeto de pesquisa.

d) Repetibilidade: o método deve ser passível de repetição. A pesquisa científica é um empreendimento dialógico e comunitário, e os resultados alcançados por um pesquisador devem poder ser verificados por outro pesquisador. Isso faz com que o método proposto no projeto tenha de poder ser repetido por outro pesquisador que esteja disposto a realizar a mesma pesquisa para verificar os seus resultados.

e) O Método Histórico: é sempre pertinente recordar que o método histórico está ligado à perspectiva da transformação; desenvolve-se como instrumento de uma ciência compreensiva, que pressupõe a opacidade e a alteridade do passado em relação ao presente e se dispõe a reconstruí-lo em um trabalho objetivo-subjetivo com base em fontes incompletas que dependem da interpretação do pesquisador.

Seja qual for o método proposto e empregado, todos esses aspectos da pesquisa historiográfica devem ser levados em consideração. O método deve ser capaz de perceber a transformação histórica; deve ser capaz de compreender sociedades humanas do passado; deve ser capaz de observar e superar as opacidades do passado em relação ao presente; e deve contribuir no esforço de reconstrução desse passado inacessível.

É prudente enfatizar também, especialmente para os iniciantes com formação estritamente jurídica, que o objetivo da pesquisa historiográfica é sempre descobrir algo novo sobre um pedaço do real. Por isso, o método proposto para a pesquisa histórico-jurídica deve ser capaz de contribuir para a descoberta dessas novidades. A mera leitura de livros de história, ou a revisão bibliográfica de pesquisas já realizadas, não é um método adequado a esse objetivo.

11.3. Como desenvolver a metodologia

a) Refletir sobre os objetivos: uma vez que a metodologia se destina a indicar a maneira como a pesquisa será realizada, para cada um dos objetivos enumerados deve ser apresentado o modo como se buscará o seu atingimento. Assim, refletir sobre os objetivos da pesquisa pode auxiliar no desenvolvimento da metodologia, ao propiciar a reflexão sobre o conjunto de atos necessários à sua realização.

b) Definir as variáveis relevantes: partindo da reflexão sobre os objetivos, deve o pesquisador identificar quais são as variáveis relevantes à compreensão do seu objeto de pesquisa. Para isso deve se perguntar que aspectos da realidade analisada são relevantes à resolução do problema de pesquisa; estes serão os aspectos relevantes ao desenvolvimento da pesquisa, e que o método deve ser capaz de isolar, comparar e compreender na busca de seus objetivos.

c) Avaliar as fontes disponíveis: a metodologia é, acima de tudo, um instrumento de aproximação da realidade. Somente pode ser definida, portanto, em conexão com a realidade que será analisada. E para isso é importante avaliar que aspectos da realidade estão disponíveis a essa entrada metodológica.

O problema da disponibilidade das fontes é especialmente importante na pesquisa histórica, em que os elementos da realidade não estão todos integralmente disponíveis no presente; é necessário, então, em primeiro lugar, avaliar quais são as fontes disponíveis ao pesquisador, para então refletir sobre a melhor forma de acesso a eles e o método de pesquisa mais adequado à sua análise e compreensão.

d) Considerar os obstáculos da pesquisa historiográfica: além de avaliar a melhor forma de acesso às fontes disponíveis, o pesquisador deve considerar também os obstáculos específicos da pesquisa historiográfica: o risco de anacronismo; a alteridade do passado em relação ao presente; o fato de que o objeto da pesquisa historiográfica não existe em si, mas é sempre objeto de uma reconstrução por parte do pesquisador; a parcialidade das fontes disponíveis; a natureza compreensiva da pesquisa em ciências humanas etc.

Uma vez que o método se destina a assegurar a melhor forma de acesso ao real, a metodologia a ser desenvolvida deve levar todos esses obstáculos em consideração, e possuir no mínimo um plano para o seu contorno ou superação.

e) Buscar inspiração no referencial teórico: se mesmo após a reflexão sobre os elementos do projeto persistirem dúvidas quanto à metodologia adequada ao desenvolvimento da pesquisa, outra medida útil é revisar o referencial teórico adotado como marco. O marco teórico costuma desempenhar o papel de quadro geral de explicação; ele atribui significado aos fenômenos históricos, estabelece previsões acerca de como a realidade se comporta e indica as formas mais adequadas de se obter acesso a essa realidade. Fornece também, além disso, os pressupostos conceituais da pesquisa, que representam o mapa simbólico por meio do qual o pesquisador interpreta a realidade empírica.

Com isso, a revisão do referencial teórico que atua como fundamento do projeto de pesquisa pode contribuir para a identificação dos caminhos metodológicos mais úteis, nos termos do universo de significados por ele fornecido, para o desenvolvimento da pesquisa proposta.

Assim, um referencial teórico marxista pode orientar a adoção de metodologias quantitativas e economicistas, por exemplo; enquanto um referencial teórico da *Nouvelle Histoire* pode recomendar a adoção de metodologias culturalistas e interpretativas etc.

f) Revisar o estado da arte: também pode contribuir para a definição da metodologia a ser adotada a revisão do estado da arte no campo de saber em que se enquadra o projeto de pesquisa. Outros pesquisadores provavelmente já analisaram o mesmo objeto de pesquisa delimitado, ou pelo menos objetos de pesquisa semelhantes ou análogos ao proposto pelo projeto. Avaliar o método que esses pesquisadores empregaram em suas pesquisas pode contribuir com o desenvolvimento do método a ser adotado na sua própria, seja pelo exemplo a ser imitado, seja pela inspiração ao desenvolvimento de métodos novos.

g) Examinar os métodos disponíveis: por fim, é sempre útil examinar os métodos de pesquisa já conhecidos e disponíveis. É claro que não existe algo como um "catálogo" de métodos de pesquisa *prêt-à-porter* que possa ser simplesmente "usado" pelo pesquisador. A pesquisa científica está muito mais próxima do trabalho artesanal feito sob medida, e o mais comum atualmente é que cada pesquisador desenvolva os seus próprios métodos de abordagem do real, conforme os seus interesses de pesquisa específicos.

Ainda assim, há diversos manuais de pesquisa empírica ou historiográfica que podem contribuir para a informação do pesquisador iniciante, seja pelo seu emprego direto, seja para a sua adaptação às peculiaridades de cada projeto, seja para a inspiração ao desenvolvimento de sua própria abordagem.

Deve-se observar, a esse respeito, que a pesquisa empírica costuma ser realizada em três grandes fases:

i. Coleta de dados: a primeira fase é a coleta de dados. A coleta de dados consiste no trabalho de obtenção das informações sobre a realidade a serem submetidas à análise científica. A coleta de dados na pesquisa historiográfica pode ser realizada de vários modos e os mais comuns são os seguintes:

   a. Levantamento bibliográfico: o pesquisador pode buscar em fontes bibliográficas as informações e dados relevantes acerca do problema definido para o seu projeto de pesquisa. No levantamento bibliográfico essas informações costumam ser apresentadas já de forma estruturada, por terem sido previamente analisadas e organizadas por outro pesquisador.

   b. Levantamento documental: com a técnica do levantamento documental o pesquisador examina documentos que ainda não receberam tratamento analítico. É uma atividade mais trabalhosa, pois exige a organização racional dos documentos coletados; mas tem a vantagem de propiciar um acesso mais direto ao real, sem a mediação interpretativa de outro pesquisador. O trabalho de levantamento documental pode envolver documentos oficiais, notícias de jornais, debates parlamentares, textos legislativos, textos doutrinários, decisões judiciais etc.

   c. Entrevista: a técnica de entrevista pode ser empregada para a obtenção de informações relativas a períodos históricos mais recentes, que o entrevistado tenha testemunhado pessoalmente ou de que tenha conhecimento em primeira mão. Na entrevista o pesquisador questiona o entrevistado para coletar informações acerca das suas opiniões, ações, comportamentos e motivos conscientes; uma vez que a entrevista é sempre subjetiva, é importante que o pesquisador esteja atento para não confundir a percepção pessoal do entrevistado com a realidade a que ele se refere.

d. Estudo de caso: o método de estudo de caso se concentra na coleta de dados relativos a um único caso particular, considerado paradigmático ou exemplar para a compreensão de um processo histórico determinado. Os dados obtidos podem, mais tarde, na fase de análise, ser utilizados para a compreensão somente daquele caso específico, para uma série de casos semelhantes ou ser extrapolados para a compreensão de todo um período histórico – abordagem que costuma ser adotada pela perspectiva da micro-história.

ii. Análise dos dados: concluída a coleta de dados, deve o pesquisador realizar a análise das informações obtidas. Essa análise também deve ser realizada com método, a partir de categorias, conceitos e objetivos determinados, de modo a viabilizar uma compreensão mais precisa do real. Alguns exemplos de instrumentos de análise de dados são mencionados abaixo:

a. Análise quantitativa: a análise quantitativa realiza a quantificação dos dados obtidos, apresentando em perspectiva numérica as informações acerca dos dados coletados. Pode ser muito importante na pesquisa histórico-jurídica para o questionamento de sensos comuns teóricos ou preconceitos especulativos, por exemplo com a quantificação de citações bibliográficas e legislativas, de pessoas processadas e condenadas, da origem social de magistrados etc.

b. Análise estatística: a análise estatística também é realizada em perspectiva quantitativa; mas em vez de examinar a integralidade dos dados disponíveis, analisa somente uma pequena quantidade que possa representar uma amostra significativa para extrapolar, desses casos, conclusões gerais. O método de análise estatística exige conhecimento específico das técnicas de cálculo estatístico para que possa ser realizado com rigor científico.

c. Análise qualitativa: a análise qualitativa não se preocupa em quantificar os resultados obtidos, apresentando uma reflexão qualitativa sobre as características do objeto de estudo. É uma técnica muito dependente das percepções subjetivas do pesquisador, e por isso exige muito preparo pessoal. O pesquisador deve conhecer de antemão as categorias e variáveis de análise para ser capaz de identificar, durante a análise dos dados, as relações relevantes à sua compreensão.

d. Análise de conteúdo: a técnica de análise de conteúdo combina as perspectivas quantitativa e qualitativa para examinar os elementos empíricos de um discurso proferido (uma decisão judicial, um discurso parlamentar, um argumento doutrinário). Busca, assim, identificar quantitativamente os elementos mais frequentes e relevantes para estabelecer qualitativamente as relações com elementos de outros discursos e a própria realidade a que ambos se referem.

e. Análise do discurso: a técnica de análise do discurso é semelhante à técnica de análise de conteúdo; mas em vez de se preocupar com os elementos que compõem o conteúdo de um discurso proferido, dedica-se a examinar a estrutura geral desse discurso, as suas condições de possibilidade, os seus suportes materiais, a sua forma de circulação etc. Com isso se torna capaz de identificar não apenas o que foi dito, mas aquilo que poderia ser dito em um determinado contexto histórico.

iii. Exposição dos resultados: por fim, o pesquisador deve refletir também sobre a melhor forma de exposição dos resultados obtidos. O sucesso da pesquisa não depende somente de um bom método de análise, mas também de um bom método de comunicação. Os métodos de exposição de resultados variam conforme a natureza dos métodos de coleta e análise empregados: assim, uma pesquisa qualitativa pode ter os seus resultados expostos por descrições textuais ou tabelas comparativas; uma pesquisa quantitativa pode se beneficiar de instrumentos visuais como gráficos e tabelas estatísticas.

<table>
<tr><th colspan="2">A Metodologia</th></tr>
<tr><td rowspan="2">Metodologia</td><td>Conjunto de procedimentos e técnicas empregados para alcançar os objetivos fixados para a pesquisa.</td></tr>
<tr><td>Como a pesquisa será realizada?</td></tr>
<tr><td rowspan="5">Características da Metodologia</td><td>Detalhamento</td></tr>
<tr><td>Congruência</td></tr>
<tr><td>Viabilidade</td></tr>
<tr><td>Repetibilidade</td></tr>
<tr><td>O Método Histórico</td></tr>
<tr><td rowspan="7">Como desenvolver a Metodologia</td><td>Refletir sobre os objetivos</td></tr>
<tr><td>Definir as variáveis relevantes</td></tr>
<tr><td>Avaliar as fontes disponíveis</td></tr>
<tr><td>Considerar os obstáculos da pesquisa historiográfica</td></tr>
<tr><td>Buscar inspiração no referencial teórico</td></tr>
<tr><td>Revisar o estado da arte</td></tr>
<tr><td>Examinar os métodos disponíveis</td></tr>
</table>

Exemplo de Metodologia	1. Pesquisar bibliotecas históricas, textos historiográficos e fontes primárias de modo a identificar as obras de direito administrativo publicadas no Brasil entre 1857 e 1888. 2. Examinar dicionários biográficos e documentos históricos com o objetivo de reconstruir o perfil dos autores selecionados. 3. Examinar todas as atas da sessão do pleno do Conselho de Estado para quantificar os temas abordados durante as reuniões, calculando o percentual de debates dedicados ao tema do direito administrativo. 4. Buscar nos arquivos das Faculdades de Direito de São Paulo e Recife os programas dos cursos de direito administrativo ministrados entre 1854 e 1889, analisando-os com o objetivo de identificar os principais temas ensinados durante o período. 5. Verificar nas obras selecionadas os elementos comuns e de distinção entre os conceitos empregados de "direito administrativo". 6. Contabilizar todas as citações doutrinárias realizadas nas obras selecionadas, identificando os autores e nacionalidades mais relevantes. 7. Identificar os principais temas abordados pelas obras doutrinárias do período, quantificando as páginas dedicadas a cada um deles de modo a avaliar a sua relevância proporcional; 8. Identificar pelo estilo de redação, natureza das obras, temas debatidos, prefácio e apresentações, o público e o uso a que essas obras se destinavam; 9. Quantificar em perspectiva diacrônica os dados obtidos de modo a obter gráficos para a visualização das principais transformações ocorridas no período delimitado; 10. Comparar os principais temas e conceitos com os da doutrina estrangeira de referência, de modo a identificar pontos de semelhança e transformações geradas pela tradução brasileira; 11. Com base nas especificidades discursivas da doutrina brasileira (conceito de direito administrativo, público de referência, relevância proporcional dos temas abordados etc.) avaliar as funções que pode ter cumprido no período delimitado, verificando a hipótese de pesquisa.

12
A REVISÃO BIBLIOGRÁFICA

12.1. A revisão bibliográfica

Como temos insistido, a pesquisa científica se destina à produção de conhecimento novo e original; não é possível produzir conhecimento novo e original sem que se saiba qual foi o conhecimento já produzido acerca do objeto da pesquisa. Na revisão bibliográfica o pesquisador coleta e analisa todos os trabalhos relacionados ao seu projeto; obtém o conhecimento do estado da arte; passa a dispor de um referencial teórico-metodológico adequado à investigação; e demonstra aos leitores do seu projeto (orientador, banca de avaliação, instituição de financiamento) que possui o preparo necessário ao desenvolvimento da pesquisa que propõe. A revisão bibliográfica responde, em suma, à seguinte pergunta: "O que a ciência já sabe sobre o objeto que o pesquisador deseja investigar?".

Os elementos do projeto de pesquisa examinados até aqui dependiam muito mais de inspiração e conhecimento, e de um esforço mental na construção de boas ideias que pudessem orientar o desenvolvimento da pesquisa. A partir deste momento, e nas etapas que serão examinadas nos próximos capítulos, o trabalho se torna menos intelectual e mais braçal, passando a exigir atos materiais de coleta e leitura de obras, organização de teses e conceitos, comparação de posicionamentos opostos etc. Em outras palavras, a partir da revisão bibliográfica a pesquisa ultrapassa a fase de concepção e começa a ingressar na fase de execução, tornando-se mais trabalhosa e assumindo forma mais concreta.

O desenvolvimento de uma pesquisa científica pressupõe o conhecimento de outras pesquisas já realizadas no campo de saber. Afinal, o trabalho de pesquisa inevitavelmente se refere às verdades ou sensos comuns estabelecidos sobre um determinado objeto, que o investigador pretende confirmar, refutar ou superar. O prévio exame das obras que antecederam o projeto em construção é crucial, assim, para assegurar a originalidade da pesquisa, garantindo que não será desperdiçado tempo com o escrutínio de hipóteses ou a exploração de trilhas já percorridas por outros pesquisadores.

Além do argumento objetivista, deve-se levar em consideração também o argumento comunitarista: nenhuma pesquisa se encerra em si mesma, de modo autorreferencial. A pesquisa científica é um esforço de diálogo com os demais integrantes de uma comunidade científica, e para que este diálogo seja efetivo é importante não só que o pesquisador domine o idioma falado nessa comunidade, mas também esteja disposto a escutar o que outros pesquisadores têm falado acerca do seu objeto de pesquisa. A revisão bibliográfica corresponde, assim, à imprescindível fase de *escuta* desse diálogo científico, sem a qual o pesquisador tende a se encerrar como dono da verdade em um individualismo solipsista mais próximo da fé pessoal que do debate científico.

É comum que o pesquisador iniciante tenha alguma resistência ao trabalho de revisão bibliográfica, que pode tender a enxergar como desnecessário recurso ao argumento de autoridade de pesquisadores mais antigos – geralmente descartados como "ultrapassados" em face de sua própria abordagem, considerada mais "inovadora" ou "revolucionária". Trata-se de postura perfeitamente compatível com os ideais da ciência moderna, construídos em oposição ao método escolástico da Baixa Idade Média e aos seus tão comuns apelos à autoridade de grandes filósofos e pensadores do passado. Na Modernidade a produção de conhecimento passou a ser vista como atividade individual, a ser desenvolvida por cientistas autônomos não só com independência, mas às vezes em aberta polêmica contra as verdades estabelecidas, pois a mera observação metódica da realidade (pela dedução ou pelo experimento) deveria ser suficiente para colocar qualquer homem em contato com a verdade – já que "o bom senso é a coisa mais bem distribuída do mundo" (Descartes, 2001, p. 5).

É importante ressaltar, contudo, que o diálogo proposto pelo saber científico não se dá somente com a natureza, ou diretamente com o real; esse acesso é mediado pelo diálogo travado em meio à comunidade de cientistas, e o pesquisador que deseja participar dele precisa estar tão disposto a ouvir quanto tem vontade de falar. Essa escuta se materializa na leitura das obras produzidas por outros pesquisadores que tenham se debruçado sobre o seu objeto de pesquisa.

Por fim, é sempre pertinente recordar que o projeto de pesquisa é também instrumento de diálogo com colegas, orientadores e bancas de avaliação, que muitas vezes se encontram em posições de autoridade para julgar a sua validade científica na distribuição de recursos escassos como vagas em programas de pós-graduação e financiamento de pesquisa. Nessas situações, uma boa construção da revisão bibliográfica é um importante sinal de seriedade do pesquisador, tanto sob a perspectiva do seu preparo pessoal para a execução do projeto quanto sob a perspectiva da sua dedicação à realização da pesquisa; certamente contribuirá, assim, para uma boa avaliação do projeto apresentado.

A revisão bibliográfica é geralmente apresentada sob a forma de um texto composto das ideias mais importantes à compreensão do objeto de pesquisa, e que representam as contribuições que o pesquisador decidiu considerar como referências de diálogo para o trabalho a ser realizado. Ela deve indicar o estado da arte da pesquisa, sintetizando os diversos posicionamentos existentes (mesmo quando divergentes), as questões já levantadas, as hipóteses formuladas, os métodos empregados e os resultados obtidos em outras pesquisas que tenham se debruçado sobre o mesmo objeto. Também deve avaliar a importância relativa de cada posicionamento para o desenvolvimento da pesquisa, inclusive apontando insuficiências ou apresentando críticas e divergências em relação aos trabalhos já realizados, indicando de que maneira o projeto proposto os pretende superar.

É comum entre iniciantes da pesquisa histórico-jurídica a confusão entre revisão bibliográfica e fontes primárias, especialmente quando se trata de pesquisas sobre a história do pensamento jurídico. Isso ocorre porque em ambos os casos se parte de elementos que são, essencialmente, textos (livros, artigos etc.), e pode ser difícil compreender a diferença de tratamento a ser dado a cada um deles. A diferença é muito sutil, e depende principalmente da perspectiva de análise: os livros utilizados na revisão bibliográfica fornecem conceitos, categorias e explicações a serem utilizados na compreensão do objeto de pesquisa, e a sua contribuição ao desenvolvimento do trabalho se dá em nível metanarrativo: dialogamos com eles em pé de igualdade, podemos concordar ou discordar dos seus conteúdos e interpretações, apresentando explicações concorrentes ou aderentes às suas. São referenciais teóricos para a interpretação subjetiva dos fatos. Já os livros eventualmente utilizados como fontes primárias fornecem dados empíricos, e a sua contribuição ao desenvolvimento da pesquisa é objetiva: não dialogamos com as fontes, mas as descrevemos, independentemente de quaisquer opiniões que tenhamos acerca dos seus conteúdos. São instrumentos de acesso à descrição objetiva dos fatos.

Um mesmo texto pode ser tratado como referência teórica ou fonte primária, a depender da perspectiva de abordagem proposta, e por isso o pesquisador deve ter muita atenção na classificação dos livros com que trabalha. Em síntese, as fontes primárias são "do quê" se fala; a bibliografia é "com quem" se fala.

Também são comuns confusões entre a revisão bibliográfica e a referencial teórico. O referencial teórico fornece explicações globais acerca da realidade, caracterizando-se como referencial semântico de análise dos dados obtidos na pesquisa empírica. A revisão bibliográfica, por sua vez, não possui uma pretensão tão abrangente, fornecendo explicações muito mais modestas acerca do objeto especificamente delimitado para o projeto de pesquisa.

Essa distinção se torna mais difícil quando autores que tenham contribuído para o desenvolvimento de explicações gerais sobre a realidade eventualmente se debrucem sobre objetos específicos, o que pode colocá-los simultaneamente na posição de referencial teórico e revisão bibliográfica para o projeto de pesquisa – isso costuma ocorrer com autores como Marx, Weber, Foucault, Bourdieu etc., em projetos de pesquisa que se debrucem sobre objetos também estudados por eles. O contrário também pode ocorrer, quando pesquisas sobre objetos específicos forneçam explicações tão relevantes que os seus trabalhos são alçados à posição de teorias gerais para um campo de saber – como tem ocorrido no campo da História do Direito com obras de autores como Paolo Grossi, António Hespanha, Pietro Costa etc.

Dessa forma, a inclusão de autores do tipo "referencial teórico" na revisão bibliográfica do projeto de pesquisa deve ser realizada com cautela, após avaliação atenta dos grupos de obras específicos que tenham tratado do objeto delimitado e possam contribuir diretamente ao desenvolvimento da pesquisa, exame dos analistas e comentadores que tenham interpretado o seu pensamento e análise de pesquisas que já tenham estabelecido alguma relação entre aquele autor e o objeto delimitado para a pesquisa.

12.2. Características da revisão bibliográfica

a) Exaustividade: a revisão bibliográfica deve ser completa e exaustiva. Todo trabalho científico que tenha em algum momento abordado o objeto de pesquisa deve ser consultado e analisado no projeto, que deve apresentar o estado da arte naquele campo de saber. Mesmo que o trabalho seja ruim ou inadequado deve ser mencionado, ainda que apenas para se apontar os seus defeitos e o criticar.

É natural que o pesquisador iniciante se sinta inseguro quanto à "exaustividade" da sua revisão bibliográfica. Sempre pode haver algum texto desconhecido, alguma referência obscura, alguma pesquisa que se refira ao objeto mas não o mencione explicitamente, dificultando a sua descoberta. O que se exige do pesquisador é no mínimo a exaustividade da procura, a dedicação em realizar uma sondagem suficientemente ampla que o habilite a afirmar, com razoável segurança, ter alcançado o domínio do estado da arte naquele campo de saber. Por mais que se tente relativizar esse trabalho, não há meio-termo possível: a revisão bibliográfica deve demonstrar o conhecimento de *toda* a pesquisa científica produzida acerca daquele objeto. Se em algum projeto concreto o "tudo" parece "muito", esse é um sinal de que o objeto precisa ser mais bem delimitado, para a realização de uma revisão bibliográfica compatível com os desígnios específicos da pesquisa.

Assim, a exaustividade depende também da delimitação do objeto de pesquisa: exaustiva é aquela revisão bibliográfica que recupera todos os posicionamentos científicos relativos ao objeto delimitado para a pesquisa. Trabalhos irrelevantes para o objeto de pesquisa, ou que não possuam caráter científico, ou produzidos de outra perspectiva temática, não devem ser incluídos na revisão. Ela deve conter somente aqueles autores com quem o pesquisador é obrigado a dialogar nos termos do paradigma científico adotado.

Por outro lado, quando a pesquisa é absolutamente original os limites da revisão bibliográfica precisam ser um pouco elastecidos para abarcarem também trabalhos paralelos, laterais ou acessórios, que possam contribuir, mesmo que apenas indiretamente, à compreensão do objeto de pesquisa. Isso é muito comum na pesquisa contemporânea em história do direito brasileiro: a novidade da disciplina em nosso país faz com que muitos objetos jurídicos jamais tenham sido abordados sob a perspectiva científica da história do direito, o que tornaria impossível uma revisão bibliográfica estritamente científica nesses casos. Nessas condições, a recuperação de trabalhos não científicos, de "introduções históricas" produzidas em perspectiva dogmática e mesmo de textos autoindulgentes e celebratórios também pode contribuir para o mapeamento do estado da arte acerca daquele objeto, representando a importante demarcação de um ponto de partida, ainda que modesto ou rudimentar, para a pesquisa que se pretende realizar.

Sendo exaustiva, a revisão bibliográfica deve incluir textos didáticos, obras monográficas, dissertações de mestrado, teses de doutorado, publicações em periódicos científicos, livros de referências etc. O pesquisador também não pode esquecer que todo campo de pesquisa tem um conjunto de obras clássicas, seminais ou fundadoras, que devem ser conhecidas e inescapavelmente mencionadas em seu projeto de pesquisa.

É importante realizar um esforço para incluir na revisão bibliográfica textos de autores estrangeiros: ainda que a pesquisa seja sobre a história do direito brasileiro, o conhecimento de material estrangeiro pode expandir horizontes, fornecer modelos metodológicos, estabelecer padrões de comparação que contribuam para aprofundar e sofisticar o desenvolvimento da pesquisa. Além disso, assegura a sua relevância perante a comunidade internacional, já que o pesquisador abandona a postura de dialogar com integrantes de um gueto e se dispõe a dialogar com o mundo. A esse respeito, apesar da qualidade e, principalmente, da facilidade de acesso à produção científica americana e europeia, é importante que o projeto de pesquisa se esforce também para dialogar com referências de outros continentes, em especial com nossos vizinhos latino-americanos. O acesso a essas obras nem sempre é fácil, ou mesmo possível, mas é sempre bonito e enriquecedor.

b) Atualização: além de exaustiva, a revisão bibliográfica deve ter também a preocupação da atualidade. Somente a pesquisa mais atual dará ao pesquisador acesso ao estado da arte em seu campo de saber.

Uma recomendação útil, nesse sentido, é a de dar especial atenção a artigos publicados em periódicos científicos. Livros costumam demandar muito tempo de produção e edição, e a sua pretensão de completude acaba fazendo com que deixem de lado os últimos avanços da pesquisa científica. Periódicos científicos costumam publicar textos mais específicos, e a maior agilidade dos processos de redação e diagramação faz com que costumem ser também mais atuais – especialmente nos periódicos que publiquem textos *online* na modalidade *ahead of print*, que dessa forma podem se antecipar aos prazos usuais de publicação.

c) Especialização: uma boa revisão bibliográfica deve incluir a pesquisa mais avançada realizada em um campo de saber. Para isso, não pode se limitar a textos clássicos, manuais didáticos e obras consagradas, que naturalmente tendem a ter uma perspectiva mais generalista de abordagem. Também quanto a este ponto os trabalhos publicados em periódicos científicos tem uma vantagem: por não possuírem objetivos didáticos podem evitar digressões preliminares de caráter geral ou formativo para apresentarem somente os últimos resultados, diretamente a um público de especialistas.

O que garante a especialização da revisão bibliográfica é o foco em trabalhos de natureza científica: textos monográficos, dissertações de mestrado, teses de doutorado, artigos científicos etc.

d) Avaliação crítica: uma boa revisão bibliográfica não se limita a identificar e resumir os textos mais importantes. O pesquisador deve se posicionar criticamente acerca dos trabalhos produzidos, julgando a relação que eles podem ter com o seu próprio projeto de pesquisa.

Essa atitude crítica é fundamental para se avaliar o significado e o papel efetivo a ser desempenhado por cada referência consultada durante a elaboração do projeto de pesquisa. Com isso se torna possível manter sob constante escrutínio a adequação e confiabilidade dos textos selecionados para o desenvolvimento e a orientação da pesquisa.

O esforço de avaliação crítica contribui também para situar o projeto proposto no campo disciplinar, indicando o posicionamento adotado pelo autor em relação à questão e às hipóteses de pesquisa, e em relação aos trabalhos já produzidos acerca do objeto ao qual pretende se dedicar.

Por fim, demonstra autonomia em relação ao estado da arte, o que indica a sua capacidade de produzir conhecimento efetivamente original no campo de saber.

e) Rigor científico: o caráter exaustivo da revisão bibliográfica pode muitas vezes levar à inclusão de textos de baixa qualidade científica na revisão do estado da arte. A internet agravou esse risco: embora tenha democratizado o acesso à informação (e inclusive à produção da informação), tornou mais complexo o trabalho de curadoria, exigindo maior desconfiança por parte dos leitores.

Antes da internet esse trabalho de curadoria era realizado por editores, o que por um lado restringia o espaço de livre debate, mas por outro exigia um mínimo de qualidade aos que nele pretendessem ingressar. A maior facilidade de manifestação em blogs, posts, sites, tornou o debate científico mais amplo e variado, mas também menos rigoroso, cabendo ao leitor a prudente identificação, em meio a esse oceano de textos, daqueles que são confiáveis e científicos, e daqueles que são meros resumos, repetições ou sínteses, às vezes recheados de equívocos e invenções.

Desse modo, a revisão bibliográfica de um projeto de pesquisa demanda especial cuidado com textos não submetidos à prévia curadoria editorial – como sites, podcasts, blogs, enciclopédias digitais etc. Não significa que tais textos sejam absolutamente proibidos; mas significa que o leitor deve redobrar os cuidados na sua avaliação, devendo considerar o papel atribuído ao seu autor na comunidade científica, a função discursiva por ele desempenhada, o público a que é dirigido e os seus objetivos explícitos ou não declarados. Somente após essa avaliação crítica poderá julgar se o texto deve ou não ser incluído na revisão bibliográfica do projeto de pesquisa.

A verdade é que a queda dos custos de publicação levou a uma queda de qualidade mesmo dos textos submetidos à prévia curadoria editorial. Atualmente existem editoras publicando resumos, sinopses, manuais sem rigor, que devem ser tomados com cautela durante o trabalho de revisão bibliográfica. As facilidades de publicação em meio digital exigem que o pesquisador se mantenha alerta mesmo em relação a artigos de periódicos científicos, devendo avaliar a classificação recebida pelo periódico no sistema Qualis CAPES[14], a experiência acadêmica dos seus editores, a qualificação acadêmica do autor do texto etc.

Sem esse trabalho de filtragem a revisão bibliográfica pode atrapalhar, em vez de contribuir no desenvolvimento da pesquisa.

[14] A preferência deve ser dada aos periódicos classificados nos estratos A1 a A4 do Qualis Periódicos, com a exceção dos periódicos criados recentemente (que ainda não tiveram tempo de passar por eventos de classificação) e dos periódicos estrangeiros (que podem não se preocupar em observar os critérios de avaliação da CAPES). Os relatórios dos eventos de classificação podem ser consultados pelo título ou ISSN do periódico na Plataforma Sucupira: https://sucupira.capes.gov.br/sucupira/public/consultas/coleta/veiculoPublicacaoQualis/listaConsultaGeralPeriodicos.jsf.

f) Campos da Revisão Bibliográfica em História do Direito: como a pesquisa em história do direito se encontra em um espaço interdisciplinar, forçando um diálogo entre campos de saber que nem sempre dialogam entre si, ela costuma exigir a revisão bibliográfica de pelo menos três campos distintos de saber: a História Geral, a Dogmática Jurídica e a História do Direito.

A revisão bibliográfica de História Geral do período sendo analisado é fundamental para a adequada interpretação do contexto em que se forma o fenômeno jurídico pesquisado, e pode fornecer quadros interpretativos valiosos para a sua compreensão; a revisão bibliográfica de textos dogmáticos relativos ao campo do direito com que o objeto delimitado se relaciona é crucial não só para o domínio das suas técnicas e categorias específicas, mas também para a avaliação dos mitos fundadores circulantes entre os estudiosos da disciplina; a revisão bibliográfica de textos específicos de História do Direito torna possível o diálogo com pesquisadores igualmente interessados na compreensão do mesmo objeto, sob a mesma perspectiva. É pertinente recordar a possível presença de um quarto nível de revisão bibliográfica, nas pesquisas que o exijam: o da revisão teórica, quando se mostre necessária ao aprofundamento da perspectiva teórica que oriente o desenvolvimento da pesquisa.

Nem sempre é fácil realizar a revisão bibliográfica sob as três perspectivas. Temas muito particulares podem não ter chamado a atenção de historiadores generalistas; certos campos da dogmática jurídica podem não ter uma relação tão intensa com a sua história e os seus mitos fundadores; novos objetos de pesquisa podem ainda não ter sido examinados sob a perspectiva histórico-jurídica. Nesses casos é que o trabalho de revisão bibliográfica se torna mais importante; se o pesquisador deseja dialogar com um grupo tão restrito de pesquisadores, é necessário saber quem eles são e o que já descobriram acerca do objeto da pesquisa.

Mesmo quando se defronte com tais dificuldades, deve o pesquisador buscar se aproximar o máximo possível de seu objeto de pesquisa sob essas três perspectivas, de modo a complexificar o olhar que lhe será dirigido. Eventuais dificuldades em encontrar textos referentes ao seu objeto nos três campos de saber também podem ser um indício de que o projeto proposto não se enquadra no campo da História do Direito – ou por faltar a perspectiva histórica, ou por faltar a pesquisa jurídica.

12.3. Como realizar a revisão bibliográfica

a) Identificação do material de referência: a primeira etapa da revisão bibliográfica é a identificação e coleta do material de referência. É uma fase muito trabalhosa, especialmente porque a revisão bibliográfica deve ser exaustiva; mas é também muito simples, pois não exige trabalho intelectual especialmente sofisticado: basta identificar os textos que se referem ao objeto de pesquisa e que deverão ser levados em consideração na revisão bibliográfica, por dialogarem com o objeto da pesquisa proposta.

Essa é uma atividade que demanda pesquisa em bibliotecas públicas, bancos de teses e dissertações, periódicos científicos etc. A vantagem é que hoje em dia grande parte dessas informações se encontra digitalizada, e é fácil o acesso a elas, ou pelo menos aos catálogos informativos, sem sair de casa.

i. Plataformas de pesquisa acadêmica: o primeiro passo do trabalho de coleta bibliográfica é também o mais fácil, apesar de menos eficiente: a pesquisa geral em sites de busca acadêmica como o Google Scholar (scholar.google.com) e a plataforma Scielo (scielo.br). O caráter mais genérico da pesquisa realizada dessa forma pode acabar dificultando a descoberta de material bibliográfico especificamente relacionado ao objeto de pesquisa, mas pode contribuir para a familiarização inicial do investigador com o material já produzido relacionado ao seu trabalho.
   O aplicativo Research Rabbit (researchrabbitapp.com) também é um instrumento muito interessante de pesquisa bibliográfica, que indica artigos semelhantes com base nas indicações e preferências com que o pesquisador o tenha alimentado.

ii. Bibliotecas universitárias e repositórios de pesquisas: partindo dessas bases de dados mais gerais, o pesquisador pode então se concentrar em materiais mais diretamente relacionados à História do Direito. Hoje contamos com acervos bibliográficos bastante ricos e de muito fácil acesso, cuja consulta pode poupar tempo na construção da revisão. Alguns dos principais centros de pesquisa em História do Direito do Brasil são os Programas de Pós-Graduação em Direito das Universidades públicas listadas abaixo, que por sua própria natureza organizam os seus bancos de teses e dissertações e os catálogos das suas bibliotecas em sistemas de acesso livre.

É claro que há pesquisas histórico-jurídicas de qualidade sendo realizadas nas mais diversas partes do país, inclusive em instituições privadas; mas uma consulta aos acervos indicados abaixo pode ser um primeiro passo importante na construção de uma revisão bibliográfica completa e exaustiva.

iii. Bibliotecas públicas: além das bibliotecas universitárias, há obras importantes disponibilizadas também pela biblioteca do Senado Federal, pela biblioteca do STF e pela Biblioteca Nacional, cujos catálogos podem ser consultados online, e que contam com programas de digitalização e convênios de comutação bibliográfica. A CAPES também possui um repositório de teses e dissertações disponibilizado online.

Locais de pesquisa para a Revisão Bibliográfica		
Universidade	**Repositório de teses e dissertações**	**Catálogo da Biblioteca**
Universidade Federal do Rio Grande do Sul	lume.ufrgs.br	ufrgs.br/bibdir
Universidade Federal de Santa Catarina	repositorio.ufsc.br	portal.bu.ufsc.br
Universidade Federal do Paraná	acervodigital.ufpr.br	acervo.ufpr.br
Universidade de São Paulo	teses.usp.br	www5.usp.br/pesquisa/bibliotecas
Universidade Estadual do Rio de Janeiro	www.bdtd.uerj.br	catalogo-redesirius.uerj.br
Universidade Federal de Minas Gerais	repositorio.ufmg.br	www.bu.ufmg.br
Universidade de Brasília	repositorio.unb.br	bce.unb.br

Universidade Federal do Ceará	repositorio.ufc.br	biblioteca.ufc.br
Universidade Federal Rural do Semi-Árido	repositorio.ufersa.edu.br	bibliotecas.ufersa.edu.br
Biblioteca do Senado Federal	-	senado.leg.br/institucional/biblioteca
Biblioteca do Supremo Tribunal Federal	-	bibliotecadigital.stf.jus.br
Biblioteca Nacional	-	acervo.bn.gov.br
CAPES	catalogodeteses.capes.gov.br	-

iv. Periódicos científicos: concluída a pesquisa nos repositórios de pós-graduação e nas bibliotecas das universidades, é fundamental examinar os periódicos especializados em História do Direito. Essa é, na verdade, a etapa mais importante da revisão bibliográfica, já que é nos periódicos que serão encontrados os textos mais avançados, especializados e atualizados do campo. Os periódicos vinculados aos programas de pós-graduação mencionados na tabela anterior também valem uma consulta, especialmente quando tenham sido bem classificados nas avaliações do sistema Qualis/CAPES. A lista abaixo indica alguns dos mais importantes periódicos da área no Brasil e no mundo.

Periódicos de pesquisa para a Revisão Bibliográfica			
Área	**Instituição**	**Nome**	**Endereço**
História do Direito	Instituto Brasileiro de História do Direito e Universidade Federal do Paraná	História do Direito: Revista do Instituto Brasileiro de História do Direito	revistas.ufpr.br/historiadodireito
História do Direito	Università degli Studi di Firenze	Quaderni fiorentini per la storia del pensiero giuridico moderno	quadernifiorentini.eu
História do Direito	Universität Zürich	Forum Historiae Iuris	forhistiur.net
História do Direito	Max Planck Institute	Rechtsgeschichte – Legal History	rg.rg.mpg.de/en
História do Direito	Instituto de Investigaciones de Historia del Derecho	Revista de Historia del Derecho	inhide.com.ar/publicaciones/revista
História do Direito	Universidad de Chile	Revista Chilena de Historia del Derecho	historiadelderecho.uchile.cl
História do Direito	Sociedad Española de Historia del Derecho	Anuario de Historia del Derecho Español	ahde.urjc.es
História Geral	Instituto Histórico e Geográfico Brasileiro	Revista do Instituto Histórico e Gerográfico Brasileiro	ihgb.org.br/publicacoes/revista-ihgb.html
História Geral	Fundação Getúlio Vargas	Revista Estudos Históricos	bibliotecadigital.fgv.br/ojs/index.php/reh/index
História Geral	Universidade de São Paulo	Revista Almanack Braziliense	revistas.usp.br/alb
História Geral	Universidade de São Paulo	Revista de História	revhistoria.usp.br

História Geral	Universidade Federal de São Paulo	Revista Almanack	periodicos.unifesp.br/index.php/alm
História Geral	Universidade de Campinas	Revista História Social	ojs.ifch.unicamp.br/index.php/rhs/index
História Geral	Associação Nacional dos Professores Universitários de História	Revista Brasileira de História	anpuh.org.br/index.php/revistas-anpuh/rbh
História Geral	École des Hautes Études em Sciences Sociales	Annales. Histoire, Sciences Sociales	annales.ehess.fr
História Geral	Oxford University	Past and Present	academic.oup.com/past
História Geral	Società Editrice Il Mulino	Quaderni Storici	www.mulino.it/riviste/issn/0301-6307
Direito	Universidade Federal do Rio Grande do Sul	Revista da Faculdade de Direito da UFRGS	seer.ufrgs.br/revfacdir
Direito	Universidade Federal de Santa Catarina	Revista Sequência	periodicos.ufsc.br/index.php/sequencia/index
Direito	Universidade Federal do Paraná	Revista da Faculdade de Direito da UFPR	revistas.ufpr.br/direito
Direito	Universidade de São Paulo	Revista da Faculdade de Direito, Universidade de São Paulo	www.revistas.usp.br/rfdusp
Direito	Universidade Estadual do Rio de Janeiro	Revista da Faculdade de Direito da UERJ	e-publicacoes.uerj.br/index.php/rfduerj

Direito	Universidade Estadual do Rio de Janeiro	Revista Quaestio Iuris	e-publicacoes.uerj.br/index.php/quaestioiuris
Direito	Universidade Estadual do Rio de Janeiro	Revista Direito e Práxis	e-publicacoes.uerj.br/index.php/revistaceaju
Direito	Universidade Federal de Minas Gerais	Revista da Faculdade de Direito da UFMG	revista.direito.ufmg.br
Direito	Universidade de Brasília	Direito UnB	periodicos.unb.br/index.php/revistadedireitounb
Direito	Universidade Federal do Ceará	Nomos	ppgdireito.ufc.br/pt/revista-nomos
Direito	Universidade Federal Rural do Semi-Árido	Revista Jurídica da UFERSA	periodicos.ufersa.edu.br/rejur

Por fim, vale também uma olhada em outros periódicos classificados nos extratos A1 a A4 do sistema de avaliações Qualis/CAPES. Embora o sistema se destine exclusivamente a avaliar a produção científica dos programas de pós-graduação brasileiros, acaba sendo um importante termômetro da relevância atribuída aos periódicos que a publicam, e as melhores pesquisas tendem a se concentrar nos periódicos mais bem classificados. Os resultados dos últimos eventos de classificação podem ser consultados por área em https://sucupira.capes.gov.br/sucupira/public/consultas/coleta/veiculoPublicacaoQualis/listaConsultaGeralPeriodicos.jsf.

Em todos esses sites e catálogos, a melhor forma de trabalhar é com as ferramentas de pesquisa avançada, filtrando por data e tema os assuntos mais diretamente relacionados ao objeto delimitado para a pesquisa. Mesmo quando as obras não possam ser consultadas online, o pesquisador pode registrar as informações obtidas em uma planilha Excel para a busca posterior das edições físicas.

v. Bibliografia dos textos selecionados: elaborada uma primeira listagem de obras relativas ao tema do projeto, deve o pesquisador examinar as referências bibliográficas dos textos selecionados para verificar se eventualmente indicam outras obras igualmente relacionadas ao assunto. Com isso obterá informações sobre conjunto de pesquisadores que integram o debate acadêmico naquele campo de saber, adquirindo conhecimento completo sobre o estado da arte da disciplina.

vi. Currículos dos autores selecionados: identificados os autores de obras relevantes relacionadas ao objeto delimitado para o projeto de pesquisa, pode o pesquisador consultar os seus currículos, avaliando se eventualmente produziram outros trabalhos que possam contribuir para a melhor compreensão do assunto, ou mesmo de seu próprio pensamento. Todos os pesquisadores do Brasil têm os seus currículos disponibilizados na Plataforma Lattes, do CNPq, que podem ser consultados no endereço https://lattes.cnpq.br/. Muitos pesquisadores também disponibilizam os seus trabalhos em acesso livre nas redes sociais Academia.edu, Researchgate.net e outras semelhantes; a pesquisa nessas plataformas também pode ser muito útil para a fase de revisão bibliográfica.

b) Coleta do material de referência: concluída a lista do material de referência, cabe ao pesquisador obter as obras selecionadas, o que pode realizar das mais diversas formas: por empréstimos ou consultas locais nas bibliotecas de acesso público; por *download* das obras que tenham sido digitalizadas; por solicitação de apoio de sua biblioteca local na comutação bibliográfica com outras bibliotecas; por solicitação de fotocópias; e mesmo pela aquisição das obras que não consiga obter de outra forma.

Em caso de impossibilidade de obtenção de algum dos textos selecionados, o capítulo de revisão bibliográfica deve justificá-la, considerando formas alternativas de obtenção das informações desejadas e avaliando o impacto dessa ausência no desenvolvimento da pesquisa.

c) Análise do material de referência: identificadas e obtidas as obras de referência, tem início a fase mais demorada e trabalhosa da elaboração do projeto de pesquisa: examinar todo o material encontrado.

É importante ressaltar que "ler" um trabalho científico não é a mesma coisa que "ler" qualquer outro material, como um texto literário, por exemplo.

A leitura de um trabalho científico demanda análise, para identificar as condições de produção do texto, a sua estrutura argumentativa, o cerne da hipótese apresentada e as condições do diálogo que estabelece com outras obras do campo em que se insere. Trata-se, em outras palavras, não somente de "ler" o material coletado, mas de realizar a sua avaliação crítica de modo a compreender, com precisão, o papel e a relevância de cada texto específico como parte da comunidade científica que ele integra.

i. O autor do texto: o primeiro passo desse trabalho é identificar o autor do texto. Não por uma preocupação geral com precedências ou autoridades, mas para a adequada compreensão do ponto de vista com base no qual a pesquisa foi produzida. É importante verificar, por exemplo, qual é o campo de formação acadêmica do autor – a História, o Direito ou a História do Direito? Trata-se de um autor com experiência de pesquisa em História do Direito, ou de um diletante se arriscando no campo? Qual é o seu posicionamento teórico geral? Ele adota algum posicionamento político específico? Tais informações podem ajudar a compreender a perspectiva teórica de que parte o texto e o tipo de diálogo que ele propõe.

ii. O contexto da obra: deve-se avaliar, em seguida, o contexto em que a obra foi redigida. Para isso é necessário, claro, verificar a sua data de publicação, mas também o tipo de debates teóricos, científicos e políticos enfrentados pela comunidade que ela integrava naquele momento. Deve-se considerar que problemas sociais ou científicos cada texto enfrentava; com que autores dialogava (o que pode ser indicado pelas referências bibliográficas); que tipo de questões considerava ou desconsiderava etc.
Às vezes uma posição excessivamente radical pode ser explicada por uma intenção polêmica em relação a outros textos; um posicionamento mais moderado pode ser compreendido pela existência de riscos políticos; o silêncio sobre um determinado assunto pode ser explicado por desconhecimento ou por sua obviedade em um dado contexto, e assim por diante.

iii. A estrutura metodológica do texto: por fim, deve-se analisar a estrutura metodológica dos textos selecionados. Se o material selecionado houver sido redigido em conformidade aos cânones científicos não será difícil encontrar os seus principais elementos metodológicos, mesmo quando não mencionados expressamente. Ao analisar cada texto o autor deve, então, identificar o tema, o objeto delimitado, a perspectiva teórica de referência, o problema enfrentado, a justificativa, a questão proposta, a hipótese de pesquisa, os seus objetivos, os métodos empregados, as fontes selecionadas e os resultados obtidos; isso contribuirá não só para a melhor compreensão dos seus conteúdos, mas também para a estruturação das informações relativas a cada um deles, de modo a propiciar confrontos e comparações na descrição do estado da arte.

Se parecer muito difícil encontrar esse conjunto de informações metodológicas em alguns dos textos selecionados, é possível que a culpa não seja do leitor. Há textos que simplesmente não foram redigidos em conformidade com o método científico; nesses casos cabe avaliar se o trabalho tem qualidade suficiente para ser tomado como referência do projeto de pesquisa.

d) Síntese do Estado da Arte: após a análise individual de cada texto, deve o pesquisador estabelecer as relações necessárias entre eles de modo a construir uma síntese geral, que corresponderá ao estado da arte do campo de saber em que se enquadra o seu projeto de pesquisa.

Esse trabalho de síntese pode ser realizado de vários modos: como texto corrido comparativo, em tópicos, por mapas mentais... Mas pesquisadores iniciantes costumam se beneficiar de métodos mais estruturados e esquemáticos, e por essa razão geralmente recomendo aos meus orientandos que organizem essa síntese em planilhas eletrônicas.

A vantagem dos softwares editores de planilhas eletrônicas (como o Microsoft Excel, o LibreOffice Calc, o Apple Numbers, o Planilhas Google e outros semelhantes) sobre editores de texto é a possibilidade de os formatar como tabelas para a utilização de filtros, que permitem a classificação das informações obtidas sob vários critérios diferentes. Isso facilita a ordenação da informação e o trabalho de comparação em várias perspectivas, o que torna mais eficiente a redação da revisão bibliográfica.

Não há uma regra quanto às informações que devem ser incluídas na planilha. Essa é uma decisão que depende da natureza da pesquisa a ser realizada e das variáveis definidas como relevantes para o desenvolvimento da pesquisa. Mas um bom conselho é que no mínimo os dados bibliográficos dos textos selecionados, as variáveis relevantes e as conclusões finais sejam transcritas na planilha para comparação. A inclusão dos elementos metodológicos ajuda a analisar a estrutura de cada texto e até mesmo a comparar o seu valor científico relativo, e a transcrição de citações relevantes pode poupar trabalho durante a redação do projeto, e mesmo na execução da pesquisa. Uma coluna com as avaliações críticas do pesquisador também pode ser útil para a comparação dos textos e para a avaliação crítica do estado da arte.

O modelo abaixo é apenas uma sugestão para o pesquisador incerto quanto às informações que deve incluir em sua planilha de avaliação:

Modelo de tabela para a avaliação do material bibliográfico selecionado											
Autor	Info Autor	Ano	Obra	Tema	Objeto	Questão	Método	Hipótese	Conclusão	Citações	Críticas

Organizada a tabela de avaliação, o pesquisador pode então filtrar as informações segundo cada um dos critérios definidos, para comparar as obras analisadas. Assim, pode avaliar diacronicamente as transformações ocorridas no campo de saber; pode comparar os diferentes pontos de vista adotados por autores com diferentes formações; pode avaliar as variadas perspectivas de abordagem quanto ao método, à questão proposta, as hipóteses levantadas; pode confrontar hipóteses e conclusões contraditórias; e pode avaliar criticamente todas essas diferenças, opinando quanto à qualidade dos trabalhos selecionados e à sua utilidade para a compreensão do objeto de pesquisa.

e) Confronto entre o estado da arte e a pesquisa proposta: concluído o trabalho de análise e comparação sintética do material bibliográfico coletado, o pesquisador deve organizar as suas conclusões em um texto corrido, no qual apresenta o estado da arte da disciplina, confronta as diversas posições existentes e aponta as eventuais falhas e lacunas que pretende preencher com a sua própria pesquisa. Esse é o texto que deve efetivamente ser incluído no projeto de pesquisa, pois é ele que demonstra as relações existentes entre o estado da arte e o projeto de pesquisa, estabelecendo concretamente o diálogo do seu projeto com as pesquisas que o antecederam.

Quando bem escrito, esse capítulo demonstra maturidade e responsabilidade científica, prova ao orientador e à banca a capacidade do pesquisador de produzir conhecimento novo com base no já existente, e estabelece um sólido alicerce para a construção da investigação proposta.

A Revisão Bibliográfica	
Revisão Bibliográfica	Análise de todos os trabalhos já produzidos acerca do objeto, de modo a familiarizar o investigador com o estado da arte no campo de saber.
	O que a ciência já sabe sobre o objeto que o pesquisador deseja investigar?
Características da Revisão Bibliográfica	Exaustividade
	Atualização
	Especialização
	Avaliação crítica
	Rigor científico
	Campos da Revisão Bibliográfica em História do Direito
Como realizar a Revisão Bibliográfica	Identificação e coleta do material de referência
	Análise do material de referência
	Síntese do estado da arte
	Confronto entre o estado da arte e a pesquisa proposta

Exemplo de Revisão Bibliográfica[15]			
Autor	**Ano**	**Referência**	**Conclusões**
Almeida, Fernando Dias Menezes	2015	Formação da Teoria do Direito Administrativo no Brasil. São Paulo: Quartier Latin.	Consciência geral de inaugurar um novo ramo da ciência jurídica. O intuito imediato é redigir obras didáticas para as Faculdades de São Paulo e Recife, apesar do interesse em influenciar a legislação, verificando-se tensão entre posições de acadêmicos e de homens de Estado. Inspiração no pensamento francês.
Di Pietro, Maria Sylvia	2000	500 anos de direito administrativo brasileiro, in: Revista da Procuradoria Geral do Estado da Bahia. Brasília: ENAP, v. 26, n. 2, p. 29-54.	Não há uniformidade no tratamento da matéria. Preocupação com a distinção entre ciência da administração e direito administrativo e com as relações da administração com os demais poderes.
Garner, Lydia M.	2002	Justiça Administrativa no Brasil do Segundo Reinado (1842-1889). Revista de História, [S. l.], n. 147, p. 159-188.	A justiça administrativa do Conselho de Estado teve organização metódica e regular, embora funcionasse em formato diverso do Poder Judicial.

[15] Trata-se de versão sintética da revisão bibliográfica que produzi enquanto organizava meu livro sobre a História do Direito Administrativo Brasileiro (Guandalini Junior, 2016). Aqui apresentada apenas em caráter exemplificativo, não possui todas as características de uma boa revisão bibliográfica, pois não é suficientemente detalhada, exaustiva e atualizada, não é submetida à avaliação crítica, não inclui a revisão bibliográfica relativa aos campos da história geral, do direito administrativo ou da história do direito administrativo estrangeiro, não promove a comparação crítica entre as obras ou com o projeto de pesquisa, e não traduz em texto argumentativo as conclusões da análise realizada. Serve, portanto, apenas como um exemplo didático aos leitores deste Manual Prático.

Lima Lopes, José Reinaldo	2007	Consultas da Seção de Justiça do Conselho de Estado (1842-1889). A formação da cultura jurídica brasileira. in: Almanack Braziliense, n. 05, mai., pp. 04-36.	Das atas da seção de justiça do Conselho de Estado se infere que ali se encontrava um grupo preocupado com a organização de um Estado de novo tipo, debatendo como sair do direito antigo e passar para o direito liberal.
Lynch, Christian Edward Cyril	2005	A ideia de um Conselho de Estado Brasileiro, in: Revista de informação legislativa, v. 42, n. 168, p. 45-63, out./dez. 2005	O Poder Moderador e o Conselho de Estado pairavam por cima de todo o sistema representativo parlamentar, sendo quem, no fundo, realmente fixava as estratégias da política nacional, constituindo uma elite dentro da elite.
Salles Oliveira, Cecília Helena	2007	O Conselho de Estado e o complexo funcionamento do governo monárquico no Brasil do séc. XIX, in: Almanack Braziliense, n. 05, mai., pp. 46-53.	O Conselho de Estado representaria o papel de magistrado, de poder neutro, agindo como Suprema Corte. Daí o caráter que pode ser conferido à seção de Justiça do Conselho: produz cultura jurídica, orientações gerais e analisa, também, questões relacionadas à carreira da magistratura, solucionando conflitos derivados da compreensão e da aplicação das leis.

Seelaender, Airton Cerqueira Leite	2009	A "polícia" e as funções do Estado: notas sobre a "polícia" do Antigo Regime, in: Revista da Faculdade de Direito da UFPR, nº 49, p. 73-87.	No século XVIII a legislação de polícia tornou-se uma ferramenta para transformar a realidade, dirigindo e disciplinando os súditos. Expressando pretensões absolutistas, a ideia se converteria, no século XIX, em um objeto incômodo para o pensamento jurídico liberal.
Vieira Martins, Maria Fernanda	2006	A Velha Arte de Governar: o Conselho de Estado no Brasil Imperial, in: Topoi, v. 7, n. 12, jan.-jun., pp. 178-221	O Conselho de Estado colocou em prática um amplo programa de organização da estrutura de governo conduzido pela elite imperial, que procurou, após o processo de Independência, os caminhos para a adequação do Brasil à nova ordem internacional. Contribuiu diretamente para o fortalecimento do modelo monárquico e a superação das heranças coloniais.

13
A SELEÇÃO DAS FONTES

13.1. As fontes de pesquisa

Este é, talvez, o principal elemento de distinção entre a pesquisa em História do Direito e uma pesquisa da dogmática jurídica. A pesquisa jurídico-dogmática costuma ser eminentemente argumentativa, limitando-se ao confronto das posições existentes acerca de um determinado tema e satisfazendo-se, quase escolasticamente, com a apresentação da *quaestio*, da *disputatio* e da *determinatio* – sem preocupações adicionais com o acesso à realidade que o direito pretende regular. Por isso a pesquisa jurídica geralmente se encerra na revisão bibliográfica, que contém a síntese do debate existente e indica o posicionamento a ser adotado pelo pesquisador durante a sua própria pesquisa.

Já a pesquisa em História do Direito se desenvolve em relação com a realidade, caracterizando-se como pesquisa empírica; mais que isso, desenvolve-se em relação com uma realidade que já não existe mais, e por isso não pode ser diretamente observada pelo pesquisador. Por isso deve esclarecer de que modo pretende acessar essa realidade inexistente, indicando as fontes que pretende empregar para a reconstrução do objeto que tenciona examinar. As fontes de pesquisa são, portanto, elementos do real, resquícios do passado ainda existentes, que permitem o acesso à realidade que se deseja investigar. A descrição das fontes de pesquisa responde à pergunta: "Como o pesquisador pretende acessar o seu objeto de pesquisa?"

É fácil compreender a importância das fontes de pesquisa: é nesse momento que o pesquisador se debruça sobre a realidade que pretende investigar, transformando em observação empírica as intuições criativas que até aqui orientaram a construção do projeto. Talvez não seja exagero considerar o processo de seleção das fontes a etapa mais importante do projeto de pesquisa em História do Direito; mesmo que todo o resto tenha sido mal feito, mesmo que o objeto tenha sido mal delimitado, que o referencial teórico seja impreciso, que a justificativa tenha sido mal construída, que a questão esteja muito aberta, que a hipótese se mostre frágil e que a revisão bibliográfica esteja desatualizada, se o projeto for capaz de selecionar fontes de pesquisa interessantes e a pesquisa conseguir analisá-las em profundidade, teremos no mínimo uma nova descrição da realidade passível de ser examinada e compreendida, ainda que por outros pesquisadores. Por outro lado, ainda que todos os outros elementos tenham sido bem construídos, se faltar a análise das fontes sequer existe pesquisa em História do Direito – trata-se, no máximo, de uma revisão bibliográfica ou exploração preliminar a estabelecer o ponto de partida de uma nova investigação.

Além de ser a etapa mais importante, é também a etapa mais trabalhosa do projeto de pesquisa, e que exige o maior grau de comprometimento do pesquisador. A seleção das fontes não se faz somente com boas ideias ou *insights* criativos, mas demanda a disposição prática de vasculhar bibliotecas de obras raras, bisbilhotar arquivos empoeirados, esmiuçar documentos antigos, e interpretar textos escritos em linguagem incompreensível, tudo isso para encontrar textos e formas de acesso ao passado cuja existência sequer é garantida. Justamente por isso, o conjunto das fontes selecionadas para um projeto de pesquisa é um importante indicador, para bancas de avaliação e orientadores, da real disposição do estudante em prosseguir na pesquisa, distinguindo o pesquisador iniciante do mero diletante curioso.

Também por esses motivos é recomendável que o trabalho de coleta das fontes seja realizado concomitantemente à elaboração das demais etapas do projeto de pesquisa. Um erro muito comum do pesquisador iniciante é postergar o trabalho de seleção das fontes de pesquisa para o final do esforço de elaboração do projeto, apenas para descobrir que as fontes que ele planejava examinar não existem, ou estão inacessíveis, ou não contêm as informações que ele acreditava que conteriam. Pesquisadores mais experientes tendem a realizar o caminho inverso, iniciando a pesquisa pelo levantamento e avaliação das fontes; somente após a descoberta de uma fonte de pesquisa que pareça interessante ou promissora é que organizam os demais elementos do projeto de pesquisa, construídos em função das fontes como instrumentos de sua compreensão.

Pesquisadores com formação jurídica costumam também confundir as fontes de pesquisa histórica com as fontes do direito. A expressão "fontes do direito" indica, em teoria do direito, as formas como as normas jurídicas se manifestam e ingressam no ordenamento jurídico. As fontes do direito são geralmente classificadas em oito espécies – leis, costumes, jurisprudência, doutrina, analogia, princípios gerais do direito, equidade e negócios jurídicos – e é corriqueiro o emprego da expressão "fonte primária" em referência à lei, como principal fonte do direito no ordenamento jurídico contemporâneo. A semelhança léxica muitas vezes leva a confusões, com projetos de pesquisa em História do Direito indicando as leis do presente e do passado igualmente como "fontes primárias" para a pesquisa e misturando a doutrina do passado e a revisão bibliográfica na categoria de "fontes secundárias" para a pesquisa. Essa organização está equivocada, e pode atrapalhar o desenvolvimento do trabalho.

Na pesquisa em História do Direito a expressão "fontes primárias", quando utilizada, se refere a todos os elementos de acesso à realidade do passado que se pretende analisar. Pode incluir, dessa forma, todas as fontes jurídicas do passado (como lei, doutrina, jurisprudência, costumes etc.), mas também quaisquer outros elementos de acesso ao direito do passado, como debates parlamentares, notícias de jornais, testamentos, lápides de túmulos, informações comerciais, textos literários, charges, edifícios, mapas, pinturas etc. Não se trata, como se vê, somente de fontes normativas; mas de qualquer elemento que esteja apto a fornecer informações sobre o objeto que se pretende analisar.

Já a expressão "fontes secundárias", menos comum, se refere aos textos dedicados à análise e compreensão das fontes primárias, reunidos durante a revisão bibliográfica realizada para a descrição do estado da arte naquele campo de saber. Aí, sim, podem ser incluídos posicionamentos teóricos, textos historiográficos, fontes normativas e doutrinárias contemporâneas etc.

Por fim, outra confusão corriqueira, já mencionada anteriormente, é a que se costuma estabelecer entre fontes de pesquisa e revisão bibliográfica. O assunto já foi abordado nos capítulos anteriores[16], sendo agora pertinente apenas recordar que as fontes de pesquisa são o instrumento de acesso à realidade, aquilo *de quê* a pesquisa fala; já os textos incluídos na revisão bibliográfica correspondem às interpretações já produzidas acerca

[16] Ver cap. 12, *supra*.

da realidade que se pretende analisar, instrumentos de compreensão da realidade *com quem* a pesquisa dialoga.

Essa distinção pode se mostrar especialmente difícil em pesquisas sobre o pensamento jurídico do passado, que tendem a se debruçar igualmente sobre discursos com pretensão científica acerca do direito. Uma obra tão rica e complexa como o *Ensaio sobre o Direito Administrativo* do Visconde do Uruguai (Sousa, 1862), por exemplo, pode ser igualmente considerada como fonte primária, para uma pesquisa sobre a história do direito administrativo, ou como revisão bibliográfica, para uma pesquisa sobre a centralização do Estado durante o período imperial. Tudo depende de como pretendemos nos relacionar com a obra: tomando-a como fonte de informações sobre o pensamento jurídico-político do período, que pretendo descrever (fonte de pesquisa), ou como conjunto de interpretações acerca da realidade que estou analisando, com que pretendo dialogar (revisão bibliográfica). Não há, portanto, resposta *a priori*, estando a classificação dependente da perspectiva com base na qual o investigador pretende abordar a obra. O importante é que as duas formas de abordagem estejam elaboradas de forma bastante distinta na mente do pesquisador, para que ele consiga estruturar com clareza o seu projeto de pesquisa.

13.2. Características das fontes de pesquisa

a) Concretude: a indicação das fontes de pesquisa deve ser sempre precisa e concreta. Ela deve ser capaz de demonstrar que as fontes existem, que são acessíveis, que podem ser analisadas pelo pesquisador e que possuem as informações necessárias à compreensão do objeto da pesquisa.

Indicações genéricas como "a doutrina do período", "contratos celebrados na época" ou "documentos relativos ao objeto" possuem pouquíssimo valor na organização do projeto de pesquisa; para a banca de avaliação, porque não demonstram que o projeto de pesquisa pode ser executado; para o orientador, porque inviabilizam qualquer diálogo acerca das formas de sua abordagem e análise; e mesmo para o pesquisador, porque não permitem o adequado planejamento das atividades necessárias ao desenvolvimento da pesquisa.

A indicação das fontes de pesquisa depende, portanto, de um trabalho de exploração preliminar, por meio do qual o pesquisador descobre as fontes existentes e avalia a viabilidade de sua análise científica. Assim, ao apresentá-las em seu projeto de pesquisa pode não apenas relatar especificadamente todas as fontes que pretende utilizar, mas também onde se encontram, se estão disponíveis, se são legíveis, se domina os conhecimentos necessários à sua interpretação (idioma, linguagem, paleografia), se possuem relação com o objeto de pesquisa, a quantidade de material disponível etc.

b) Viabilidade: indicadas de modo preciso e concreto as fontes da pesquisa, deve o pesquisador refletir sobre a viabilidade do seu emprego no desenvolvimento da investigação. Uma proposta de fontes excessivamente otimista pode representar, no futuro, a impossibilidade da realização do projeto de pesquisa.

Há muitos fatores de inviabilidade que podem impedir o desenvolvimento de uma pesquisa científica em História do Direito, e o mais óbvio deles é o da inexistência de fontes de pesquisa – mas também há outros menos evidentes: as fontes podem se encontrar em lugar inacessível, como outro país, ou arquivos de acesso restrito; podem estar perdidas em meio a outros documentos de um arquivo desordenado; podem ter sido redigidas em idioma ou linguagem incompreensível; o *corpus* delimitado pode ser excessivamente volumoso, e a sua análise inviável no prazo em que a pesquisa deve ser concluída; podem não tratar diretamente do objeto da pesquisa, ou não ter as características esperadas pelo pesquisador; o custo de acesso pode ser muito alto etc.

Somente uma percepção muito clara de quais são as fontes de pesquisa existentes, disponíveis e de análise viável permitirá ao pesquisador organizar adequadamente o seu projeto de pesquisa.

c) Congruência com o objeto de pesquisa: um elemento geralmente desconsiderado pelos pesquisadores iniciantes é o fato de que a fonte de pesquisa somente pode fornecer as informações que ela tem. Desse modo, as fontes de pesquisa selecionadas devem ser adequadas à compreensão do objeto delimitado, e compatíveis com o tipo de pesquisa que se pretende realizar. Não é possível realizar uma pesquisa sobre a história do pensamento jurídico examinando-se somente fontes normativas, por exemplo; tampouco é possível compreender as práticas da administração pública brasileira no século XIX analisando-se somente obras doutrinárias.

As fontes de pesquisa devem tornar possível o acesso ao elemento da realidade que se pretende examinar. Ainda que esse acesso seja sempre, inevitavelmente, indireto, o pesquisador deve permanecer atento e se manter crítico quanto à quantidade de mediações necessárias entre a fonte selecionada e o objeto da pesquisa. O excesso de mediações interpretativas gera sempre o risco de afastamento do empreendimento científico e aproximação da literatura histórica.

Quando as informações disponibilizadas pela fonte de pesquisa se encontram muito distantes do objeto a ser analisado, esse pode ser um sinal de incongruência, a exigir a seleção de novas fontes de pesquisa, ou mesmo a modificação do objeto de pesquisa. É geralmente nesse momento que o projeto sofre as suas maiores transformações, pois é geralmente nesse momento que o pesquisador descobre que a realidade não era compatível com as suas expectativas.

O objetivo da pesquisa científica é a compreensão do real, nos termos em que ele se apresenta. Desse modo, não é a realidade que deve se adaptar às expectativas do pesquisador, mas é a pesquisa que deve se adaptar à realidade para compreendê-la. Se as fontes de pesquisa indicam uma realidade distinta da esperada, ou se não fornecem o acesso ao real que se havia previsto, deve o pesquisador reformular todo o seu projeto para compreender melhor a realidade. É esse o momento, então, para a revisão do objeto de pesquisa, da sua delimitação espaço-temporal, da questão de pesquisa, da hipótese de pesquisa, da chave teórica de interpretação etc. Também por esse motivo é recomendável que o trabalho de pesquisa leve em consideração desde o início a disponibilidade das fontes a serem examinadas.

d) Abrangência: é importante que o pesquisador esteja atento também à abrangência das fontes de pesquisa selecionadas. Há uma tendência natural entre juristas a dar prioridade às fontes normativas, mas isoladamente elas são incapazes de fornecer uma compreensão adequada do contexto histórico analisado. O conjunto de fontes ideal é aquele que dá conta de toda a complexidade do fenômeno jurídico, abrangendo fontes normativas, doutrinárias, jurisprudenciais, culturais etc. Quanto mais abrangente o conjunto de fontes selecionado, mais complexa e sofisticada será a compreensão do objeto de pesquisa.

É claro, porém, que a pesquisa ideal não existe, e a seleção das fontes será sempre limitada pelas restrições de tempo e recursos do pesquisador. Diante da impossibilidade de examinar a totalidade do real, então, o trabalho do pesquisador é o de buscar identificar o conjunto de fontes minimamente necessário para que possa responder com qualidade e complexidade a questão de pesquisa formulada.

e) Os limites das fontes normativas: seja como for, é importante evitar o positivismo de uma história puramente factual e normativa. Para ser capaz de problematizar as fontes o pesquisador deve levar em consideração no mínimo alguns elementos culturais do período selecionado – doutrina, debates parlamentares, apurações jornalísticas etc. Sem isso, corre o risco de realizar a mera descrição de fatos do passado sob a perspectiva do presente, sem a sua adequada contextualização.

Ao trabalhar unicamente sobre fontes normativas o pesquisador tende a interpretá-las com as ferramentas, categorias e instrumentos conceituais do presente. Com isso a pesquisa é realizada sob uma perspectiva presentista e anacrônica, e pode acabar levando a um uso do passado como instrumento de legitimação de posições jurídicas do presente, de forma positivista e juridicista. Esse é o método típico da dogmática jurídica: utilizar normas do passado para resolver problemas do presente. A história do direito pretende realizar o movimento contrário: utilizar o conhecimento jurídico do presente para compreender os problemas jurídicos do passado, o que pressupõe o domínio das ferramentas interpretativas e dos contextos culturais em que essas normas jurídicas foram elaboradas.

13.3. Como selecionar as Fontes de Pesquisa

a) Pré-compreensão do passado: todo esforço de investigação histórico-jurídica é orientado por uma pré-compreensão contemporânea acerca do modo como o passado se organizava juridicamente. Elementos como preconceitos pessoais, explicações teóricas, percepções de outros autores, contatos preliminares com fontes primárias tendem moldar a visão do pesquisador acerca do passado, e orientar, mesmo inconscientemente, o processo de busca das fontes de pesquisa. Essa pré-compreensão pode levar um pesquisador a dar preferência a fontes doutrinárias, em vez de legislativas, ao se debruçar sobre um determinado momento histórico; ou a optar por fontes costumeiras ao examinar um campo específico do direito; ou a não fazer distinção entre fontes jurídicas e não jurídicas para a compreensão de um objeto transdisciplinar. Uma boa exploração preliminar e uma boa revisão bibliográfica podem contribuir para sofisticar e afinar essa pré-compreensão orientadora do processo de seleção das fontes de pesquisa.

Mas é importante estar consciente do fato de que essa pré-compreensão está geralmente fundada em expectativas, não em fatos, e por isso ela pode estar errada, demandando a reformulação do elenco de fontes ou do próprio projeto de pesquisa. Durante a pesquisa que realizei para a minha tese de doutorado sobre a história do direito administrativo, por exemplo, parti da pré-compreensão, influenciada pela dogmática administrativista contemporânea e pelos historiadores do direito administrativo francês, de que os debates travados no órgão pleno do Conselho de Estado poderiam ser uma boa fonte de acesso ao pensamento jurídico-administrativo do Brasil imperial – porque órgão semelhante havia sido importante na formação do direito administrativo francês. O primeiro contato com as fontes me mostrou que essa pré-compreensão estava errada, e que eu deveria buscar outras fontes para compreender o processo de formação do direito administrativo nacional.

Também por isso é importante ter algum conhecimento prévio do conteúdo das fontes, que pode informar mesmo antes da pesquisa se elas terão condições de fornecer as informações necessárias para a resposta à questão proposta. Expectativas mais precisas quanto ao que esperar das fontes disponíveis pode evitar muito desperdício de tempo e trabalho, e alguma familiaridade com pesquisas realizadas acerca de temas e objetos análogos aos abordados no projeto podem contribuir para isso. Por exemplo, a leitura de pesquisas já realizadas sobre a estrutura e o funcionamento do Judiciário brasileiro no século XIX pode fornecer a informação prévia de que as decisões proferidas nesse período não costumam ser extensamente motivadas nem referenciar obras doutrinárias; assim, tais decisões judiciais provavelmente não serão fontes muito úteis para a avaliação das principais referências teóricas do pensamento jurídico no período.

Dessa forma, o primeiro passo do trabalho de seleção das fontes da pesquisa é o refinamento dessa pré-compreensão existente acerca do período estudado, o que depende de uma leitura atenta da historiografia que tenha se debruçado sobre ele. Os trabalhos de outros historiadores fornecerão o quadro geral de compreensão a partir do qual as fontes poderão ser buscadas, e muitas vezes até mesmo indicar expressamente as fontes de pesquisa adequadas ao trabalho que se pretende realizar.

b) Identificação dos limites do objeto de pesquisa: estabelecido o quadro geral de pré-compreensão do passado, o pesquisador deve identificar com clareza os limites do objeto fixado para a sua pesquisa – em seus aspectos materiais, espaciais e temporais.

Essa é uma atividade crucial para o desenvolvimento do trabalho. A fase de seleção das fontes sempre gera o risco de deambulação, tanto para pesquisadores iniciantes quanto para pesquisadores experientes. A coleta de fontes instiga a curiosidade, e o interesse pelo diálogo com o passado pode levar o pesquisador a se distrair nos catálogos e arquivos, coletando e examinando fontes instigantes, mas sem relação direta com o objeto da pesquisa. Isso pode ser perigoso, especialmente em pesquisas com prazos rígidos de conclusão, como dissertações de mestrado e teses de doutorado.

A recuperação, nesta fase, do objeto de pesquisa delimitado, contribuirá não só para manter o foco do pesquisador nos objetivos do seu trabalho e evitar a perda de tempo, mas também para indicar o campo de fontes relevantes para a pesquisa proposta.

c) Definição da abrangência: o passo seguinte consiste em estabelecer a abrangência que se pretende dar às fontes da pesquisa proposta. Essa é uma decisão que também tem relação com o objeto de pesquisa delimitado, assim como com o referencial teórico e o método de investigação proposto.

Uma pesquisa histórico-jurídica pode empregar fontes de natureza normativa, doutrinária, jurisprudencial, cultural, parlamentar, negocial, literária, educativa etc. A definição da natureza das fontes que deverão ser analisadas também contribui para focar e orientar o processo de seleção e análise.

d) Localização e obtenção das fontes: essa é a etapa mais difícil e trabalhosa, e também a mais artesanal. Não existe resposta pronta, ou orientação metodológica formal para a localização e obtenção das fontes de pesquisa histórica, especialmente porque o objetivo é sempre encontrar fontes que nunca tenham sido examinadas – o que significa que elas provavelmente não se encontram racionalmente organizadas em arquivos de fácil acesso. Trata-se, assim, de uma avaliação que deve ser realizada caso a caso, conforme as condições de trabalho do pesquisador, o objeto delimitado para a pesquisa, os objetivos e dimensões da pesquisa proposta etc.

O fato é que para a realização do seu trabalho o pesquisador deverá buscar, das mais diversas formas possíveis, as fontes de acesso ao período histórico que pretende estudar. Essas fontes podem ser textos de normas jurídicas, registros de debates parlamentares, documentos públicos, obras doutrinárias, depoimentos de pessoas vivas, canções, edifícios e construções, textos literários etc.

A história do direito tem uma vantagem em relação a outros campos da pesquisa historiográfica, que é o caráter oficial de grande parte das suas fontes. A documentação jurídica costuma ser mais bem organizada, registrada em forma escrita e preservada oficialmente, o que facilita o processo de pesquisa. Mas o caráter oficial das fontes de pesquisa histórico-jurídica não deve nos enganar: por um lado porque mesmo arquivos oficiais podem ser caóticos e incompletos, mas também porque seria uma ilusão reduzir o direito, e especialmente o direito anterior à codificação, a formas escritas preservadas oficialmente. O pesquisador deve sempre desconfiar da facilidade de obtenção de fontes oficiais, e não deixar de buscar as fontes mais obscuras, e de mais difícil acesso, para a adequada compreensão do seu objeto de pesquisa.

Embora o trabalho de obtenção das fontes seja a etapa mais artesanal e menos esquemática de elaboração do projeto de pesquisa, há algumas dicas e atalhos que podem poupar trabalho ao pesquisador iniciante. O fundamental é saber de antemão que tipo de fontes pretende encontrar (quanto à sua natureza, periodização e localização) e direcionar as buscas aos acervos mais adequados aos seus objetivos.

Recomenda-se ao pesquisador manter uma planilha de gestão das fontes identificadas, registrando-se o título da fonte descoberta, o local onde ela se encontra e a forma de obtenção. Isso facilitará o trabalho de seleção, especialmente em pesquisas que dependam de muitas fontes de natureza e origem diversas.

i. Legislação: Toda a legislação histórica brasileira pode ser consultada no site oficial do Poder Executivo, no endereço www4.planalto.gov.br/legislacao. O acervo permite a pesquisa especializada por constituições, atos institucionais, decretos, leis, alvarás, cartas régias, cartas de lei, decretos do conselho de ministros e decretos do poder legislativo. Cabe a ressalva de que já me deparei com normas que não haviam sido incluídas nesse acervo, então pode ser necessário complementar a pesquisa *online* com a consulta aos exemplares físicos dos diários oficiais, preservados nas bibliotecas públicas e arquivos públicos. A legislação histórica de países estrangeiros geralmente pode ser consultada também nos sites oficiais dos seus poderes Executivo ou Legislativo.

Boa parte da legislação histórica portuguesa também está incluída no acervo brasileiro, mas em caso de necessidade de informações mais específicas o Parlamento português tem arquivada toda a legislação régia entre 1603 e 1910 – no endereço legislacaoregia.parlamento.pt.

ii. Debates Parlamentares: O conteúdo dos debates parlamentares também se encontra organizado para acesso online, nas bibliotecas digitais do Senado Federal e da Câmara dos Deputados. O site do Senado Federal arquiva as atas do Conselho de Estado e os Anais do Império, da República e da Assembleia Constituinte, organizados por data e indexados para pesquisa por tema, coletânea, período e ano – no endereço senado.leg.br/publicacoes/anais/asp/PQ_Pesquisar.asp. A Biblioteca Digital da Câmara dos Deputados organiza os Anais da Câmara e das Assembleias Constituintes por data, também permitindo a pesquisa por temas e datas. Grande parte dos anais também possui índices temáticos que facilitam a pesquisa e a consulta.

iii. Doutrina: o acesso às obras doutrinárias pode ser mais complicado, conforme o período delimitado para a investigação. Quanto mais antigas as obras, mais difícil é a sua conservação, mais raras elas se tornam, e mais restrito é o acesso. Geralmente serão encontradas nos setores de obras raras de bibliotecas públicas ou de instituições universitárias, e o seu manuseio dependerá de autorização dos bibliotecários e arquivistas responsáveis. Por outro lado, obras que já tenham caído em domínio público podem ser digitalizadas sem empecilhos legais, o que faz com que ao menos as mais importantes sejam facilmente obtidas em sites de compartilhamento ou bibliotecas digitais. As obras mais recentes serão mais facilmente encontradas em bibliotecas e livrarias, mas o acesso a versões digitalizadas será mais difícil e restrito em razão dos direitos autorais. Todos os sites indicados no capítulo 12 para a pesquisa da revisão bibliográfica também podem ser utilizados para a pesquisa de fontes primárias, utilizando-se os filtros de data e tema nas ferramentas de pesquisa avançada – bibliotecas de universidades públicas, biblioteca do STF, Biblioteca Nacional. Os textos podem ser obtidos por leitura local, empréstimo físico, comutação bibliográfica e até mesmo fotocopiados ou digitalizados – serviços prestados mediante pagamento por algumas dessas instituições, nos limites permitidos pela legislação de propriedade intelectual.

Outros países também possuem suas instituições de digitalização e preservação de acervos literários. A Biblioteca Nacional Francesa administra a iniciativa Gallica, em cujo catálogo se encontram mais de 10 milhões de documentos passíveis de consulta por tema e data, inclusive importantes obras jurídicas – no endereço gallica.bnf.fr. A Biblioteca Nacional Portuguesa também mantém um catálogo digital bastante extenso, no endereço bndigital.bnportugal.gov.pt. A Biblioteca Nacional da Espanha mantém a Biblioteca Digital Hispánica, com acesso livre e gratuito a milhares de manuscritos e livros impressos entre os séculos XV e XX, além de fotografias, mapas, atlas etc. (bne.es/es/catalogos/biblioteca-digital-hispanica). A Biblioteca do Congresso Americano também mantém extenso catálogo digital (catalog.loc.gov/), assim como a Biblioteca Nacional Central de Roma (bncrm.beniculturali.it) e provavelmente as principais bibliotecas centrais da maioria dos países do mundo.

O projeto *Internet Archive* (https://archive.org) também é muito útil para a pesquisa bibliográfica: contém 41 milhões de livros e textos digitalizados, redigidos em diversas línguas, disponibilizados para acesso livre e universal. O site permite a busca por tema e data e possui em seu acervo grande quantidade de obras jurídicas brasileiras.

iv. Periódicos: a Hemeroteca Digital Brasileira, mantida pela Biblioteca Nacional, possui acervo digitalizado de publicações jornalísticas e científicas dos séculos XIX e XX, com acesso livre e gratuito pelo endereço bndigital.bn.gov.br/hemeroteca-digital. O catálogo permite a busca por nome do periódico, período e local de publicação, e é uma ferramenta utilíssima para o acesso aos principais debates públicos travados pela sociedade brasileira durante o período abarcado.

v. Processos e documentos: a coleta de processos judiciais e documentos jurídicos é um pouco mais difícil. A maneira mais simples de obter acesso a decisões judiciais é por intermédio de coletâneas de jurisprudência, que são obras de caráter doutrinário dedicadas a selecionar e divulgar as decisões julgadas mais relevantes em um determinado contexto. Tais coletâneas podem ser encontradas em bibliotecas públicas ou em catálogos de obras digitalizadas.

Apesar da praticidade, o uso de coletâneas de jurisprudência pode se mostrar inadequado para alguns tipos de pesquisa, que dependam de uma análise mais integral e exaustiva das decisões ou dos processos, ou que queiram evitar os filtros de seleção dos organizadores das coletâneas. Nessas situações se torna necessário buscar os arquivos públicos federais, estaduais e municipais, ou os arquivos dos tribunais.

O problema é que o nível de organização dos arquivos do Poder Judiciário é variável, e muitos estados sequer dispõem de catálogo indexado dos processos sob sua guarda. Quanto aos arquivos públicos, mantêm acervo limitado dos processos judiciais, o que também pode restringir a abrangência de pesquisa.

O Arquivo Nacional preserva milhares de documentos e processos da justiça cível, comercial e criminal da 1ª instância do Rio de Janeiro durante o período em que foi capital do país, além de processos da Casa de Suplicação, do Supremo Tribunal de Justiça, do Tribunal de Comércio da Corte, do Supremo Tribunal Federal e do Tribunal de Segurança Nacional. Os catálogos podem ser consultados no endereço an.gov.br/Basedocjud/MenuDocJud/MenuDocJud.php, em migração para o sian.an.gov.br.

O Arquivo Público do Paraná não dispõe de uma ferramenta integrada de consulta ao catálogo, que deve ser realizada presencialmente na Sala de Pesquisa Histórica mediante agendamento prévio por telefone ou e-mail. O Arquivo Público de Curitiba funciona da mesma forma. Cada arquivo público local tem a sua própria estrutura de funcionamento, e a prévia consulta aos seus sites pode poupar tempo e trabalho ao pesquisador.

Cartórios de registros e paróquias da Igreja Católica também mantêm arquivos de documentos antigos, geralmente pouco organizados e de acesso restrito ao público. Podem ser um caminho útil à obtenção de documentos jurídicos privados.

Diversas fundações de natureza científica mantêm seus próprios arquivos temáticos, geralmente de acesso público e com catálogos disponibilizados online. A Fundação Getúlio Vargas mantém o Centro de Pesquisa e Documentação de História Contemporânea do Brasil (CPDOC), cujo acervo pode ser consultado online (cpdoc.fgv.br); a Fundação Casa de Rui Barbosa também mantém arquivos passíveis de consulta por meio das bases referenciais (gov.br/casaruibarbosa) ou e-mail; a Fundação Oswaldo Cruz, a Fundação Joaquim Nabuco, a Fundação Gilberto Freyre também dispõem de arquivos locais que podem ser úteis à pesquisa histórico-jurídica. Instituições estrangeiras mantêm arquivos que podem ser interessantes aos pesquisadores brasileiros. O Arquivo Nacional da Torre do Tombo, em Portugal, já possui boa parte da sua base de dados digitalizada e passível de consulta pelo endereço antt.dglab.gov.pt. O Arquivo Nacional dos Estados Unidos da América também permite pesquisa online pelo endereço www.archives.gov.

vi. Textos da Antiguidade: não é muito difícil encontrar textos jurídicos da Antiguidade, seja em coletâneas e edições físicas, seja em digitalizações no idioma original. Mas a iniciativa da Biblioteca Digital Perseus, mantida pela Tufts University, tem a vantagem de disponibilizar boa parte desse material traduzida para a língua inglesa, o que facilita o acesso aos pesquisadores menos familiarizados com o latim clássico ou o grego antigo. Seu acervo possui materiais de origem grega, romana, arábica e germânica, além de textos modernos da época do Renascimento e do século XIX americano, e pode ser consultado de forma livre e gratuita pelo endereço eletrônico perseus.tufts.edu. A Cuneiform Digital Library Initiative mantém extenso acervo online de textos jurídicos da antiga Mesopotâmia, passíveis de consulta livre e gratuita no endereço eletrônico https://cdli.mpiwg-berlin.mpg.de/. A catalogação vincula os documentos arquivados às mais importantes pesquisas relacionadas, o que facilita muito a análise.

Onde encontrar fontes de pesquisa	
Legislação histórica	planalto.gov.br/legislacao
	Consulta aos diários oficiais
	legislacaoregia.parlamento.pt
Debates parlamentares	senado.leg.br/publicacoes/anais
	bd.camara.leg.br/bd/handle/bdcamara/2
Textos doutrinários	Catálogos de bibliotecas de universidades públicas
	www12.senado.leg.br/institucional/biblioteca
	bibliotecadigital.stf.jus.br
	acervo.bn.gov.br
	gallica.bnf.fr
	bndigital.bnportugal.gov.pt/
	bne.es/es/catalogos/biblioteca-digital-hispanica
	catalog.loc.gov/
	bncrm.beniculturali.it
	archive.org
Periódicos	bndigital.bn.gov.br/hemeroteca-digital
Processos e documentos	Coletâneas de jurisprudência
	sian.an.gov.br
	Arquivos Públicos locais
	cpdoc.fgv.br
	gov.br/casaruibarbosa
	Fundações Científicas
	antt.dglab.gov.pt
	archives.gov
Textos da Antiguidade	perseus.tufts.edu

e) Descrição das fontes: identificadas, localizadas e obtidas as fontes de pesquisa, deve o pesquisador descrevê-las e esclarecer a sua utilidade para o desenvolvimento da pesquisa. Indicar a sua quantidade, em que estado se encontram, se exigem habilidades especiais de interpretação (paleográficas, idiomas estrangeiros), se são de fácil ou difícil acesso etc. é crucial para a avaliação da viabilidade da pesquisa.

Por outro lado, explicar de que maneira o projeto proposto pretende empregá-las na compreensão do seu objeto de pesquisa contribui para a avaliação da congruência e da abrangência das fontes selecionadas, além de auxiliar a organizar a posterior execução do projeto.

<table>
<tr><th colspan="2">As Fontes de Pesquisa</th></tr>
<tr><td rowspan="2">Fontes de Pesquisa</td><td>Elementos do real, resquícios do passado ainda existentes, que permitem o acesso à realidade que se deseja investigar.</td></tr>
<tr><td>Como o pesquisador pretende acessar o seu objeto de pesquisa?</td></tr>
<tr><td rowspan="5">Características das Fontes de Pesquisa</td><td>Concretude</td></tr>
<tr><td>Viabilidade</td></tr>
<tr><td>Congruência com o objeto de pesquisa</td></tr>
<tr><td>Abrangência</td></tr>
<tr><td>Os limites das fontes normativas</td></tr>
<tr><td rowspan="5">Como selecionar as Fontes de Pesquisa</td><td>Pré-compreensão do passado</td></tr>
<tr><td>Identificação dos limites do objeto de pesquisa</td></tr>
<tr><td>Definição da abrangência</td></tr>
<tr><td>Localização e obtenção das fontes</td></tr>
<tr><td>Descrição das fontes</td></tr>
</table>

Exemplo de Fontes de Pesquisa		
Fonte	**Localização**	**Acesso**
FURTADO DE MENDONÇA, Francisco Maria de Souza (1865). Excerto de Direito Administrativo Pátrio. São Paulo: Typographia Alemã de Henrique Schroeder.	Biblioteca da Faculdade de Direito da USP	Fotografar durante visita à biblioteca.
PIMENTA BUENO, José Antônio (2002). Direito Público Brasileiro e Análise da Constituição do Império, in: KUGELMAS, Eduardo (org.). José Antônio Pimenta Bueno, Marquês de São Vicente. São Paulo: Editora 34.	Reedição Editora 34	Comprar.
REGO, Vicente Pereira (1860). Elementos de Direito Administrativo Brasileiro, para uso das Faculdades de Direito do Império. 2ª Ed. Recife: Tipografia Comercial de Geraldo Henrique de Mira & C.	Biblioteca da Faculdade de Direito da UFPE	Solicitar comutação no convênio interbibliotecas.
RIBAS, Antonio Joaquim (1968). Direito Administrativo Brasileiro. Brasília: Ministério da Justiça, Serviço de Documentação.	Digitalizado	dominiopublico.gov.br
RUBINO DE OLIVEIRA, José (1884). Epítome de Direito Administrativo Brasileiro segundo o Programa do Curso de 1884. São Paulo: Leroy King Bookwalter.	Digitalizado	bibliotecadigital.stf.jus.br

SOUSA, Paulino José Soares (1862). Ensaio sobre o Direito Administrativo. Rio de Janeiro: Typographia Nacional.	Digitalizado	bibliotecadigital.stf.jus.br
SOUSA, Paulino José Soares (1865). Estudos práticos sobre a administração das províncias no Brasil. Rio de Janeiro: B. L. Garner.	Digitalizado	senado.leg.br/bdsf
VEIGA CABRAL, Prudêncio Giraldes Tavares. Direito Administrativo Brasileiro. Rio de Janeiro: Tipografia Universal de Laemmert, 1859.	Digitalizado	bd.camara.leg.br/bd
Programas dos Cursos de Direito Administrativo ministrados na Faculdade de Direito de São Paulo entre 1854-1900	Biblioteca da Faculdade de Direito da USP	Indisponíveis os programas dos cursos ministrados entre 1879 e 1883. Fotografar durante visita à biblioteca.
Programas dos Cursos de Direito Administrativo ministrados na Faculdade de Direito do Recife entre 1854-1900	Biblioteca da Faculdade de Direito da UFPE	Indisponíveis os programas dos cursos ministrados antes de 1885. Solicitar cópias pelo convênio de comutação interbibliotecas.
Atas da sessão plena do Conselho de Estado: reedição por RODRIGUES, José Honório (org.) (1973-1978). Atas do Conselho de Estado, 13 vol. Brasília: Senado Federal.	Biblioteca da Faculdade de Direito da UFPR	Solicitar empréstimo na biblioteca.

14
A ESTRUTURAÇÃO DO PLANO DE TRABALHO

14.1. O plano de trabalho

Um bom projeto de pesquisa deve apresentar também a estrutura provisória do trabalho final a ser desenvolvido. O plano de trabalho indica os capítulos que deverão compor a pesquisa e a essência dos temas que deverão ser abordados em cada um deles. Trata-se, basicamente, do sumário da pesquisa, com uma breve descrição dos assuntos que serão tratados em cada capítulo. O plano de trabalho responde à pergunta: "Qual é a estrutura do argumento que será apresentado?", ou, mais simplesmente, "Quais serão os capítulos da pesquisa?".

A elaboração do plano de trabalho pode parecer um preciosismo inútil, especialmente diante do fato de que a pesquisa está por ser realizada, o que dificulta qualquer previsão acerca do futuro conteúdo do texto que ainda será escrito. Deve-se, ainda assim, refletir com cuidado sobre o plano de trabalho; a análise do plano proposto para a pesquisa, ainda que provisório, favorece a organização do raciocínio que preside a sua realização, estabelece as linhas gerais da estrutura argumentativa a ser adotada no texto e contribui para o esclarecimento da hipótese que se pretende verificar.

Para o orientador e a banca de avaliação, o plano de trabalho explicita a estrutura da proposta apresentada, permitindo a avaliação do modo como a pesquisa será executada e da razoabilidade do raciocínio apresentado – pela análise da sequência de capítulos, seções e argumentos que integrarão o trabalho. Para o pesquisador o plano de trabalho representa uma especificação do planejamento geral, indicando de forma concreta a sequência de atividades a serem realizadas e metas a serem atingidas, e formalizando a argumentação que prognostica ser capaz de fundamentar a sua tese.

Um dos principais fatores de sucesso de um projeto se encontra na clareza do pesquisador quanto à direção do seu trabalho de pesquisa. Uma pesquisa científica é uma jornada longa, extenuante, cheia de desvios e distrações; é muito comum que durante o trabalho de investigação o pesquisador se depare com descobertas surpreendentes, temas inexplorados, hipóteses interessantes, que podem chamar a sua atenção e distraí-lo do objeto delimitado para a investigação. Assim como uma viagem de exploração precisa de um mapa preciso, a pesquisa científica também demanda um plano de trabalho claro, que auxilie o pesquisador a manter o foco e o impeça de desviar a atenção dos objetivos inicialmente traçados.

É claro que na fase de projeto o plano de trabalho é sempre apenas uma conjectura, baseada nos pressupostos gerais que orientam a pesquisa e nas informações preliminares detidas pelo pesquisador. A estrutura definitiva somente será construída ao final do trabalho de pesquisa, quando o pesquisador já dispuser de todas as informações necessárias à sua apresentação. Até que isso ocorra, o plano de trabalho é um esboço preliminar, provisório, flexível, aberto à alteração conforme exijam os desenvolvimentos da pesquisa. Com a ressalva de que flexibilidade para ajustar a rota não significa permanecer à deriva, permitindo-se ser arrastado ao sabor do vento sem qualquer controle sobre o caminho a ser trilhado para a investigação. O plano de trabalho realmente funciona como um mapa: ele pode exigir ajustes e desvios conforme as circunstâncias impostas pela realidade, mas deve indicar com clareza a direção geral do percurso e o objetivo final a ser alcançado.

Pode haver alguma confusão semântica entre o "plano de trabalho" (também chamado de "estrutura da pesquisa", ou "sumário provisório") e o "cronograma da pesquisa" (também chamado de "planejamento"). Independentemente dos nomes que sejam atribuídos a cada uma dessas atividades, deve-se reconhecer que se trata de elementos distintos, a desempenharem funções específicas no projeto de pesquisa.

O plano de trabalho formaliza a proposta de apresentação futura dos resultados a serem obtidos com a pesquisa; desse modo, ele não reflete a sequência cronológica de atividades ou a ordem do trabalho a ser realizado, mas a sequência do argumento tal como será exposto ao término do trabalho de investigação. Ele se dirige ao leitor (orientador, colegas, avaliadores); o seu objetivo é favorecer a compreensão do argumento proposto, e por isso ele não deve incluir todas as atividades realizadas pelo pesquisador, mas somente aquelas informações julgadas necessárias para a adequada compreensão dos resultados da pesquisa quando eles tiverem sido obtidos.

Já o cronograma se dirige ao próprio pesquisador, referindo-se à sequência de etapas a serem cumpridas para a realização da sua pesquisa. O seu objetivo não é a apresentação racional do argumento proposto, mas a explicitação de todas as atividades necessárias ao desenvolvimento da pesquisa, em sequência cronológica e levando-se em consideração o lapso de duração temporal previsto para cada uma delas.

14.2. Características do plano de trabalho

a) Clareza: o primeiro requisito de um bom plano de trabalho é a clareza. O plano de trabalho deve ser capaz de apresentar, sem qualquer dúvida ou obscuridade, o caminho a ser percorrido pelo texto da pesquisa, a estrutura do argumento a ser apresentado e os principais temas a serem abordados durante o seu desenvolvimento. Dessa forma, quanto mais claro, sintético e direto, melhor será o plano de trabalho.

É claro que a estrutura da pesquisa somente será capaz de demonstrar com clareza o caminho do raciocínio empregado se já estiverem muito bem claros e definidos, na mente do pesquisador, todos os demais elementos do projeto de pesquisa. Dificuldades na organização do plano de trabalho podem indicar falhas na elaboração dos elementos anteriores, a demandar a revisão do projeto por parte do pesquisador.

O plano de trabalho deve ser capaz de antecipar o argumento a ser apresentado. Não basta, portanto, a indicação genérica de elementos relacionados ao objeto de pesquisa; o pesquisador deve apresentar todos os temas que pretende abordar, se possível com uma breve explicação do conteúdo que pretende incluir em cada um dos capítulos propostos.

b) Objetividade: o plano de trabalho reflete o argumento a ser desenvolvido na pesquisa. Logo, assim como o argumento, também o plano de trabalho deve ser estruturado com objetividade, dispensando-se quaisquer elementos ou informações que não tenham relação direta com a hipótese a ser verificada.

Desse modo o pesquisador deve estar atento, ao elaborar a estrutura, a dois limites fundamentais: o limite do que é imprescindível que faça parte da pesquisa, por se tratar de elemento indispensável ao raciocínio demonstrativo necessário à verificação da hipótese de pesquisa; e o limite do que é desnecessário incluir na pesquisa, por ser irrelevante à demonstração do argumento a ser exposto.

Essa é uma avaliação difícil e, no final das contas, subjetiva. Em última análise, somente o pesquisador será capaz de definir o que é ou não relevante à demonstração do seu argumento: depende da perspectiva que pretende adotar durante a execução da sua pesquisa e da sua própria percepção quanto ao que é relevante ao desenvolvimento do seu raciocínio. Sendo impossível estabelecer de antemão em abstrato o que é, ou não, relevante a uma determinada pesquisa concreta, permanece o dever de cautela e a recomendação geral de excluir, sem dó nem piedade, tudo aquilo que não seja imprescindível à exposição do trabalho.

Para o pesquisador iniciante a quem se dirige este *Guia Prático*, é muito mais comum incluir elementos desnecessários do que deixar de lado elementos necessários. Isso ocorre por vários motivos: porque o pesquisador iniciante costuma estar muito preocupado com o tamanho do seu trabalho, e pode optar por incluir elementos desnecessários com a intenção de produzir um trabalho mais extenso; porque para o pesquisador iniciante tudo ainda é novidade, o que dificulta a distinção entre o cerne original da pesquisa e elementos que já são de conhecimento comum; porque para o pesquisador iniciante todas as reflexões são relevantes, o que torna difícil a distinção entre o raciocínio necessário à demonstração da sua hipótese e insights laterais ou comentários *obiter dicta*; porque para o pesquisador iniciante o trabalho de pesquisa ainda é muito difícil e excitante, o que o leva a apegar-se afetivamente aos resultados desse trabalho, e a ter mais dificuldade de se desfazer deles.

Com o passar do tempo aprendemos a ser mais cruéis com nossa própria produção, e a cortar sem pena informações já bem estabelecidas no campo de pesquisa, reflexões teóricas não relacionadas à verificação da hipótese, glosas e ponderações desnecessárias, desvios argumentativos e propostas de pesquisa secundárias. Tudo isso pode, na melhor das hipóteses, ser arquivado para outro projeto de pesquisa, a ser desenvolvido em outra oportunidade; mas pode também, o que é bem mais comum, ser simplesmente material de estudo e reflexão particular, tornando-se conteúdo a ser arquivado para a consulta futura do pesquisador, ou simplesmente descartado.

Garantir a objetividade do plano de trabalho significa também dedicar cada capítulo, cada seção, cada item do projeto de pesquisa a somente uma ideia, argumento ou tese. Misturar vários elementos em uma mesma seção confunde a estrutura do argumento, distrai o leitor e atrapalha a compreensão da hipótese a ser apresentada.

c) Reflexividade: essa característica geral do projeto de pesquisa, que já havíamos mencionado no capítulo 1, também deve estar presente na estrutura interna do plano de trabalho proposto. Assim como o projeto de pesquisa está sempre tratando do mesmo assunto (a organização da pesquisa), também a pesquisa a ser realizada está sempre tratando do mesmo assunto (a verificação da hipótese). Isso significa que todos os capítulos, seções, subseções do plano de trabalho proposto devem estar relacionados entre si, tratando sempre do mesmo objeto de pesquisa, sem abordar temas acessórios ou relacionados apenas indiretamente ao objeto central.

A leitura do plano de trabalho deve transmitir a sensação de um caminho em linha reta, sem desvios e distrações. Ou, talvez, até mesmo de um caminho em espiral: todos os capítulos devem estar tratando sempre do mesmo assunto, apenas em perspectivas e graus de profundidade distintos; cada capítulo deve ser necessário e imprescindível para a passagem ao capítulo seguinte, que por sua vez deve se referir às informações do capítulo interior para dar continuidade à exposição dos resultados da pesquisa.

Essa é uma recomendação que não vale apenas para o projeto de pesquisa, mas também para a redação do seu texto final. Todos os capítulos devem se relacionar entre si, e essa relação deve ser explicitada ao leitor: o final de cada capítulo deve explicar de que maneira o argumento será desenvolvido no capítulo seguinte, e o início de cada capítulo deve esclarecer de que maneira se relaciona com o capítulo anterior.

d) Simetria: talvez seja contestável a exigência de simetria no plano de trabalho do projeto de pesquisa. A característica se refere à condição de que os diversos capítulos do plano de trabalho sejam simétricos entre si, possuindo a mesma quantidade de seções, que por sua vez devem possuir a mesma quantidade de subseções – e no limite, durante a redação da própria pesquisa, também a mesma quantidade de páginas.

Essa exigência pode parecer excessivamente formalista, ainda tributária de uma forma antiga, demasiado cartesiana, de se organizar o pensamento e realizar o trabalho científico. Com efeito, se compreendida literalmente ou como fim em si mesma, talvez o seja. Deve-se atentar, contudo, para o fato de que a falta de simetria em um trabalho científico pode ser um indício de que o pesquisador não concedeu a mesma atenção e não se dedicou com a mesma intensidade a todas as etapas do raciocínio demonstrativo necessário à verificação da hipótese de pesquisa – transformando o seu trabalho no conhecido meme do cavalo incompleto:

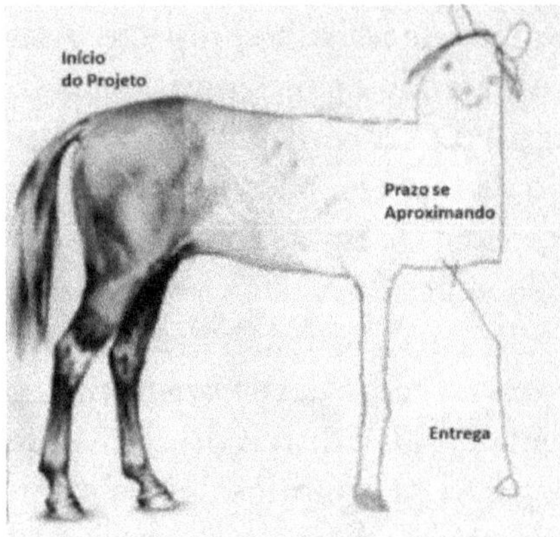

O meme do cavalo incompleto

Dessa perspectiva, a simetria não é uma exigência absoluta, nem um fim em si mesma; trata-se de uma orientação geral, um sinal de alerta a indicar ao pesquisador a possibilidade de que o seu trabalho esteja mal estruturado. Isso significa que na prática, durante a realização concreta de uma pesquisa específica, é o pesquisador quem vai julgar a real necessidade de mais ou menos subdivisões, de mais ou menos páginas em cada um dos capítulos propostos. Mas significa também que deve analisar com atenção eventuais assimetrias existentes entre esses elementos, de modo a verificar se são efetivamente necessárias ao adequado desenvolvimento da pesquisa, ou se são somente distorções de relevância ou dedicação atribuída a cada um dos capítulos.

e) Análise das fontes: tratando-se de um projeto de pesquisa em História do Direito, a estrela do trabalho são as fontes primárias. A pesquisa histórico-jurídica se caracteriza essencialmente como pesquisa empírica, e o trabalho do pesquisador consiste justamente em olhar para um aspecto da realidade para tentar enxergar e compreender algo que ninguém havia enxergado anteriormente.

Dessa forma, a maior parte do projeto de pesquisa deve ser dedicada à análise das fontes. A revisão teórica e a revisão de literatura devem ser secundárias e receber um espaço menor – somente o estritamente necessário à adequada contextualização do objeto e das fontes de pesquisa ou, de preferência, incorporadas contextualmente ao trabalho de análise das fontes.

f) Narrativa histórica: a estrutura proposta para o plano de trabalho deve ser capaz de "contar uma história". É evidente que isso não implica adotar um estilo narrativo positivista, ou apresentar os resultados do trabalho em uma estrutura sequencial cronológica. Mas, sendo a história a disciplina das ciências humanas dedicada à transformação, é pertinente a orientação estilística geral de que a estrutura do trabalho seja capaz de apresentar as transformações ocorridas no objeto da pesquisa durante um determinado período.

Principalmente aos pesquisadores iniciantes com formação jurídica cabe o alerta especial: o plano de trabalho não deve estar orientado à demonstração de uma tese jurídica, o que transformaria a pesquisa em um trabalho da dogmática jurídica. Se a pesquisa dogmática se dirige do passado ao presente, analisando fontes normativas para a compreensão de problemas jurídicos contemporâneos, na pesquisa histórico-jurídica o caminho é oposto: o pesquisador se dirige do presente ao passado, analisando as fontes empíricas atualmente disponíveis com o objetivo de compreender os problemas jurídicos de sociedades que já não existem mais. E o plano de trabalho deve ser capaz de refletir esse movimento em uma narrativa histórico-jurídica.

14.3. Como estruturar o plano de trabalho

a) Identificar o fio condutor do raciocínio: o primeiro passo necessário à estruturação do plano de trabalho consiste em identificar o fio condutor do raciocínio. Todo trabalho científico pode ser sintetizado em um enunciado geral, que contém pelo menos o estado da arte, os objetivos, a questão, a hipótese e a metodologia. Esse enunciado geral pode contribuir para a identificação do fio condutor do raciocínio, que indicará, por sua vez, os temas gerais de cada capítulo a compor o plano de trabalho.

Outra forma prática de identificar o fio condutor do raciocínio é refletir sobre os objetivos específicos da pesquisa. É muito comum que até inconscientemente o pesquisador tenda a formular os objetivos específicos em relação com o seu raciocínio de pesquisa, de modo que cada objetivo específico pode representar uma subseção ou capítulo do plano de trabalho. Esta é, contudo, somente uma sugestão prática, pois não há identidade entre plano de trabalho e objetivos da pesquisa, que geralmente o extrapolam em quantidade e conteúdo – pois a pesquisa costuma ter objetivos que ultrapassam a mera apresentação dos seus resultados.

b) Incluir elementos imprescindíveis: identificado o fio condutor do raciocínio, deve o pesquisador avaliar se estão presentes, na estrutura geral, os elementos imprescindíveis à organização metodológica do trabalho e à verificação da sua hipótese de pesquisa.

Esse é um trabalho artesanal, a ser realizado individualmente por cada pesquisador em vista das características e dos objetivos do seu próprio projeto de pesquisa. Mas alguns caminhos podem ser indicados para auxiliar na orientação do pesquisador iniciante – ressalvando-se a necessidade de que sejam complementados e ajustados conforme as exigências de cada pesquisa específica.

i. Introdução metodológica: toda pesquisa deve ter, em primeiro lugar, uma introdução metodológica, que explicite todos os elementos do trabalho realizado. Essa introdução deve apresentar o objeto da pesquisa, o referencial teórico, o problema, a justificativa, a questão, a hipótese, os objetivos, a metodologia, o estado da arte, as fontes de pesquisa e também a própria estrutura, que materializa o plano de trabalho. A metodologia tem importância especial entre esses elementos, pois é ela que indica o modo como a pesquisa será desenvolvida; a depender de sua complexidade pode demandar a inclusão no plano de trabalho de um capítulo adicional, dedicado somente à sua apresentação.

ii. Contextualização histórica do objeto: toda pesquisa histórico-jurídica precisa também de um capítulo dedicado à contextualização histórica do objeto de pesquisa. O direito do passado é, por premissa, opaco ao presente; a sua incompreensibilidade é metodologicamente presumida pela perspectiva historiográfica, que parte desse postulado em busca da identificação das principais diferenças e transformações ocorridas entre passado e presente. Se é assim, previamente à análise do objeto deve o pesquisador apresentar ao leitor as informações necessárias à sua adequada compreensão no ambiente em que existe – o que pode incluir a avaliação do contexto socioeconômico, os debates travados na esfera política, o conteúdo do ensino jurídico, o regime legislativo, posicionamentos doutrinários e jurisprudenciais etc.

iii. Apresentação e análise das fontes: o plano de trabalho também deve prever um capítulo específico para a apresentação e análise dos dados empíricos coletados. A análise dos dados empíricos é o elemento mais importante da pesquisa, e por isso o capítulo dedicado a esse trabalho será o capítulo central. Todos os demais capítulos devem ser orientados à sua compreensão, o que o torna uma peça fulcral na estruturação do plano de trabalho. Após essa análise o pesquisador deve apresentar as suas interpretações dos dados obtidos e a demonstração da hipótese de pesquisa; isso pode ser feito durante a análise empírica, no mesmo capítulo, mas é mais comumente realizado em um capítulo autônomo adicional – o que depende da complexidade dos resultados a serem apresentados.

iv. Conclusões: ao final deve-se prever um capítulo específico para a apresentação das conclusões da pesquisa, retomando-se a trajetória percorrida e apresentando-se os resultados obtidos.

c) Descartar elementos dispensáveis: incluídos no plano de trabalho os elementos indispensáveis à verificação e demonstração da hipótese de pesquisa, deve então o pesquisador realizar o trabalho de corte, excluindo todos aqueles elementos que não sejam necessários ao desenvolvimento do trabalho.

Esse é um trabalho árduo, tanto pela dificuldade que o pesquisador iniciante pode ter em identificar o que realmente é, ou não, fundamental à sua pesquisa, quanto pelo apego que desenvolve em relação a todas as etapas do seu trabalho. A esse respeito vale o lema de que "menos é mais": provavelmente grande parte do trabalho realizado pelo pesquisador iniciante já é conhecido naquele campo de saber, e não precisa integrar o resultado da pesquisa. Em caso de dúvida: exclua!

i. Informações gerais e curiosidades: como recomendação geral, não devem ser incluídas no plano de trabalho informações gerais e curiosidades, que tenham parecido interessantes ao pesquisador durante a sua investigação, e até possam vir a ser consideradas interessantes pelo leitor, mas não tenham relação direta com o objeto de pesquisa.

ii. Informações já consolidadas no campo de saber: também não devem ser incluídas informações já consolidadas no campo de saber; o trabalho de pesquisa não é um manual didático dirigido a estudantes, mas um texto de ponta dirigido a pesquisadores de vanguarda – de modo que o conhecimento dessas informações pode ser presumido pelo investigador.

iii. Contextualização histórica geral: pelo mesmo motivo o plano de trabalho não deve conter amplas contextualizações históricas sem relação direta com o campo de pesquisa; reflexões gerais sobre a política, a economia, a sociedade, somente devem aparecer se resultado de pesquisa original, ou se diretamente relacionadas ao objeto de pesquisa e necessárias à sua compreensão. Assim, uma pesquisa sobre a história do direito administrativo brasileiro no século XIX pode demandar alguma contextualização sobre o processo de centralização ocorrido na segunda metade do século, mas não uma explicação completa sobre a história política do Império desde a declaração da Independência.

iv. Referencial teórico: tampouco há razão para incluir no plano de trabalho um capítulo específico dedicado ao referencial teórico que orienta a pesquisa. Caracterizando-se como o campo semântico em que a pesquisa será desenvolvida, o referencial teórico não precisa ser analisado, mas apenas apresentado – no limite, demonstrando-se as suas relações com o objeto delimitado para a pesquisa. Essa apresentação não deve ocorrer em um capítulo específico, mas nos interstícios da pesquisa – sob a forma de conceitos, categorias, raciocínios, explicações etc. Poderíamos dizer que o referencial teórico é como a roupa de baixo: ele deve estar presente durante toda a pesquisa; mas não precisa ser mostrado ao leitor.

d) Avaliar outros elementos: Há alguns elementos que podem ou não ser integrados à estrutura do plano de trabalho, conforme o tipo de pesquisa a ser desenvolvida e os objetivos do pesquisador. Durante a minha experiência como participante em bancas de defesa de trabalhos acadêmicos, já vi avaliadores elogiando e criticando a inclusão no plano de trabalho de capítulos específicos dedicados a esses elementos. Trata-se, portanto, de elementos polêmicos, cuja inclusão pode representar um risco ao pesquisador – a ser considerado com cautela especialmente em bancas de seleção a programas de pós-graduação. Podem, assim, ser incluídos, mas sempre com ponderação.

i. Introdução literária: o primeiro desses elementos é a introdução "literária". O resultado do trabalho de pesquisa deve ser redigido com rigor e método, segundo um estilo próprio considerado adequado à comunicação científica. Isso significa que há certas regras e padrões estilísticos na elaboração do seu texto, cuja violação pode torná-lo menos claro, menos científico ou até mesmo incomunicável à comunidade científica. Um desvio muito comum desses padrões estilísticos é a adoção de introduções "literárias", que em vez de apresentarem metodologicamente os elementos da pesquisa realizada constroem de forma literária ou poética um ambiente estético à apresentação do objeto de pesquisa. Tais introduções literárias podem funcionar, tornando o objeto mais interessante e instigando o leitor à sua compreensão; mas também podem atrapalhar, especialmente se procuram fazer suspense ou adotam um estilo exageradamente poético na apresentação do trabalho. Dessa forma devem ser realizadas com cautela, sempre em conjunto com os elementos metodológicos necessários à localização do trabalho.

ii. Apresentação do estado da arte: também podem ou não ser integrados à estrutura do plano de trabalho capítulos específicos dedicados à apresentação do estado da arte naquele campo de saber. Se, por um lado, a apresentação do estado da arte estabelece o ponto de partida com base no qual a pesquisa será desenvolvida, por outro lado ele já é conhecido por parte dos pesquisadores que atuam no campo, o que o tornaria desnecessário. Alguns autores preferem diluir o estado da arte em outros capítulos, apresentando-o na medida em que desenvolvem o seu raciocínio; outros preferem concentrar essa exposição em capítulos específicos.

iii. Contextualização histórica específica: uma questão que sempre gera dúvida é a da contextualização histórica de temas específicos. Se, por um lado, a contextualização histórica se faz necessária à adequada compreensão do objeto no ambiente em que existiu, por outro é necessário traçar limites, sob pena de se transformar o trabalho de pesquisa em um manual didático de história geral. A criação de um capítulo específico de contextualização histórica pode gerar essa dificuldade, pois ao apresentá-la de forma isolada cria o risco de rompimento da conexão entre o contexto e o objeto de pesquisa – que é o que justifica, em última análise, a sua apresentação. Por essa razão muitos autores preferem não abrir capítulos específicos dedicados à contextualização histórica, inserindo as informações mais importantes nos capítulos em que elas se façam necessárias.

iv. História do Direito comparada: o mesmo vale para a História do Direito comparada (da Europa, dos Estados Unidos, da América Latina etc.), que pode fornecer contexto necessário à adequada compreensão do objeto de pesquisa, mas também corre o risco de se tornar erudição vazia ou desnecessária. Nesses casos deve o pesquisador avaliar (e justificar no texto do projeto) com cuidado a real necessidade da análise comparativa à compreensão do seu objeto de pesquisa.

v. Análise dogmática: por fim, um trabalho geralmente desnecessário, mas que pode se mostrar relevante conforme o objeto delimitado para a pesquisa, é o de sua análise em perspectiva dogmática – seja contemporânea, seja histórica. O risco sempre presente é o da conversão do trabalho histórico-jurídico em trabalho dogmático, mas temas especialmente complexos podem exigir alguma explicação técnico-jurídica como pré-condição necessária à compreensão da análise histórico-contextual.

e) A técnica do outline: a última recomendação à estruturação do plano de trabalho da pesquisa é a adoção da técnica do *outline*. O *outline* corresponde ao esqueleto do texto, organizado em uma estrutura de tópicos simplificada que auxilia a identificar os diversos passos do argumento a ser apresentado. Essa é uma técnica muito utilizada em textos argumentativos, mas também pode ser empregada de forma produtiva em textos científicos, para a organização do raciocínio desenvolvido.

O procedimento é muito simples: o autor começa pela definição do tema central da investigação; tomando-o por base, pode extrair dele 2, 3 ou mais subtemas, necessariamente relacionados ao tema central; depois, para cada um dos subtemas pode extrair 2, 3 ou mais argumentos relacionados, e assim por diante, até exaurir o trabalho de organização.

O resultado pode ser visualmente apresentado da seguinte forma:

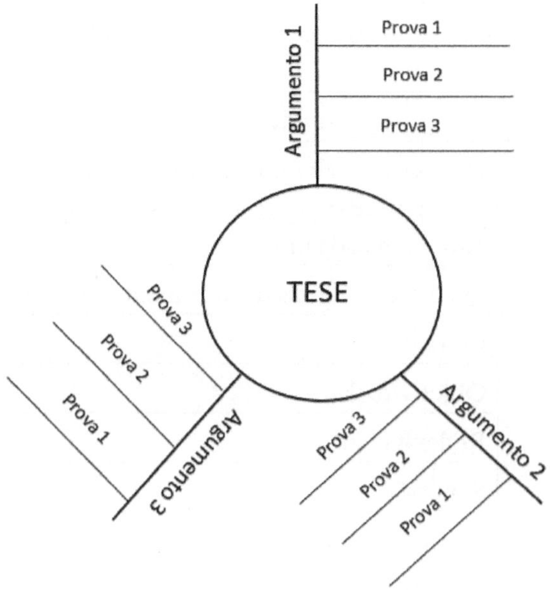

E com base nesse mapa visual o plano de trabalho pode ser estruturado assim:

A) TESE: PROJETO DE PESQUISA
a. Capítulo 1: Argumento 1
i. Seção 1: Prova 1
ii. Seção 2: Prova 2
iii. Seção 3: Prova 3

b. Capítulo 2: Argumento 2
i. Seção 1: Prova 1
ii. Seção 2: Prova 2
iii. Seção 3: Prova 3

c. Capítulo 3: Argumento 3
i. Seção 1: Prova 1
ii. Seção 2: Prova 2
iii. Seção 3: Prova 3

O *outline* fornece, assim, um mapa mental para a elaboração do plano de trabalho, a estabelecer com muita clareza os principais argumentos a serem apresentados e as relações existentes entre eles.

<table>
<tr><th colspan="2">O Plano de Trabalho</th></tr>
<tr><td rowspan="2">Plano de Trabalho</td><td>O plano de trabalho indica os capítulos que deverão compor a pesquisa e a essência dos temas que deverão ser abordados em cada um deles.</td></tr>
<tr><td>Qual é a estrutura do argumento que será apresentado?</td></tr>
<tr><td rowspan="6">Características do Plano de Trabalho</td><td>Clareza</td></tr>
<tr><td>Objetividade</td></tr>
<tr><td>Reflexividade</td></tr>
<tr><td>Simetria</td></tr>
<tr><td>Análise das Fontes</td></tr>
<tr><td>Narrativa Histórica</td></tr>
<tr><td rowspan="5">Como estruturar o Plano de Trabalho</td><td>Identificar o fio condutor do raciocínio</td></tr>
<tr><td>Incluir elementos imprescindíveis</td></tr>
<tr><td>Descartar elementos dispensáveis</td></tr>
<tr><td>Avaliar outros elementos</td></tr>
<tr><td>A técnica do outline</td></tr>
</table>

<table>
<tr>
<td>Exemplo de Plano de Trabalho</td>
<td>
1. Introdução
Introdução metodológica e apresentação do problema de pesquisa.

2. A Formação do Direito Administrativo na Europa
Esta parte apresentará o estado da arte da história do direito quanto ao processo de formação do direito administrativo na Europa, tomando por base principalmente as obras de Burdeau, Stolleis, Mannori e Sordi.

2.1. A Formação do Estado Moderno na Europa
Este capítulo descreverá o processo de formação do Estado Moderno na Europa.
2.1.1. O Estado Jurisdicional
A seção explicará a formação, o desenvolvimento, as características e a crise do Estado Jurisdicional na Europa.
2.1.2. O Estado de Polícia
A seção explicará a formação, o desenvolvimento, as características e a crise do Estado de Polícia na Europa.
2.1.3. O Estado Administrativo
A seção explicará a formação, o desenvolvimento, as características e a crise do Estado Administrativo na Europa.

2.2. A formação do direito administrativo na Europa
O item explicará o processo de formação de uma ciência do direito administrativo na Europa.
2.2.1. O Conselho de Estado
A seção examinará o papel desempenhado pelo Conselho de Estado francês na formação de um direito administrativo europeu.
2.2.2. O ensino jurídico
A seção examinará o papel desempenhado pelo ensino jurídico na formação de um direito administrativo europeu.
2.2.3. A ciência do Direito
A seção examinará o papel desempenhado pela ciência do Direito na formação de um direito administrativo europeu.

3. A Formação do Direito Administrativo no Brasil
Este capítulo apresentará os resultados das pesquisas sobre o processo de formação do direito administrativo no Brasil, tomando por base as obras de Subtil e Carvalho, e a pesquisa realizada nas atas do Conselho de Estado, programas de curso das Faculdades de Direito e manuais de direito administrativo publicados no período.

3.1. A Formação do Estado Moderno no Brasil
Este capítulo descreverá o processo de formação do Estado Moderno no Brasil.
3.1.1. O Estado Jurisdicional
A seção explicará a formação, o desenvolvimento, as características e a crise do Estado Jurisdicional no Brasil.
</td>
</tr>
</table>

<table>
<tr>
<td>Exemplo de Plano de Trabalho</td>
<td>3.1.2. O Estado de Polícia
A seção explicará a formação, o desenvolvimento, as características e a crise do Estado de Polícia no Brasil.
3.1.3. O Estado Administrativo
A seção explicará a formação, o desenvolvimento, as características e a crise do Estado Administrativo no Brasil.

3.2. A formação do direito administrativo no Brasil
Este capítulo explicará o processo de formação de uma ciência do direito administrativo no Brasil.
3.2.1. O Conselho de Estado
A seção examinará o papel desempenhado pelo Conselho de Estado francês na formação de um direito administrativo no Brasil.
3.2.2. O ensino jurídico
A seção examinará o papel desempenhado pelo ensino jurídico na formação de um direito administrativo no Brasil.
3.2.3. A ciência do Direito
A seção examinará o papel desempenhado pela ciência do Direito na formação de um direito administrativo no Brasil.

4. Conclusão
O capítulo apresentará as conclusões gerais da pesquisa.</td>
</tr>
</table>

15
O PLANEJAMENTO DO CRONOGRAMA

15.1. O cronograma

O cronograma materializa o planejamento da execução do projeto de pesquisa. Trata-se, agora, de um planejamento prático, que avalia materialmente todas as atividades necessárias ao desenvolvimento da pesquisa, a sequência em que devem ser realizadas e o tempo destinado a cada uma delas. Para isso, deve indicar a previsão das datas de início e fim da execução do projeto, organizando todas as atividades intermediárias de forma rigorosamente planejada e, acima de tudo, factível. O cronograma responde à pergunta: "Qual é o tempo planejado para cada etapa da pesquisa?".

Todo trabalho complexo demanda a organização de suas atividades em uma sequência de etapas, sem a qual ele está fadado ao fracasso. Essa sequência indica o conjunto de todas as atividades necessárias, a ordem em que cada uma delas deve ser realizada, as relações de dependência entre elas, o tempo de que se dispõe para a sua execução e a expectativa do prazo final para a conclusão do trabalho. Vale para uma obra de engenharia, vale para uma receita culinária, vale para um experimento químico, vale para a montagem de um Lego e vale também para uma pesquisa científica. Essa sequência dá rumo ao trabalho de investigação, contribui para a organização prática das atividades necessárias e garante que, dentro de um prazo previamente estabelecido, o trabalho estará concluído. O cronograma é o elemento do projeto de pesquisa que formaliza essa organização.

É claro que para organizar um bom cronograma o pesquisador deve ter um conhecimento bastante seguro de todas as etapas necessárias à execução da sua pesquisa. Para isso o projeto deve estar praticamente pronto, e o pesquisador precisa conhecer em detalhes a hipótese, os objetivos, a metodologia, as fontes de pesquisa, o referencial teórico etc. Somente após a construção de todos esses elementos é que ele terá condições de identificar com precisão cada etapa do trabalho de pesquisa, e de estimar com precisão o tempo necessário à conclusão de cada uma delas – assim como é impossível planejar uma viagem sem saber o seu destino, ou planejar a construção de uma casa sem saber o material de que ela será feita. Por essa razão, pesquisadores que tenham enfrentado dificuldades nos demais elementos do projeto de pesquisa tendem a enfrentar dificuldades também na fase do cronograma: se os elementos do projeto não estão claros e definidos fica muito mais difícil estruturar o seu desenvolvimento.

Como já havíamos comentado, o cronograma não se confunde com o plano de trabalho. O plano de trabalho é um "plano de texto", que indica o modo como o pesquisador pretende apresentar os resultados da pesquisa ao leitor; já o cronograma é um "plano de atividades", que indica todas as etapas necessárias à realização da pesquisa, mesmo aquelas que não serão explicitamente apresentadas ao leitor no texto final. O texto final do trabalho não precisa contar ao leitor como a pesquisa foi realizada; apenas os seus resultados. O plano de trabalho precisa, pois essa é a ferramenta de orientação da execução do projeto de pesquisa pelo investigador.

É bastante comum que os pesquisadores não deem muita importância ao planejamento das atividades e ao cronograma, e costumem tratá-lo como mera tarefa burocrática a ser cumprida nas ocasiões em que é exigida. Pode até chegar um momento de maturidade na carreira de um pesquisador em que o planejamento já não se mostre mais tão imprescindível; seja porque não há mais tantos prazos rígidos a serem cumpridos, seja porque a experiência de pesquisa acaba tornando o trabalho de planejamento mais automático e intuitivo. Geralmente os projetos de investigação elaborados por pesquisadores durante seu trabalho regular sequer incluem cronograma; e nos projetos destinados a processos seletivos de programas de pós-graduação ou financiamento se costuma incluir um cronograma *pro forma*, sem preocupação sincera com o seu conteúdo ou a sua exequibilidade. É compreensível que se aja dessa forma, já que o planejamento não trata do conteúdo da pesquisa, mas da sua forma de realização – que, além de geralmente não ser objeto do controle, acaba se tornando irrelevante diante do resultado final do trabalho.

Mas esse é um erro. Ao menos no estágio de formação, e para o desenvolvimento de pesquisas com prazos rigidamente fixados, o planejamento se mostra imprescindível para a adequada organização da atividade de pesquisa. É durante a elaboração do cronograma que se reflete sobre a factibilidade do projeto proposto; é nesse momento que o pesquisador avalia as atividades necessárias à sua execução, se precisa do apoio de uma equipe de pesquisa, se precisa de financiamento, se a ambição do projeto é compatível com as suas reais possibilidades, se conseguirá concluir a pesquisa no prazo fixado etc. O fato é, de qualquer modo, que algum planejamento sempre existe. Mesmo quando realizado de modo informal, não externalizado e não registrado por escrito, ao elaborar o projeto de pesquisa o pesquisador sempre organiza de alguma maneira, em sua mente, o conjunto, a sequência e o prazo das atividades necessárias à conclusão do trabalho de pesquisa.

A inclusão de um cronograma formal no projeto de pesquisa é justamente a oportunidade para o pesquisador de refletir criticamente sobre o seu planejamento informal, transformando em programa deliberado o que era apenas desejo inconsciente. Assim como o planejamento de uma viagem transforma um sonho em propósito, o planejamento da pesquisa transforma devaneio em determinação, estruturando as atividades práticas necessárias à realização dos objetivos fixados.

A elaboração do cronograma consiste, portanto, em um esforço de atenção ao planejamento proposto, com vários objetivos: em primeiro lugar, propiciar um período de reflexão, para que ele seja melhor, mais completo e mais preciso do que o planejamento intuitivo do pesquisador e possa representar um instrumento efetivamente útil na organização da sua atividade de pesquisa. Em segundo lugar, estabelecer a sua formalização por escrito, de modo a assegurar que o planejamento original não seja esquecido nos meses ou anos de realização do projeto de pesquisa, mas também a permitir que a sua execução seja periodicamente acompanhada pelo pesquisador para a identificação de bloqueios ou atrasos. Em terceiro lugar, promover a sua externalização, de modo a permitir que se torne objeto de diálogo, crítica, reconstrução e acompanhamento por parte do orientador. É sempre pertinente recordar que o orientador é alguém com mais experiência de pesquisa que o orientando; ao examinar o seu planejamento pode identificar com mais facilidade as falhas ocorridas, antecipar problemas e sugerir medidas de correção, contribuindo para o melhor andamento do trabalho de pesquisa. Em quarto lugar, viabilizar a sua avaliação, permitindo o julgamento por bancas em programas de pós-graduação ou instituições de financiamento quanto à sua viabilidade e exequibilidade nos prazos e condições propostas. A questão dos prazos de execução é especialmente importante para os programas de pós-graduação, já que esse é um importante critério de acompanhamento e avaliação de sua qualidade pela CAPES. Levando-se em consideração todos esses fatores durante o planejamento da pesquisa, o cronograma pode realmente contribuir à organização e ao desenvolvimento do projeto de pesquisa.

Um erro muito comum entre pesquisadores iniciantes é o de gastar muito tempo nas fases iniciais da pesquisa – especialmente durante a revisão bibliográfica e a coleta de fontes. Isso faz com que acabe faltando tempo para o trabalho mais importante, de produção e análise dos dados, e obtenção final dos resultados. O adequado planejamento do cronograma de pesquisa facilita a identificação dessas falhas, ao fixar o ponto final das etapas intermediárias e evitar que consumam tempo excessivo.

O planejamento adequado do cronograma também se mostra especialmente útil para a transformação do "trabalho intelectual" em "trabalho braçal". Expliquemos: é bastante comum que o pesquisador enfrente, durante o desenvolvimento da sua pesquisa, brancos, bloqueios criativos, e de repente se veja em uma situação em que não saiba mais o que fazer com a sua pesquisa. Isso ocorre especialmente em pesquisas de longa duração, como dissertações de mestrado e teses de doutorado. O tempo destinado à realização do trabalho, a enorme quantidade de tarefas relacionadas a ele, a impressão de que o dia final de conclusão nunca vai chegar, tudo isso pode ser imobilizador, levando o pesquisador a se sentir perdido, sem saber por onde começar, ou de que modo continuar o trabalho iniciado diante do tamanho da tarefa a ser realizada. A visão ordinária da pesquisa científica como trabalho intelectual reservado a gênios pode contribuir para essa sensação: o pesquisador se deixa paralisar esperando por algum *insight* genial, por alguma inspiração divina, que seja capaz de o iluminar com a realidade do Todo sob investigação, indicando magicamente o caminho a ser percorrido. É nesses momentos de crise pessoal que o planejamento do cronograma prova a sua verdadeira utilidade: ao fatiar o esmagador trabalho de pesquisa em várias etapas intermediárias, auxilia o pesquisador a se concentrar somente na etapa seguinte a ser imediatamente realizada, deixando de lado a dimensão global do trabalho. Assim, um passo de cada vez, a pesquisa vai se desenvolvendo e o resultado final aparece naturalmente, sem que sejam necessárias quaisquer iluminações ou epifanias pessoais.

O cronograma mostra a sua importância, então, inclusive durante a execução da pesquisa: quando o planejamento se perdeu, e o pesquisador se vê perdido sem saber o que fazer, este é o momento de sentar e refazer o planejamento, reformulando-se as etapas necessárias à realização da pesquisa até o prazo final da sua conclusão. É esta mesma, afinal de contas, a principal função de um projeto.

15.2. Características do cronograma

a) Detalhamento das Atividades: o cronograma só vai ser útil ao pesquisador se for elaborado de modo concreto e detalhado. Nenhuma etapa pode ser desconsiderada, e todas as atividades a serem realizadas devem ser incluídas no planejamento, de modo a viabilizar a orientação e o acompanhamento do caminho a ser percorrido pelo pesquisador.

Quanto mais detalhada a sequência de atividades a serem realizadas, mais ela contribuirá na organização do trabalho de pesquisa, cumprindo a função que lhe é prescrita no projeto de pesquisa. Assim, se eu tenho o objetivo de "viajar ao Rio de Janeiro", por exemplo, um planejamento adequado não me indicará somente "ir ao Rio de Janeiro"; ele deve incluir a atividade de compra das passagens, a reserva do hotel, a organização das malas, o horário do despertador para ir até o aeroporto etc.

Da mesma forma, o planejamento de uma pesquisa em história do direito deve considerar que se trata de uma atividade complexa e composta de diversas etapas; enumerá-las detalhadamente é fundamental ao bom planejamento e, posteriormente, à boa execução do projeto de pesquisa.

Entre as principais atividades de uma pesquisa em história do direito se encontram: pesquisa do referencial teórico; obtenção das obras do referencial teórico; leitura das obras do referencial teórico; análise das obras do referencial teórico; pesquisa para a revisão bibliográfica; obtenção das obras da revisão bibliográfica; leitura das obras da revisão bibliográfica; análise das obras da revisão bibliográfica; pesquisa das fontes de pesquisa; obtenção de acesso às fontes de pesquisa; leitura das fontes de pesquisa; análise das fontes de pesquisa; tabulação das informações extraídas das fontes de pesquisa; reuniões de orientação; redação do texto; revisão do texto; revisão gramatical do texto; formatação do texto. Todas essas atividades são trabalhosas e tomam tempo, e por isso devem ser previstas de modo especificado no planejamento da pesquisa.

Geralmente a redação do cronograma emprega o formato de uma tabela de datas e atividades, mas a adoção dessa forma não é obrigatória. Atualmente existem diversos softwares que auxiliam na formulação de cronogramas, como o MS Project, o MS Planner, o Operand, o Artia, o Podio, etc.

b) Precisão dos Prazos: o adequado grau de detalhamento do cronograma depende também da fixação de prazos específicos de trabalho. Quanto maior o grau de detalhamento das atividades previstas no cronograma, mais precisos poderão ser os prazos, e consequentemente mais útil o cronograma se mostrará ao pesquisador.

Atividades genéricas e com prazos muito longos atrapalham a organização e o acompanhamento da execução do projeto, pois inviabilizam qualquer tipo de controle. Reunir muitas etapas em um só período é a mesma coisa que não planejar, e deixar que as coisas se desenvolvam ao acaso. Para ser preciso o cronograma deve estabelecer prazos curtos, suficientes para a conclusão de cada tarefa individualmente considerada. Prazos de semanas, ou dias, permitem o acompanhamento mais frequente, e assim a rápida identificação de eventuais atrasos – que obviamente só podem aparecer ao final dos prazos fixados. Depois de seis meses pode ser tarde para se descobrir a ocorrência de um atraso; é necessário identificar os problemas logo no primeiro mês.

Por isso é importante também indicar as datas específicas; sem as datas o planejamento acaba dependendo da memória e da boa vontade do próprio pesquisador, que não são instrumentos confiáveis em uma atividade complexa e de longo prazo como a pesquisa científica.

É muito comum que algumas etapas do projeto de pesquisa se sobreponham no cronograma. Isso realmente costuma acontecer durante a execução do trabalho de pesquisa, com atividades de coleta de dados sendo realizadas ao mesmo tempo que a análise bibliográfica, por exemplo. Ou a análise dos dados ocorrendo paralelamente à redação do texto. Ainda que essa sobreposição reflita a realidade da atividade de pesquisa, é sempre importante avaliar se as tarefas em sobreposição são de fato compatíveis entre si. Muitas vezes a passagem de uma atividade à outra pressupõe mudança de abordagem que demanda racionalidade completamente distinta, o que impede que sejam realizadas simultaneamente. Há também atividades que são pré-condições para a realização de outras, o que impossibilita, nesses casos, sobreposição de planejamento. É importante avaliar com honestidade se de fato é possível realizar essas atividades em conjunto; se não for, melhor reduzir o prazo de ambas para que sejam realizadas em sequência.

c) Realismo: o planejamento do cronograma deve ser realizado com realismo. Talvez necessitemos até de uma palavra mais forte: o cronograma deve ser realizado com autocrítica e sinceridade. Os dois anos usualmente previstos para o mestrado, e mais ainda os quatro anos do doutorado, são muito tempo para uma dedicação permanente de alta performance; além do natural cansaço, imprevistos acontecem, e nenhum planejamento é suficientemente bom se não abrir espaço para eles. Quanto a esse ponto é sempre prudente considerar a Lei de Murphy: "tudo o que puder dar errado, dará, no pior momento possível".

O candidato a um programa de mestrado, imbuído de entusiasmo e otimismo, até pode acreditar ser capaz de trabalhar 60 horas por semana sem interrupção aos sábados, domingos ou feriados, durante dois anos; mesmo pouca reflexão autocrítica já deve ser suficiente para que ele recorde que pode ficar doente, se cansar, ter vontade de viajar nas férias, se apaixonar, terminar um relacionamento, ter um filho, passar por um luto difícil, ser obrigado a enfrentar uma pandemia etc. E esses são apenas eventos de sua vida pessoal, que não consideram imprevistos extremamente comuns em pesquisas científicas como dificuldades de acesso ao material de revisão bibliográfica, indisponibilidade, perda ou inexistência das fontes de pesquisa, falta dos instrumentos necessários à análise do material de pesquisa, descoberta de material que não havia sido previsto etc.

É importante recordar que o material de pesquisa não vem pronto para ser analisado e descrito. O pesquisador deve considerar o tempo extra de que pode precisar para conseguir acesso a todas as obras da revisão bibliográfica (as bibliotecas podem ter períodos de fechamento, podem ter tempos mínimos de disponibilização dos materiais), para obter as fontes a serem analisadas (os arquivos podem ter acesso restrito, exigir autorização especial, ter horários restritos de funcionamento), para se familiarizar com os instrumentos de análise (idiomas estrangeiros, paleografia, softwares, técnicas de cálculo estatístico). Também é prudente recordar que outras pessoas de que o seu trabalho depende podem não dispor do tempo ou até ter o mesmo sentido de urgência do pesquisador; assim, prever um período de tempo razoável para o trabalho de bibliotecários, para sessões de leitura e debate do texto com o orientador e para eventuais serviços de revisão e formatação também é importante em um cronograma realista.

Assim, o planejamento realista deve levar em consideração a quantidade de tempo que o pesquisador efetivamente terá disponível durante a semana para se dedicar à pesquisa; quanto tempo imagina que levará para obter todo o material bibliográfico e documental necessário à pesquisa; qual é o tempo que costuma levar para realizar as atividades de leitura de texto e análise de dados; qual é o tempo semanal reservado ao descanso; que períodos do ano serão dedicados a férias ou viagens; quantas páginas é capaz de escrever por dia; quantos encontros pretende ter com o orientador, e a sua duração; quanto tempo pretende reservar para a revisão e formatação do texto etc.

É claro que o "tempo adequado" depende de cada pesquisador: da sua formação prévia, da sua familiaridade com o tema, da sua experiência com a atividade de pesquisa, das outras atividades com que ocupa o seu dia a dia, do grau de intensidade com que pretende se dedicar à pesquisa etc. Por isso, somente cada pesquisador pode avaliar com realismo e precisão o cronograma da sua própria pesquisa. O importante é que não esqueça dessa recomendação geral de realismo, e não deixe de levar em conta todas as dificuldades e imprevistos inerentes ao trabalho de pesquisa científica.

d) Proporcionalidade: ao planejar os prazos para cada uma das atividades da pesquisa, o cronograma deve fixá-los com proporcionalidade, considerando a importância relativa e a quantidade necessária de trabalho a cada uma das etapas de seu desenvolvimento.

Não parece adequado reservar quatro meses para a revisão bibliográfica, dois meses para a análise de fontes e seis meses para a redação, por exemplo. A distribuição do tempo deve recordar que o cerne da pesquisa em história do direito é a análise das fontes, e estabelecer o tempo mínimo necessário para que esse trabalho seja realizado com qualidade. Se não há tempo suficiente para realizar com perfeição todas as atividades previstas no projeto (e a verdade é que nunca há), o pesquisador deve ter o discernimento de identificar quais podem ser sacrificadas sem grande prejuízo ao resultado final, e quais devem ser privilegiadas no planejamento do cronograma.

A preocupação com a proporcionalidade significa também, além disso, que o conjunto das atividades necessárias à execução do projeto de pesquisa deve estar bem distribuído no tempo. O pesquisador deve estar atento para não acumular tarefas em excesso nos últimos meses de pesquisa, quando a proximidade do prazo de conclusão e a redação do trabalho definitivo aumentam a angústia e a ansiedade. Uma boa distribuição das atividades entre o início e o fim do período de pesquisa contribui não só para o sucesso do trabalho de pesquisa, mas também para a tranquilidade e o bem-estar do pesquisador durante todo o processo.

e) Provisoriedade: assim como o projeto de pesquisa, como um todo, também o cronograma é sempre provisório. Imprevistos acontecem, fontes não são encontradas, textos podem exigir uma leitura mais atenta, calamidades públicas podem impedir o acesso a bibliotecas e arquivos, pessoas de que o trabalho depende podem se tornar indisponíveis... Por isso o pesquisador deve sempre retornar ao planejamento para o refazer conforme as novas condições da pesquisa.

Importante recordar, contudo, que provisoriedade não pode ser sinônimo de indulgência. O pesquisador não pode simplesmente descumprir ou ignorar os prazos fixados no cronograma; isso é o mesmo que tornar o cronograma inexistente, e leva à total impossibilidade de qualquer planejamento, acompanhamento ou controle do trabalho de pesquisa. A característica da provisoriedade exige do pesquisador que esteja sempre atento a quaisquer necessidades de ajuste e que, ao constatá-las, revisite o cronograma e o reformule de modo a refletir com precisão as novas condições de trabalho. Significa, portanto, tratar o planejamento do cronograma como uma atividade de reflexão permanente, a exigir a constante redefinição dos prazos originalmente fixados de modo a assegurar que o pesquisador mantenha o controle das suas próprias rédeas durante todo o trabalho de pesquisa.

15.3. O planejamento do cronograma

a) Identificar as atividades necessárias à realização da pesquisa: o primeiro passo do planejamento consiste em identificar todas as atividades necessárias à realização do trabalho de pesquisa.

A princípio, todo projeto de pesquisa em História do Direito se organiza em torno de dez atividades fundamentais, que traduzem as tarefas a serem levadas em consideração para a elaboração do cronograma:

1. Planejamento
2. Seleção do material para o referencial teórico
3. Análise do material para o referencial teórico
4. Seleção do material para a revisão bibliográfica
5. Análise do material para a revisão bibliográfica
6. Seleção das fontes
7. Análise das fontes
8. Redação
9. Revisão
10. Reuniões com o orientador

Cada uma dessas etapas deverá ser dividida em tantas subetapas quantas forem necessárias para a sua conclusão satisfatória. Pode-se prever, por exemplo, tempo específico para a obtenção dos materiais de pesquisa; tempo para a realização de análises estatísticas; prazos específicos para a análise de cada um dos livros ou tipos de fontes coletados; fases de atualização do material de referência teórica e revisão bibliográfica; etc. Essa é uma decisão que varia conforme a natureza da pesquisa sendo realizada, que pode envolver viagens, visitas a bibliotecas e arquivos diversos, tradução e interpretação de fontes, tabulação de dados etc.

Seja como for, o objetivo do pesquisador deve ser sempre o de buscar o maior nível de detalhamento possível na descrição das atividades a serem realizadas em cada uma das etapas do cronograma. Quanto maior o grau de detalhamento, mais preciso é o planejamento, e mais adequado se torna o cronograma como instrumento de acompanhamento do andamento da pesquisa. Assim, o cronograma pode estabelecer os prazos específicos de leitura de cada uma das obras selecionadas, de análise de cada uma das fontes coletadas, de redação de cada um dos capítulos e assim por diante.

b) Avaliar o tempo necessário à realização de cada uma das atividades: elaborada a lista de tarefas a serem cumpridas para a realização da pesquisa, deve o pesquisador avaliar o tempo que julga necessário à adequada execução de cada uma delas.

A ordem é importante, pois o caminho inverso leva ao autoengano. Primeiro considerar o tempo disponível para depois encaixar as atividades no prazo fixado acaba levando o pesquisador a forçar um planejamento incompatível com a realidade, propondo uma distribuição de tarefas que não será capaz de executar.

Essa avaliação deve levar em consideração todas as atividades relacionadas no cronograma. O trabalho de pesquisa depende de atividades que podem parecer irrelevantes e burocráticas, e por isso acabam sendo desconsideradas no planejamento do cronograma. Apesar de sua aparente irrelevância, essas atividades também tomam tempo, que deve ser incluído no planejamento da pesquisa. É preciso, então, considerar o tempo necessário à descoberta das fontes, à obtenção de fotocópias, à busca do livro esgotado, os prazos de entrega de livros importados etc.

c) Avaliar a disponibilidade de tempo do pesquisador: organizada a lista de atividades a serem realizadas e estabelecida a previsão do tempo necessário à sua execução, deve agora o pesquisador avaliar a sua própria disponibilidade de tempo.

Esse é o momento de maior autoengano; o pesquisador entusiasmado pode estar sinceramente disposto, no momento de elaboração do projeto, a dedicar-se integral e exclusivamente à atividade de pesquisa durante todo o tempo de sua realização. Esse grau de dedicação é muito difícil de ser alcançado, especialmente em um país como o Brasil, que não assegura boas condições de trabalho para pesquisadores em formação – obrigando-os a dividir a atenção à pesquisa com atividades mais bem remuneradas que possam ao menos assegurar a sua subsistência durante o tempo de investigação.

Além da dupla jornada, outros fatores podem afetar a disponibilidade de tempo para a pesquisa: o cumprimento de obrigações acadêmicas e metas de produtividade (leitura de textos para outras disciplinas, publicação de artigos, presença em eventos científicos, estágio em docência), obrigações familiares (cônjuges, pais, filhos), cuidados com a saúde (médicos, exercícios), vida social (festas, shows, atividades culturais), atividades de lazer (esporte, viagens, férias). É claro que o desenvolvimento de uma pesquisa científica demanda alguma disposição ao sacrifício, especialmente em cursos de mestrado e doutorado; mas seria ingenuidade acreditar que o pesquisador pode se transformar em uma máquina para se dedicar por dois ou quatro anos exclusivamente ao trabalho de pesquisa.

É não apenas humano, mas também fundamental para o sucesso do planejamento, que se respeite os limites físicos e psicológicos do pesquisador. Avaliar a sua efetiva disponibilidade de tempo para a dedicação à atividade de pesquisa garante um nível saudável de dedicação ao trabalho e evita frustrações durante a execução do projeto.

Não existe um tempo mínimo que deva obrigatoriamente ser dedicado à atividade de pesquisa para que ela possa ser realizada. Esse tempo podem ser 40 horas semanais ou 2 horas semanais; mas é claro que a quantidade de tempo dedicado à pesquisa afetará diretamente a quantidade de atividades passíveis de serem realizadas durante o período de execução do projeto, o que gera consequências para a dimensão do trabalho proposto, o tempo de duração e a qualidade do resultado. Alguém que tenha menos tempo disponível para se dedicar à pesquisa provavelmente realizará menos tarefas, ou levará mais tempo para concluir o trabalho, ou o fará com menos qualidade do que alguém que possa fazê-lo com exclusividade.

O fundamental a esse respeito é ser honesto consigo mesmo, para que o projeto seja executável nas condições reais de que dispõe o pesquisador para o executar.

d) Distribuir as atividades conforme o tempo disponível: definidas as três variáveis decisivas ao planejamento do cronograma (atividades necessárias *x* tempo demandado *x* tempo disponível), o trabalho agora é apenas compatibilizá-las entre si, distribuindo as atividades previstas, conforme o tempo que exigem, no tempo de que dispõe o pesquisador.

Novamente, é fundamental nesse momento que o pesquisador seja sincero, e reconheça a sua eventual impossibilidade de incluir todas as atividades previstas no tempo de que dispõe. A solução, nesse caso, é simples: delimitar melhor o objeto de pesquisa e reduzir o escopo original, para que ela se adapte às condições materiais disponíveis para a sua execução.

Quando bem distribuídas as atividades de pesquisa, o pesquisador passa a ter um instrumento utilíssimo de acompanhamento do seu próprio trabalho: uma visão clara do tempo e das atividades necessárias à conclusão do projeto; um mapa orientador do trabalho a ser realizado; e um critério de avaliação de eventuais atrasos ocorridos.

Com o planejamento concluído se encontra definitivamente estruturado o projeto de pesquisa: pronto para a apresentação ao orientador e pronto para a avaliação pela banca. A próxima atividade a ser realizada será indicada pelo próprio projeto de pesquisa a indicar: iniciar o trabalho.

O Cronograma	
Cronograma	O cronograma materializa o planejamento da execução do projeto de pesquisa, indicando as atividades necessárias ao desenvolvimento da pesquisa, a sequência em que devem ser realizadas e o tempo destinado a cada uma delas.
	Qual é o tempo planejado para cada etapa da pesquisa?
Características do Cronograma	Detalhamento das Atividades
	Precisão dos Prazos
	Realismo
	Proporcionalidade
	Provisoriedade
Como planejar o Cronograma	Identificar as atividades necessárias à realização da pesquisa
	Avaliar o tempo necessário à realização de cada uma das atividades
	Avaliar a disponibilidade de tempo do pesquisador
	Distribuir as atividades conforme o tempo disponível

Exemplo de Cronograma[17]						
2007.2						
Atividade	***Jul***	***Ago***	***Set***	***Out***	***Nov***	***Dez***
Créditos das disciplinas		XX	XX	XX	XX	
Definição do marco teórico	XX	XX	XX			
Revisão do marco teórico				XX	XX	XX
Identificação do material de revisão bibliográfica	X	X	X	X	X	
Identificação das fontes de pesquisa	X	X	X	X	X	
Reuniões com o orientador		X	X	X	X	

[17] Este é um cronograma simplificado criado apenas como exemplo didático. O ideal seria detalhar melhor tanto as atividades quanto os prazos, indicando-se concretamente o conteúdo de cada uma das atividades propostas e especificando-se as datas específicas de início e conclusão de cada uma delas.

2008.1						
Atividade	***Jan***	***Fev***	***Mar***	***Abr***	***Mai***	***Jun***
Créditos das disciplinas		XX	XX	XX	XX	
Construção da metodologia			XX	XX	XX	
Obtenção do material de revisão bibliográfica		X	X	X	X	X
Obtenção das fontes de pesquisa		X	X	X	X	X
Reuniões com o orientador			X	X	X	X
Redação do plano de trabalho definitivo					X	
Validação do plano de trabalho com o orientador						X
2008.2						
Atividade	***Jul***	***Ago***	***Set***	***Out***	***Nov***	***Dez***
Créditos das Disciplinas		XX	XX	XX	XX	
Análise do Marco Teórico	XX	XX	XX	XX	XX	
Obtenção do Material de Revisão Bibliográfica	X	X	X	X	X	
Obtenção das Fontes de Pesquisa	X	X	X	X	X	
Reuniões com o Orientador		X	X	X	X	
2009.1						
Atividade	***Jan***	***Fev***	***Mar***	***Abr***	***Mai***	***Jun***
Créditos das Disciplinas		XX	XX	XX	XX	
Análise do Material de Revisão Bibliográfica		XX	XX	XX	XX	
Obtenção das Fontes de Pesquisa: viagem a São Paulo			X			
Reuniões com o Orientador		X	X	X	X	
2009.2						
Atividade	***Jul***	***Ago***	***Set***	***Out***	***Nov***	***Dez***
Créditos das Disciplinas		XX	XX	XX	XX	
Análise do Material de Revisão Bibliográfica	XX	XX	XX	XX	XX	
Obtenção das Fontes de Pesquisa: viagem a Recife			X			
Reuniões com o Orientador		X	X	X	X	

2010.1						
Atividade	***Jan***	***Fev***	***Mar***	***Abr***	***Mai***	***Jun***
Créditos das Disciplinas		XX	XX	XX	XX	
Análise das Fontes de Pesquisa: Programas de Curso		X				
Análise das Fontes de Pesquisa: Conselho de Estado		X	X	X	X	X
Análise das Fontes de Pesquisa: Doutrina		X	X	X	X	X
Redação do Projeto para o Doutorado-Sanduíche		XX	XX			
Reuniões com o Orientador		X	X	X	X	
2010.2						
Atividade	***Jul***	***Ago***	***Set***	***Out***	***Nov***	***Dez***
Doutorado-Sanduíche		X	X	X	X	
Disciplinas do Doutorado-Sanduíche		XX	XX	XX	XX	
Nova Revisão Bibliográfica: identificação do material		XX				
Nova Revisão Bibliográfica: análise dos textos			XX	XX	XX	XX
Reuniões com o Tutor do Doutorado-Sanduíche		X	X	X	X	
Reuniões com o Orientador		X	X	X	X	
Tabulação e análise das informações obtidas		X	X	X	X	
Redação do Texto da Qualificação		X	X	X	X	
Validação do Texto da Qualificação com o Orientador					X	
Banca de Qualificação						X

2011.1						
Atividade	***Jan***	***Fev***	***Mar***	***Abr***	***Mai***	***Jun***
Tabulação e análise das informações obtidas	XX	XX				
Execução das recomendações da Qualificação	XX	XX	XX			
Redação do Texto Final	XX	XX	XX	XX		
Validação do Texto Final com o Orientador				XX		
Revisão do Texto Final					XX	
Formatação do Texto Final					X	
Reuniões com o Orientador		X	X	X	X	
Banca de Defesa						X

16
A RELAÇÃO COM O ORIENTADOR

16.1. O orientador

Neste último capítulo trataremos de um tema que, a rigor, não integra o projeto de pesquisa, mas é crucial ao sucesso da investigação: a relação com o orientador da pesquisa.

Nem toda pesquisa científica depende do acompanhamento de um orientador. Pesquisadores já formados costumam realizar as suas pesquisas de forma solitária, ainda que nunca deixem de contar com o apoio de colegas ou mentores mais experientes com quem possam dialogar sobre as eventuais dificuldades. No entanto, o pesquisador iniciante a quem este *Guia Prático* se destina provavelmente ainda se encontra nas fases iniciais de sua formação acadêmica, o que faz com que o seu trabalho de pesquisa, se formalmente vinculado a uma instituição de ensino superior, esteja obrigatoriamente submetido à supervisão de um orientador.

O orientador está presente na iniciação científica, no trabalho de conclusão de curso, na dissertação de mestrado, na tese de doutorado e mesmo em estágios de pesquisa pós-doutorais (quando passa a ser denominado "tutor"). A sua função é, como o nome diz, a de orientar o pesquisador iniciante em seu trabalho de investigação, indicando os melhores caminhos, recomendando leituras e métodos, corrigindo desvios e avaliando as atividades realizadas, sempre com o duplo objetivo de educar o pesquisador em formação e assegurar o bom resultado da pesquisa.

O trabalho de pesquisa costuma ser um trabalho muito solitário; o acompanhamento de um bom orientador fornece valiosas oportunidades de diálogo e reflexão quanto às decisões de pesquisa a serem tomadas. Na qualidade de pesquisador já formado naquele campo de saber, o orientador pode desempenhar a função de "representante da comunidade científica", com quem o pesquisador tem a possibilidade de estabelecer um diálogo prévio sobre a qualidade e o desenvolvimento do seu trabalho antes mesmo de sua conclusão e submissão à avaliação da comunidade. Também por isso são tão raras reprovações em bancas de TCC, mestrado e doutorado; quando o processo é bem conduzido, a maior parte da avaliação já terá ocorrido durante o processo de investigação, e o trabalho só será submetido ao público quando considerado apto pelo orientador.

16.2. A Indicação do Orientador

a) Relação Bilateral: o primeiro requisito de uma boa relação de orientação é que ambas as partes dessa relação compreendam que não se trata de uma prestação de serviço unilateral – seja do orientador, prestando serviços de orientação ao pesquisador, seja do investigador, produzindo informações para o orientador.

A relação de orientação é acima de tudo uma *relação*, que orientando e orientador estabelecem voluntariamente, por meio da qual assumem responsabilidades mútuas e obrigações recíprocas para a consecução de um objetivo de interesse comum. Isso significa que não se "escolhe" um orientador, e que não se "aceita" um orientando. Orientador e orientando decidem com liberdade, em comum acordo, estabelecer uma relação voltada ao desenvolvimento, em conjunto, de um trabalho de pesquisa científica. Para isso ambos devem avaliar se possuem interesse, se desejam e se consideram benéfico o estabelecimento dessa parceria.

Ao indicar o professor que gostaria de ter como orientador de seu trabalho, o pesquisador deve ter em mente que essa é uma relação de natureza dúplice: profissional e afetiva. Por um lado, trata-se de uma relação profissional, de cunho acadêmico, por meio da qual um pesquisador mais experiente exerce função pedagógica junto a um pesquisador em formação, ensinando-o a prática da pesquisa acadêmica; por outro lado, um convívio tão próximo, individualizado e extenso inevitavelmente dá lugar a algum tipo de relação afetiva, e a ciência deste fato pode evitar várias dificuldades comuns na relação entre orientador e orientando. A primeira delas se refere justamente aos critérios de indicação do orientador: durante a sua escolha o pesquisador deve levar em consideração tanto critérios acadêmicos e profissionais quanto critérios pessoais e afetivos.

b) Critérios Acadêmicos: quanto aos critérios acadêmicos, as características da vida acadêmica conduzem os seus integrantes à ultra especialização: na Universidade não existem generalistas, e a lógica da pós-graduação é a lógica da verticalização.

Desse modo, o pesquisador deve buscar a orientação de um professor afinado aos seus interesses de pesquisa. Alguma pertinência temática se faz necessária, sob pena de o trabalho se tornar frustrante ao orientando, que não poderá contar com o apoio de um pesquisador experiente em seu campo de pesquisa, mas também ao orientador, que será obrigado a trabalhar em um assunto com o qual não está familiarizado, e que provavelmente não lhe interessa tanto quanto o seu objeto de pesquisa principal.

A familiaridade do orientador pretendido com o objeto delimitado para o projeto de pesquisa pode ser verificada em uma análise do seu currículo lattes[18]: na seção de "Atuação Profissional" se pode obter informações sobre as disciplinas que ele já tenha ministrado; nas seções "Linhas de Pesquisa" e "Áreas de Atuação" se pode verificar os campos de saber relacionados ao seu trabalho de pesquisa; em "Projetos de Pesquisa" se pode acompanhar as pesquisas já concluídas e observar o seu interesse de pesquisa atual; em "Produções Bibliográficas" estão os resultados do seu trabalho de pesquisa; e em "Orientações" se pode consultar os trabalhos que ele já tenha orientado, avaliando-se a sua proximidade com o projeto de pesquisa proposto. Se restar alguma dúvida é sempre possível entrar diretamente em contato com o orientador pretendido, por e-mail ou pessoalmente, para uma conversa franca sobre os interesses mútuos de pesquisa e o tipo de trabalho que ele consideraria produtivo orientar.

É claro que essa ultra especialização vale também para o pesquisador orientado. Se o seu trabalho é realmente original (como deve ser), é muito provável que simplesmente não existam orientadores especialistas exatamente no seu objeto de pesquisa – ou pelo menos na nova perspectiva de abordagem proposta para ele. Não se pode perder de vista o fato de que ao decidir realizar uma pesquisa científica o pesquisador se dispõe a explorar território virgem; assim, deve estar ciente de que não existe guia que o possa conduzir com total segurança nessa aventura. Pode contar, no máximo, com um parceiro de exploração, experiente em outras florestas,

[18] Disponível publicamente na plataforma Lattes do CNPq: https://buscatextual.cnpq.br/buscatextual/busca.do?metodo=apresentar

mas igualmente ignorante dos caminhos a serem percorridos nessa jornada específica a ser trilhada.

Desse modo, a familiaridade do orientador deve ser avaliada em perspectiva um pouco mais geral, quanto ao tema de pesquisa, quanto ao método de investigação proposto, quanto ao período histórico estudado ou quanto ao campo do direito sob investigação. Mesmo um conhecimento apenas tangencial ao objeto delimitado para a pesquisa pode contribuir para a orientação do projeto proposto.

c) Critérios Afetivos: quanto aos critérios afetivos, é pertinente observar que a relação de orientação é uma relação longa e duradoura, que em alguns casos pode perdurar uma vida inteira.

Formalmente, a relação se estabelece no mínimo pelo tempo designado para a conclusão da pesquisa proposta: um ano para trabalhos de iniciação científica, dois anos para trabalhos de conclusão de curso e dissertações de mestrado, quatro anos para teses de doutorado. Se considerarmos que muitos pesquisadores desenvolvem a sua carreira integralmente na mesma instituição e vinculados a um mesmo orientador, estamos falando de pelo menos nove anos de relacionamento, o que é muito tempo de convívio próximo! A atividade de pesquisa pode ser difícil e solitária ao pesquisador; muitas vezes realizada sob a pressão de prazos e limitações materiais, com imposições externas à vida acadêmica, durante momentos de stress e fragilidade emocional. O trabalho do orientador é apontar erros, exigir correções, determinar a realização de tarefas e cobrar o cumprimento dos prazos designados. Tudo isso pode gerar sentimentos conflitantes, tanto para o pesquisador quanto para o seu orientador: de admiração, de orgulho, de amizade, de afeto, mas também de decepção, de vergonha, de frustração, de raiva. Sem um mínimo de vínculo afetivo, de parte a parte, esse convívio está fadado ao fracasso.

Assim, ao refletir sobre o professor que gostaria de ter como orientador do seu projeto de pesquisa, deve o pesquisador avaliar também se existe alguma afinidade pessoal, e se são compatíveis as suas personalidades. Certas pessoas podem precisar de um vínculo mais afetivo e paternal, enquanto outras podem preferir uma relação mais formal e profissional; algumas só conseguem ser produtivas com cobranças e prazos rígidos, outras lidam mal com esse tipo de exigência; algumas trabalham melhor com autonomia e independência, outras dependem de um acompanhamento mais próximo e constante. Ao indicar o orientador o pesquisador deve examinar, portanto, o seu próprio perfil de trabalho; o perfil de trabalho do orientador; e a compatibilidade entre os dois perfis. Às vezes pode até ser melhor contar com a orientação de um professor menos especializado em seu tema de investigação, mas com quem haja maior sintonia de personalidades.

Essa avaliação pode ser mais difícil do que a da compatibilidade científica, especialmente para candidatos a programas de pós-graduação em instituições distintas daquelas em que tenham obtido sua formação. Quando se trata de fazer pesquisa sob a orientação de um professor familiar, as características da sua personalidade já são conhecidas, e mesmo a harmonia do convívio já pode ter sido posta a teste. Mas a busca da orientação de um professor desconhecido pode reservar surpresas desagradáveis para o professor e para o candidato, criando problemas de convivência com potencial de causar prejuízo até mesmo à execução do projeto de pesquisa. A melhor forma de evitar esse tipo de surpresa é buscando algum tipo de contato previamente à indicação: frequentando os congressos científicos da área; assistindo às aulas do professor, mesmo como ouvinte; estabelecendo algum tipo de relação, pessoal ou por e-mail, antes da indicação; e mesmo solicitando informações aos seus antigos orientandos, que podem ser identificados no currículo lattes do professor. No limite, descobrindo-se durante a orientação uma incompatibilidade de personalidades, sempre há tempo para se tentar a alteração do professor orientador – ainda que a viabilidade prática dessa medida tão radical possa ser variar conforme os regulamentos internos de cada instituição.

d) Estágio da Carreira: outro critério a ser levado em consideração para a indicação do professor orientador é o do estágio da carreira em que ele se encontra.

Muitos pesquisadores buscam a orientação de *star professors*, celebridades no ambiente acadêmico e profissional (ou mesmo fora deles) por sua produção científica, por suas realizações profissionais ou pelas posições que ocupam na hierarquia universitária. Mas essa não é uma decisão que possa ser tomada de forma irrefletida. O primeiro passo consiste em avaliar o quê, exatamente, o pesquisador espera da relação de orientação: pode estar em busca de status, de contatos acadêmicos ou profissionais, do conhecimento no seu campo de investigação, da qualidade da orientação etc. Em seguida, deve avaliar o quê, exatamente, o orientador a ser indicado tem condições de fornecer.

Isso porque um professor celebridade de fato pode assegurar bons contatos acadêmicos e profissionais; pode contribuir para o status dos seus orientandos; pode deter conhecimento de ponta no campo em que se desenvolve a pesquisa. No entanto, em função do estágio em que se encontra na sua carreira acadêmica e profissional, provavelmente não terá tanto tempo disponível para a atividade de orientação. Assim, o orientando de um *star professor* inevitavelmente será obrigado a compartilhar o tempo do seu orientador com as outras obrigações sociais, profissionais, acadêmicas e burocráticas que ele tenha, além dos diversos outros orientandos que também o procuraram pelos mesmos motivos. A concorrência com outros candidatos a orientandos pode até dificultar a aprovação do projeto no processo seletivo de um programa de pós-graduação, por exemplo.

Por outro lado, um professor que se encontre em estágios iniciais de sua carreira acadêmica pode não garantir tantas oportunidades profissionais, ou não ter conhecimento tão profundo acerca do tema da pesquisa. Mas por ter menos compromissos com que dividir a sua atenção, disporá de mais tempo para dedicar à relação de orientação, e poderá desempenhar um papel mais importante na formação do pesquisador e no desenvolvimento do projeto de pesquisa. É prudente considerar que a concorrência com menos candidatos também pode facilitar o processo de seleção.

Não há decisão correta. Tudo se resume ao tipo de relação que o pesquisador espera estabelecer com o seu orientador, e à modulação das suas expectativas conforme a relação estabelecida.

Pesquisadores mais avançados e experientes, mais seguros do seu trabalho de pesquisa e com um conhecimento mais aprofundado de seu campo de investigação, podem se beneficiar de um orientador igualmente mais experiente, com quem possam dialogar em profundidade sobre as suas pesquisas e estabelecer novos vínculos acadêmicos e profissionais; mas devem estar cientes de que deverão atuar com mais autonomia e independência durante o processo de investigação.

Pesquisadores menos experientes, mais dependentes de acompanhamento próximo e menos familiares com o seu campo de estudo, talvez se beneficiem de um orientador nos estágios iniciais de sua carreira acadêmica, que disponha de mais tempo para se dedicar ao trabalho de orientação e amparar o pesquisador nas dificuldades que venha a encontrar durante a investigação.

16.3. A relação com o orientador

a) Elaboração do Projeto: uma questão preliminar a ser considerada na relação com o orientador é a de sua participação na fase de elaboração do projeto. Deve o pesquisador buscar o auxílio do orientador antes da elaboração do seu projeto de pesquisa, ou deve se apresentar ao orientador já com o projeto pronto?

A resposta a essa questão depende, em primeiro lugar, da natureza da pesquisa a ser realizada. Trabalhos de Iniciação Científica e Trabalhos de Conclusão de Curso costumam contar com a participação do orientador já na fase de projeto. No caso dos TCCs essa participação é institucionalizada, sendo usualmente o primeiro ano de orientação integralmente destinado à elaboração do projeto de pesquisa. É compreensível, já que esses trabalhos são realizados em nível de graduação por pesquisadores geralmente inexperientes, que, portanto, dependem de um acompanhamento mais próximo desde o planejamento do trabalho de pesquisa.

O acompanhamento do orientador na fase de elaboração do projeto é bem menos usual em processos de seleção de programas de pós-graduação, para o Mestrado e o Doutorado. Isso ocorre porque costumam ser muitos os candidatos à orientação, o que torna inviável o atendimento de todos eles; mas também porque é comum que se atribua ao orientador a tarefa de avaliar os projetos de pesquisa dos candidatos que o tenham indicado durante o processo seletivo, o que tornaria a sua participação na fase de elaboração do projeto antiética e até ilegal.

Em processos seletivos que não dependam de avaliação do projeto pelo orientador, o apoio durante a redação não enfrenta tão graves óbices; mesmo assim não é um comportamento comum, e também pode ser considerado antiético, especialmente quando o orientador não possa dar o mesmo grau de atenção a todos os candidatos. Nesses casos o mais recomendável é que o candidato envie ao pretenso orientador um e-mail indicando o seu interesse na relação de orientação, questionando sobre a disponibilidade do professor e perguntando sobre a conveniência de uma conversa preliminar sobre o projeto de pesquisa. Em caso de recusa, não deve insistir.

Há situações em que o projeto de pesquisa é elaborado, ou pelo menos revisado, após o processo seletivo. Nessas circunstâncias é não só permitido e conveniente, mas obrigatório o acompanhamento do orientador, que contribuirá na adequação do projeto à linha de pesquisa e à proposta de parceria a ser estabelecida.

b) Estilo de Orientação: na fase de execução do projeto de pesquisa a orientação se faz mais presente, e passa a integrar a dinâmica cotidiana do trabalho do pesquisador.

Para que a relação de orientação seja tranquila e produtiva, sem frustrações para qualquer das partes, é importante que se estabeleçam desde o princípio as expectativas e responsabilidades mútuas. O pesquisador precisa estar ciente de que cada professor tem o seu próprio estilo de orientação, avaliando a compatibilidade entre as suas expectativas e a forma de trabalho proposta.

Há orientadores muito presentes, que estabelecem reuniões periódicas e acompanham de perto o desenvolvimento da pesquisa, o que pode ser sufocante para pesquisadores de perfil mais independente; há orientadores mais ausentes, que aguardam as solicitações dos orientandos para intervirem no processo de pesquisa, o que pode ser desorientador para pesquisadores inexperientes. Há orientadores de perfil controlador, que preferem participar ativamente da tomada de decisões relativas à pesquisa (quanto ao objeto, questão, hipótese, fontes, método, estrutura etc.), enquanto outros incentivam a autonomia dos seus orientandos para que descubram os caminhos mais adequados ao seu trabalho – o que pode agradar ou desagradar pesquisadores mais ou menos seguros de si. Há orientadores mais ou menos exigentes quanto a prazos e cumprimento de tarefas, o que pode ajudar ou atrapalhar pesquisadores mais ou menos organizados. Há orientadores mais calorosos e afetivos, e outros com perfil mais reservado e formal, o que levará à formação de relações mais ou menos pessoais e íntimas.

O importante é compreender que não há estilo correto ou errado (respeitando-se, obviamente, os limites éticos), mas há estilos mais ou menos adequados ao perfil pessoal de cada pesquisador. O trabalho é tentar estabelecer a melhor adaptação possível e, quando isso se mostre inviável, buscar outro orientador de perfil mais adequado às suas expectativas.

c) Responsabilidades: um elemento crucial ao sucesso da relação de orientação é a compreensão clara das responsabilidades do orientando e do orientador.

i. Autoria: o orientando não pode se esquecer de que é ele o autor do trabalho de pesquisa. Isso significa que são suas as responsabilidades de estruturação do projeto de pesquisa, leitura da revisão bibliográfica, análise de fontes, estruturação do plano de trabalho e redação final do texto. O orientador desempenha um papel meramente coadjuvante, de ponto de diálogo e reflexão e facilitador do processo de investigação.
   Isso significa que também são de responsabilidade do orientando todas as obrigações acessórias ao desenvolvimento da pesquisa, como aquelas relativas a créditos de disciplinas, prazos, cumprimento de pré-requisitos, alcance de metas de produtividade etc. Não cabe ao orientador secretariar o trabalho do orientando, até porque ele provavelmente terá outros pesquisadores sob sua responsabilidade, cada um deles com as suas metas, prazos e obrigações – e seria impossível controlar as obrigações específicas e distintas de cada um deles.
   Por fim, significa também que em caso de divergência quanto aos caminhos do trabalho de pesquisa, cabem ao próprio pesquisador as decisões a serem tomadas. É claro que é sempre prudente considerar com atenção as recomendações do orientador, mas em caso de discordância insuperável deve o pesquisador seguir os seus instintos e assumir a responsabilidade pelos resultados das suas decisões.

ii. Respeito profissional: outro cuidado relevante é o de observar que para o orientador essa relação é uma atividade profissional permanente, enquanto para o orientando se trata de uma experiência excepcional de curta duração. Dessa forma, ainda que o pesquisador esteja disposto a perder um ou dois Natais trabalhando na sua pesquisa, ou a trabalhar nos fins de semana para conseguir cumprir os seus prazos nos dois ou quatro anos de sua investigação, ele deve recordar que o seu orientador desempenha essa atividade de forma contínua, às vezes por décadas. Não é razoável esperar de um profissional que aceite trabalhar em condições excepcionais por tanto tempo; assim, deve o pesquisador se esforçar para respeitar os períodos de descanso e lazer do orientador, evitando contato em horário noturno, finais de semana, períodos de férias ou recesso acadêmico, e garantindo prazos razoáveis para a leitura e avaliação das diversas versões do seu trabalho.

Também é prudente evitar a comunicação por meios informais como redes sociais e aplicativos de troca instantânea de mensagens, dando-se preferência à comunicação assertiva e respeitosa pelo e-mail institucional – que conta com instrumentos mais eficientes de organização e gestão das mensagens, e cuja leitura pode ser reservada ao horário comercial.

Importante lembrar também que o desenvolvimento da pesquisa pode ser a única, ou a principal atividade realizada pelo pesquisador, enquanto o orientador tem diversas pesquisas a acompanhar, além das suas próprias pesquisas a desenvolver e das demais obrigações acadêmicas – aulas, participação em bancas, responsabilidades burocráticas etc. A esse respeito, quanto mais compatível for o projeto de pesquisa com os interesses do orientador, maiores as chances de que ele receba uma atenção mais qualificada, o que é algo a se considerar na definição do objeto de pesquisa e na indicação do orientador.

iii. Prazos: também por isso é imprescindível que o pesquisador se esforce para cumprir satisfatoriamente, e nos prazos fixados, as tarefas que lhe sejam designadas. O orientador não pode fazer mais do que indicar caminhos, sugerindo as atividades necessárias à conclusão do trabalho de pesquisa. Se o pesquisador não as realiza, o trabalho não se desenvolve, o orientador se frustra, a relação se deteriora, e a própria ideia de orientação começa a perder o sentido, tornando-se perda de tempo para ambas as partes. Afinal, não se justifica o trabalho de orientar alguém com a indicação de tarefas que não serão executadas.

iv. Objetividade: no mesmo sentido, indica respeito ao tempo e ao trabalho realizado pelo orientador a manutenção da objetividade nas reuniões de orientação, evitando-se digressões sem relação com a pesquisa em análise ou longas justificativas para tarefas não realizadas.

Ainda que a relação de orientação evolua para uma relação afetiva de amizade, é importante que ambas as partes mantenham a objetividade durante os encontros de orientação, deixando a socialização para outras oportunidades. Sem esse cuidado os encontros de orientação correm o risco de ser transformados em encontros sociais, fazendo com que a própria orientação deixe de acontecer. Da mesma forma, ao enviar trechos da pesquisa ao orientador deve-se sempre dar preferência ao envio das versões finais, evitando-se releituras e retrabalho em trechos já examinados e comentados.

v. Orientação: tomados esses cuidados, contudo, tampouco pode o pesquisador se tornar excessivamente tímido ou cauteloso na relação com o orientador. Respeitado o horário de descanso, os prazos de trabalho e as demais obrigações acadêmicas, o pesquisador pode e deve buscar o apoio do orientador sempre que enfrentar qualquer obstáculo.

   É muito comum que pesquisadores com graves dificuldades sintam vergonha de procurar o orientador, por não conseguirem entender um texto, encontrar uma fonte ou redigir um capítulo; é justamente nessas situações que o orientador deve ser procurado, pois é seu trabalho orientar a pesquisa e ajudar a encontrar as soluções para o desbloqueio de trabalhos com dificuldades.

   O trabalho de orientação não consiste em somente ler a pesquisa pronta e apresentar as críticas e elogios pertinentes; ele envolve contribuir na estruturação da pesquisa, auxiliar a resolver dúvidas do pesquisador, sugerir caminhos para a superação dos obstáculos e até fornecer apoio emocional e incentivo psicológico nos momentos de dificuldade. Mesmo problemas de natureza extra-acadêmica devem ser apresentados ao orientador, no mínimo porque podem impactar no desenvolvimento da pesquisa e demandar alguma ação corretiva de natureza administrativa – como a suspensão da atividade de pesquisa ou a prorrogação dos seus prazos de conclusão.

   Em suma, o pesquisador deve se recordar de que a função do orientador é a de orientar com profissionalismo o desenvolvimento da sua pesquisa. Nada além disso, mas também nada menos que isso.

<table>
<tr><th colspan="2">A Relação com o Orientador</th></tr>
<tr><td rowspan="2">O Orientador</td><td>A função do orientador é a de orientar o pesquisador em seu trabalho de investigação, indicando caminhos, recomendando métodos, corrigindo desvios e avaliando as atividades realizadas, com o duplo objetivo de educar o pesquisador em formação e assegurar o bom resultado da pesquisa.</td></tr>
<tr><td>Com quem irei dialogar sobre as decisões de pesquisa que deverei tomar?</td></tr>
<tr><td rowspan="4">A Indicação do Orientador</td><td>Relação Bilateral</td></tr>
<tr><td>Critérios Acadêmicos</td></tr>
<tr><td>Critérios Afetivos</td></tr>
<tr><td>Estágio da Carreira</td></tr>
<tr><td rowspan="3">A Relação com o Orientador</td><td>Elaboração do Projeto</td></tr>
<tr><td>Estilo de Orientação</td></tr>
<tr><td>Responsabilidades</td></tr>
</table>

17
TROUBLESHOOTING: SOLUÇÕES PRÁTICAS PARA AS DIFICULDADES DA PESQUISA EM HISTÓRIA DO DIREITO

Este capítulo propõe soluções práticas e objetivas para as 30 principais dificuldades usualmente enfrentadas pelos pesquisadores iniciantes em História do Direito. Para explicações mais detalhadas, recomenda-se a releitura atenta dos capítulos da obra que tratam dos temas expostos na tabela abaixo.

#	Problemas	Causas Prováveis	Soluções Recomendadas
1	Não sei por onde começar.	Falta de familiaridade com o tema de pesquisa.	Retornar à fase de exploração preliminar. Começar pelo tema: o que lhe interessa estudar? O que interessa ao seu orientador? O que interessa à instituição de que você faz parte?
2	Não sei se a minha pesquisa é de História do Direito.	Falta de experiência com a pesquisa em História do Direito.	Avaliar se a pesquisa está focada no tema da transformação, ou se apenas usa o passado para a resolução de problemas da dogmática contemporânea.
3	Não sei o que a banca espera de mim.	Insegurança por falta de experiência com bancas de avaliação.	Avaliar se o projeto tem as características e os elementos básicos do projeto de pesquisa. Se o projeto está adequado, a banca espera apenas que o pesquisador o conheça bem, o exponha com clareza e demonstre ser capaz de executá-lo até a conclusão.

4	Não consigo conversar com o orientador.	O orientador tem dificuldade em entender as suas necessidades, e como ele pode auxiliar.	Organizar por escrito, de forma clara e fundamentada, as questões para as quais se faz necessário o apoio do orientador. Enviar por e-mail se o encontro pessoal não for possível.
5	Descobri que o meu projeto é inviável.	Falta de familiaridade com o tema de pesquisa no momento de elaboração do projeto.	Identificar as causas de inviabilidade. Se for possível, excluí-las do projeto, ou substituí-la por elementos mais viáveis. Se não for possível, alterar o tema ou o objeto de pesquisa.
6	Não tenho tempo para realizar a pesquisa.	Priorização de outras atividades ou ambição incompatível com as condições materiais da pesquisa.	Rever os critérios de priorização das obrigações existentes, avaliando a posição atribuída à pesquisa na lista. Reformular o escopo da pesquisa, buscando objetivos mais modestos.
7	Tive um bloqueio criativo. Não sei o que fazer.	Dificuldade de lidar com a dimensão do projeto de pesquisa. Falta de foco.	Deixar em suspenso a visão global do projeto de pesquisa e focar na tarefa imediata a ser realizada. Deixar de lado interpretações ou análises criativas e concentrar-se em tarefas mais burocráticas e rotineiras (coletar fontes, registrar dados etc.). Recuperar a sequência de atividades prevista no cronograma. Retornar à fase de exploração preliminar.
8	Estudo, estudo, e não consigo começar a escrever o projeto ou fazer a pesquisa.	Falta de familiaridade com o tema de pesquisa. Dificuldade de lidar com a dimensão do projeto de pesquisa. Excesso de perfeccionismo.	Retornar à fase de exploração preliminar. Concentrar o foco em cada elemento específico do projeto de pesquisa, deixando em suspenso a visão global. Recordar o caráter incompleto e provisório do projeto de pesquisa.
9	Não consigo escolher um tema de pesquisa.	Falta de familiaridade com a pesquisa histórico-jurídica.	Retornar à fase de exploração preliminar. Avaliar os temas de interesse do pesquisador, do orientador e da instituição onde a pesquisa será desenvolvida.

10	Não consigo delimitar o objeto de pesquisa.	Falta de familiaridade com o tema de pesquisa.	Partir do tema; delimitar o espaço, o tempo e a matéria específica a ser estudada.
11	Não sei qual é o referencial teórico mais adequado ao meu objeto de pesquisa.	Falta de familiaridade com o referencial teórico ou o tema de pesquisa.	Avaliar as categorias e conceitos mais relevantes à compreensão do tema. Avaliar o referencial teórico mais comumente utilizado pelos pesquisadores que se dedicam a esse tema. Estudar em profundidade o referencial teórico disponível. Retornar à exploração preliminar.
12	Quero combinar referenciais teóricos distintos.	Falta de familiaridade com o referencial teórico.	Não há problema em combinar referenciais teóricos distintos, mas é necessário que eles sejam compatíveis entre si. Retornar à fase de exploração preliminar para aprofundar o conhecimento do referencial teórico.
13	A minha pesquisa não tem problema social ou científico. É só uma coisa que quero estudar.	A proposta não tem caráter científico. Dificuldade em compreender as motivações e o impacto da pesquisa.	Avaliar se realmente se trata de projeto de pesquisa, ou mero plano de estudos de assunto interessante. Tentar identificar todos os motivos (pessoais, sociais, políticos, econômicos, científicos) que podem ter contribuído para levar o pesquisador a considerar importante a pesquisa proposta.
14	Não consigo diferenciar o problema da justificativa.	Dificuldade em identificar os elementos do projeto de pesquisa.	O problema indica a dificuldade que o pesquisador pretende resolver com o seu trabalho. A justificativa indica os motivos pelos quais esse trabalho deve ser realizado. Eles são mesmo muito parecidos, trata-se apenas de perspectivas diferentes.

15	Não consigo diferenciar o problema da questão de pesquisa.	Dificuldade em identificar os elementos do projeto de pesquisa.	O problema indica a dificuldade que o pesquisador pretende resolver com o seu trabalho. A questão indica as perguntas que devem ser formuladas para que o problema seja resolvido. Eles são mesmo muito parecidos, trata-se apenas de perspectivas diferentes.
16	Não consigo construir uma hipótese para a questão que formulei.	Falta de criatividade.	A formulação da hipótese é a etapa mais criativa do projeto de pesquisa. Bloqueios nesta fase podem indicar dificuldade do pesquisador com o trabalho criativo, mas também a criatividade pode ser estimulada por atividades práticas. Aprofundar o contato com o referencial teórico pode fornecer *insights* valiosos acerca das expectativas sobre o comportamento daquele fenômeno; revisar o estado da arte também pode mostrar de que maneira questões semelhantes foram resolvidas por outros pesquisadores.
17	Minha pesquisa não tem objetivos. É só uma coisa que eu quero estudar.	Falta de experiência com a pesquisa científica. Falta de familiaridade com o estado da arte.	Retornar à fase de exploração preliminar, para a familiarização com o estado da arte. Identificar os aspectos desconhecidos do real que a pesquisa pretende abordar. Identificar com base neles os objetivos a serem perseguidos.
18	Não entendi a diferença entre os objetivos específicos e a metodologia.	Falta de compreensão do método de pesquisa historiográfica.	Os objetivos se referem aos resultados parciais necessários à obtenção dos resultados gerais. A metodologia se refere à forma de obtenção desses resultados, parciais e gerais.

19	Não sei que método escolher.	Falta de compreensão do método de pesquisa historiográfica.	O método não deve ser "escolhido". Ele deve ser construído. E isso se faz a partir da identificação do conjunto de atividades e técnicas necessárias à execução do projeto de pesquisa. Em caso de dificuldade, retornar à fase de exploração preliminar em busca de maior familiaridade com os diversos métodos disponíveis de pesquisa historiográfica.
20	Não sei por onde começar a revisão bibliográfica.	Falta de experiência com a pesquisa bibliográfica.	O erro mais comum é começar pela leitura dispersa de obras remotamente relacionadas ao objeto de pesquisa. O primeiro passo não é a leitura, é a definição de uma lista de obras relevantes. Para isso é necessário o trabalho prático de visitar bibliotecas e consultar catálogos e acervos, até construir uma lista completa e exaustiva das obras relativas ao objeto de pesquisa. Somente após construída essa lista se pode realizar um planejamento de análise, que não é sinônimo de leitura, mas de avaliação metodológica da estrutura e das conclusões das obras selecionadas.
21	Não sei até onde ir na revisão bibliográfica.	Delimitação muito aberta dos critérios de seleção do material de referência.	Conforme o objeto delimitado para a pesquisa, pode haver uma quantidade excessiva de obras passíveis de serem consideradas material de referência para a pesquisa. Nesse caso é necessário restringir um pouco mais os critérios de seleção, de modo a incluir na revisão somente as pesquisas diretamente relacionadas ao objeto delimitado para o projeto.

22	Não encontro obras de referência relacionadas ao meu objeto de pesquisa.	Delimitação muito estrita dos critérios de seleção do material de referência.	Quando o objeto delimitado para a pesquisa é muito original, pode ser difícil encontrar obras de referência diretamente relacionadas a ele. Nesse caso é necessário ampliar um pouco os critérios de seleção para incluir na revisão bibliográfica também pesquisas que não se refiram diretamente ao mesmo objeto, mas possam contribuir indiretamente para a sua compreensão, mesmo de outros campos do saber – como a história geral e a dogmática jurídica.
23	Não entendi a diferença entre revisão teórica, revisão bibliográfica e fontes de pesquisa.	Confusão quanto às diferentes perspectivas de abordagem dos elementos de pesquisa.	A revisão teórica se refere ao filtro semântico que orienta a compreensão do objeto de pesquisa, esclarece como o pesquisador vê o mundo. A revisão bibliográfica se refere aos demais trabalhos que já examinaram o objeto de pesquisa e integram o estado da arte naquele campo de saber, indica com quem o pesquisador dialoga. As fontes de pesquisa se referem aos instrumentos de acesso ao objeto de pesquisa, indicam o que o pesquisador analisa.
24	Não consigo encontrar as minhas fontes de pesquisa.	Definição abstrata do objeto sem prévia avaliação das fontes empíricas disponíveis à pesquisa.	É sempre possível que as fontes pretendidas sequer existam. O ideal teria sido avaliar preliminarmente as fontes de pesquisa disponíveis, antes de tomar as demais decisões acerca do projeto de pesquisa proposto. A alternativa é buscar, nos arquivos e repositórios disponíveis, fontes que auxiliem a compreender pelo menos indiretamente o objeto proposto.

25	Não sei até onde ir na coleta das fontes de pesquisa.	Delimitação imprecisa do objeto de pesquisa.	É impossível compreender toda a realidade. A delimitação do objeto de pesquisa tem por objetivo estabelecer um foco para o trabalho de investigação, delimitando-o materialmente, temporalmente e espacialmente de modo a viabilizar a realização da pesquisa. A coleta das fontes deve respeitar os limites materiais, temporais e espaciais estabelecidos, e se mesmo assim a quantidade de fontes disponíveis parecer excessiva, esse pode ser um sinal de que o objeto não foi adequadamente delimitado e deve ser revisto.
26	Não entendi a diferença entre plano de trabalho e cronograma.	Falta de compreensão das funções específicas desempenhadas por cada um desses elementos no projeto de pesquisa.	O plano de trabalho formaliza a proposta de apresentação futura dos resultados a serem obtidos com a pesquisa, refletindo a sequência do argumento tal como será exposto ao leitor ao término do trabalho de investigação. O cronograma formaliza a sequência de atividades necessárias ao desenvolvimento da pesquisa, em sequência cronológica e levando-se em consideração o lapso de duração temporal previsto para cada uma delas.
27	Meu plano de trabalho está muito extenso e confuso.	Excesso de apego a reflexões laterais ou desnecessárias à verificação da hipótese de pesquisa.	Avaliar cada um dos capítulos propostos e verificar se a sua exclusão prejudica diretamente a verificação da hipótese de pesquisa. Em caso negativo, provavelmente trata-se de mera curiosidade ou desvio metodológico, que deve ser excluído da estrutura proposta. O plano de trabalho deve conter somente aqueles elementos e raciocínios indispensáveis à verificação da hipótese de pesquisa.

28	Não consigo elaborar o meu plano de trabalho.	Falta de clareza quanto aos elementos que integram o argumento da pesquisa.	Reflita sobre os objetivos da pesquisa. Inclua os elementos necessários e exclua os desnecessários. Utilize a técnica do *outline*.
29	Meu cronograma ficou muito apertado.	Incompatibilidade entre a ambição da pesquisa e as condições materiais para a sua realização.	Redimensionar o objeto de pesquisa. Reduzir o âmbito material, espacial ou temporal de abordagem. Reformular o cronograma com base na nova delimitação.
30	Estou atrasado no cronograma.	Erro no planejamento do cronograma ou imprevisto durante a sua execução.	Revisar o cronograma com base nas novas condições de pesquisa. Reduzir o prazo previsto para algumas atividades. Se não for possível, redimensionar o objeto de pesquisa.

18
REFERÊNCIAS

ALMEIDA, Mario de Souza (2014). Elaboração de Projeto, TCC, Dissertação e Tese: uma abordagem simples, prática e objetiva. 2ª ed. São Paulo: Atlas.

BACON, Francis (1999). Novum Organum ou Verdadeiras indicações acerca da interpretação da natureza (trad. José Aluysio Reis de Andrade). São Paulo: Nova Cultural.

BARROS, Aidil de Jesus Paes; LEHFELD, Neide Aparecida de Souza. (2009). Projeto de Pesquisa: propostas metodológicas. 18ª ed. Petrópolis: Vozes.

BARROS, José D'Assunção (2011). Teoria da História. 2ª ed. Petrópolis: Vozes.

BARROS, José D'Assunção (2015). O Projeto de Pesquisa em história: da escolha do tema ao quadro teórico. 10ª ed. Petrópolis: Vozes.

BECKER, Howard S. (1993). Métodos de Pesquisa em Ciências Sociais (trad. Marco Estevão e Renato Aguiar). São Paulo: Hucitec.

BENJAMIN, Walter (1996). Sobre o conceito da História. Magia e Técnica, arte e política: ensaios sobre literatura e história da cultura (trad. Sérgio Paulo Rouanet). 7ª ed. São Paulo: Brasiliense, p. 222-234.

BITTAR, Eduardo C. (2011). Metodologia da Pesquisa Jurídica. 9ª ed. São Paulo: Saraiva.

BOX-STEFFENSMEIER, Janet M.; BRADY, Henry E.; COLLIER, David (orgs.) (2010). The Oxford Handbook of Political Methodology. New York: Oxford University Press.

BOUDON, Raymond (1989). Os Métodos em Sociologia. São Paulo: Ática.

BUNGE, Mario (1987). Epistemologia: curso de atualização (trad. Claudio Navarra). 2ª ed. São Paulo: T. A. Queiroz.

CHALMERS, Alan Francis (1993). O que é ciência afinal? Brasília: Brasiliense.

COSTA, Pietro (2010). Para que serve a História do Direito? Um Humilde Elogio da Inutilidade, in: Soberania, Representação, Democracia – ensaios de história do pensamento jurídico. Curitiba: Juruá, p. 63-80.

DE LUCA, Tania Regina (2020). Práticas de Pesquisa em História. São Paulo: Contexto.

DESCARTES, René (2001). Discurso do Método (trad. Maria Ermantina Galvão, rev. Monica Stahel). São Paulo: Martins Fontes.

ECO, Umberto (1996). Como se faz uma tese. São Paulo: Perspectiva.

FACHIN, Odília (2017) Fundamentos de Metodologia. São Paulo: Saraiva.

FARIAS FILHO, Milton Cordeiro; ARRUDA FILHO, Emílio J. M. (2015). Planejamento da Pesquisa Científica. 2ª ed. São Paulo: Atlas.

FALCÃO, Joaquim de Arruda (org.) (1983). Pesquisa Científica e Direito. Recife: Massangana.

FEBVRE, Lucien (2009). O problema da incredulidade no século XVI: a religião de Rabelais (trad. Maria Lúcia Machado e José Eduardo dos Santos Lohner). São Paulo: Cia. das Letras.

FEYERABEND, Paul (1977). Contra o Método (trad. Octanny S. da Mota e Leonidas Hegenberg). Rio de Janeiro: F. Alves.

FOUCAULT, Michel (2001). A Verdade e as Formas Jurídicas (trad. Roberto Cabral de Melo Machado e Eduardo Jardim Morais, supervisão final Léa Porto de Abreu Novaes *et. al.*). Rio de Janeiro: Nau.

FONSECA, Ricardo Marcelo (2009). Introdução Teórica à História do Direito. Curitiba: Juruá.

GROSSI, Paolo (2005). O ponto e a linha. História do Direito e Direito Positivo na formação do jurista do nosso tempo, in: Revista Sequência (trad.: Monica Sol Glik), nº 51. Florianópolis: UFSC, p. 31-45.

GROSSI, Paolo (2014). Ordem Jurídica Medieval (trad. Denise Rossato Agostinetti). São Paulo: WMF Martins Fontes.

GUANDALINI JUNIOR, Walter (2012). O Direito Etéreo: trilhas para um explorador do intangível, *in: Nova História Brasileira do Direito: ferramentas e artesanias* (Ricardo Marcelo Fonseca, org.). Curitiba, Juruá, p. 83-97.

GUANDALINI JUNIOR, Walter (2016). *História do Direito Administrativo Brasileiro: formação (1821-1895)*. Curitiba: Juruá.

GUANDALINI JUNIOR, Walter (2016b). O Poder Moderador: ensaio sobre o debate jurídico-constitucional no século XIX. Curitiba, Prismas.

GUANDALINI JUNIOR, Walter (2021). História do Direito Romano. Curitiba: Intersaberes.

GUANDALINI JUNIOR, Walter (2022). Cidades Invisíveis no Império do Direito, *in: História do Direito: Revista do Instituto Brasileiro de História do Direito*, vol. 3, n. 5. Curitiba: UFPR, p. 10-22.

GUANDALINI JUNIOR, Walter; TEIXEIRA, Lívia Solana Pfuetzenreiter de Lima (2021). Um Direito Administrativo de Transição: o conceito de direito administrativo na cultura jurídica da Primeira República Brasileira (1889-1930), in: Direito, Estado e Sociedade (ISSN 1516-6104), nº 58, jan.-jun. 2021. Rio de Janeiro: PUC-RJ, p. 422-459.

HENRIQUES, Antonio; MEDEIROS, João Bosco (2017). Metodologia Científica da Pesquisa Jurídica. 9ª ed. São Paulo: Atlas.

HESPANHA, António Manuel (2012). Cultura Jurídica Européia: síntese de um milênio. Florianópolis: Fundação Boiteux.

HESPANHA, António Manuel (1994). Às Vésperas do Leviathan: instituições e poder político – Portugal – séc. XVII. Lisboa: Almedina.

KUHN, Thomas S. (2001). A Estrutura das Revoluções Científicas (trad. Beatriz Vianna Boeira e Nelson Boeira). São Paulo. 6ª ed. Perspectiva.

LARENZ, Karl (1983). Metodologia da Ciência do Direito (trad.: José Lamego). 5ª ed. Lisboa: Fundação Calouste Gulbenkian.

LEITE, Eduardo de Oliveira (2003). A Monografia Jurídica. São Paulo: Revista dos Tribunais.

LOZADA, Gisele (2018). Metodologia Científica. Porto Alegre: SAGAH.

MACHADO, Antonio (1992). Proverbios y Cantares. Madrid: El Pais.

MARCONI, Marina de Andrade; LAKATOS, Eva Maria (2021). Metodologia do Trabalho Científico. São Paulo: Atlas.
MARCONI, Marina de Andrade; LAKATOS, Eva Maria (2021). Fundamentos de Metodologia Científica. São Paulo: Atlas.
MARINHO, Pedro (1980). A Pesquisa em Ciências Humanas. Petrópolis: Vozes.
MATIAS-PEREIRA, José (2019). Manual de Metodologia da Pesquisa Científica. 4ª ed. São Paulo: Atlas.
MEZZAROBA, Orides; MONTEIRO, Cláudia Servilha (2004). Manual de Metodologia da Pesquisa no Direito. São Paulo: Saraiva.
NIETZSCHE, Friederich (2000). A Gaia Ciência (trad. Alfredo Margarido). 6ª ed. Lisboa: Guimarães Editores.
NOBRE, Marcos (org.) (2005). O que é Pesquisa em Direito. São Paulo: Quartier Latin.
NUNES, Rizzato (2011). Manual da Monografia Jurídica. São Paulo: Saraiva.
POÇAS, Luís (2020). Manual de Investigação em Direito: metodologia da preparação de teses e artigos jurídicos. Lisboa: Almedina.
POPPER, Karl R. (2008). A Lógica da Pesquisa Científica (trad. Leonidas Hegenberg e Octanny Silveira da Mota). São Paulo: Cultrix.
QUEIROZ, Rafael Mafei Rabelo (2015). Monografia Jurídica: passo a passo – projeto, pesquisa, redação e formatação. São Paulo: Gen, Método.
SALDANHA, Nelson (2006). Epistemologia Jurídica, in: Dicionário de Filosofia do Direito (Vicente de Paulo Barreto, org.). São Leopoldo/Rio de Janeiro: Unisinos/Renovar.
SANTOS, João Almeida (2011). Metodologia Científica. 2ª ed. São Paulo: Cengage Learning.
SCHAPP, Jan (1985). Problemas Fundamentais da Metodologia Jurídica (Trad. Ernildo Stein). Porto Alegre: Sérgio Antonio Fabris Editor.
SEELAENDER, Airton Cerqueira Leite (2023). Problemas e falsos problemas. Observações sobre a história do direito recente, in: História Constitucional Brasileira. São Paulo: Almedina, p. 55-72.
SEVERINO, Antônio Joaquim (2007). Metodologia do Trabalho Científico. São Paulo: Cortez.
SIQUEIRA, Gustavo Silveira (2020). Pequeno Manual de Metodologia da Pesquisa Jurídica ou roteiro de pesquisa para estudantes de Direito. Belo Horizonte: Pazes.
SOUSA, Paulino José Soares (1862). Ensaio sobre o Direito Administrativo. Rio de Janeiro: Typographia Nacional.
STOLLEIS, Michael (2018). O Direito Público na Alemanha (trad. Gercélia Batista de Oliveira Mendes). São Paulo: Saraiva.
VASCONCELOS, Arnaldo (org.) (2008). Temas de Epistemologia Jurídica, vol. I. Fortaleza: Unifor.
VERONESE, Alexandre (2011). Considerações sobre o problema da pesquisa empírica e sua baixa integração na área de Direito: a tentativa de uma perspectiva brasileira a partir dos cursos de pós-graduação do Rio de Janeiro, in: Epistemologia & Metodologia do Direito (org. Fernando Gama Miranda Netto). Campinas: Millennium.
VITRUVIUS POLLO, Marcus (1914). The Ten Books on Architecture (trans. Morris Hicky Morgan). Cambridge: Harvard University Press.
WEHLING, Arno; WEHLING, Maria José Cavalleiro de Macedo (2004). Direito e Justiça no Brasil Colonial: o Tribunal da Relação do Rio de Janeiro. Rio de Janeiro: Renovar.

19
ANEXO I – MODELOS DE PROJETOS

Selecionei para este anexo projetos de pesquisa reais em história do direito, de minha autoria, produzidos em diferentes fases de minha vida acadêmica. Acredito que a análise desses projetos reais, com seus defeitos e qualidades, poderá contribuir como exemplo (positivo e negativo) para o pesquisador iniciante em dúvida quanto à qualidade do seu próprio projeto de pesquisa em face dos projetos apresentados por outros pesquisadores em diversos graus de formação.

19.1. PROJETO DE PESQUISA PARA PROCESSO SELETIVO DE DOUTORADO

WALTER GUANDALINI JUNIOR

GÊNESE DO DIREITO ADMINISTRATIVO BRASILEIRO
formação, conteúdo e função da ciência do direito administrativo durante a construção do Estado no Brasil do Segundo Reinado (1854-1889)

CURITIBA, 2007

WALTER GUANDALINI JUNIOR

GÊNESE DO DIREITO ADMINISTRATIVO BRASILEIRO
formação, conteúdo e função da ciência do direito administrativo durante a construção do Estado no Brasil do Segundo Reinado (1854-1889)

Projeto de tese de Doutoramento, apresentado ao Programa de Pós-Graduação em Direito - Doutorado da Faculdade de Direito, Setor de Ciências Jurídicas, Universidade Federal do Paraná.

Orientador: Prof. Dr. Ricardo Marcelo Fonseca
Área de Concentração: Direito do Estado
Linha de Pesquisa: Direito, Poder e Controle

CURITIBA, 2007

Lo storico del diritto è il personaggio che più di ogni altro è proficuo al giurista, ad ogni giurista, anche al giurista di diritto positivo, per acquisire una sua coscienza critica. [...] Ne venne fuori quel testo che io intitolai *Il punto e la linea*. Cioè: lo storico del diritto come il personaggio che domina la linea storica e che quindi è in grado di dare um senso a quel punto, a quel solo punto della linea che il cultore del diritto vigente analizza e studia. Radici ma anche futuro, passato e futuro che lo storico è lí a porgere per dare delle reali proporzioni al punto della linea che il vigentista analizza.

PAOLO GROSSI

SUMÁRIO

1. Área de Concentração
Direito do Estado.

2. Linha de Pesquisa
Direito, poder e controle.

3. Título Provisório
"Gênese do Direito Administrativo Brasileiro: formação, conteúdo e função da ciência do direito administrativo durante a construção do Estado no Brasil do Segundo Reinado (1854-1891)".

Apesar de parecer bastante descritivo, o título merece algumas explicações. Em primeiro lugar, deve-se ressaltar que se trata de um estudo sobre a *formação*, o *conteúdo* e a *função* da ciência do direito administrativo. Isso significa que não é suficiente, para cumprir as finalidades desta exploração, uma análise descritiva do conteúdo do pensamento jurídico que se delimitou como objeto da pesquisa. Embora esse tipo de análise seja extremamente fecundo para a descrição historiográfica do direito administrativo, é preciso ir além da descrição para buscar compreender, no entorno do pensamento jurídico, o contexto sócio-histórico em que ele se insere e os fatores que possibilitam a sua formação; e, nos interstícios desse pensamento, as funções políticas que ele foi capaz de desempenhar durante a construção do Estado brasileiro. Partindo-se do pressuposto de que não existe relação inevitável entre conteúdo e função, será interessante investigar a possibilidade de que discursos com conteúdo similar desempenhem funções distintas, conforme a microfísica política existente em seus interstícios e o contexto histórico em que estejam inseridos. Em outras palavras, se este é um estudo de história do direito, não pretende fornecer apenas uma descrição sobre o pensamento jurídico brasileiro do século XIX; é necessário ir além, para *compreender*[19] o papel desempenhado por esse pensamento durante a formação do Estado brasileiro.

Outro elemento que exige esclarecimento, no título sugerido para a pesquisa, é a referência que se faz à ciência do direito administrativo. Trata-se,

[19] Paolo Grossi afirma, certamente com influência weberiana, que "o historiador do direito tem um objetivo fundamental a alcançar: a compreensão de seu objeto historiográfico". Grossi, Paolo. *Mitologias Jurídicas da Modernidade* (trad. Arno dal Ri Júnior). 2ª ed. Florianópolis: Boiteux, 2007, p. 18.

na verdade, de um primeiro recorte do objeto de pesquisa: não pretendemos nos debruçar diretamente sobre o direito administrativo brasileiro, sobre a legislação administrativista, sobre a jurisprudência de direito administrativo ou sobre a organização administrativa do Estado no século XIX. O objeto da pesquisa contempla principalmente o discurso científico desenvolvido no Brasil do século XIX acerca do direito administrativo[20].

É claro que esta delimitação do objeto não significa uma aceitação acrítica do pressuposto de cientificidade da teoria do direito. Longe de ratificar o pensamento simplista que, constituindo o direito como ciência, anseia por uma legitimação racional de suas construções teóricas (e, obviamente, por todas as conseqüências políticas desta legitimação), a intenção da pesquisa é verificar como um discurso que se pretende científico pode veicular, de maneira oculta, práticas reais de poder que condicionam o seu funcionamento. Assim, o título não se refere à 'ciência do direito' com o propósito de reiterar a sua cientificidade *per se*, mas buscando limitar o campo de pesquisa àqueles discursos que abordam o direito administra-

[20] O que obviamente não elide a necessidade de que sejam analisados todos esses elementos – legislação, jurisprudência, organização administrativa – como pressupostos de compreensão do objeto da pesquisa em si. É o que afirma Paolo Grossi, logo no início de sua obra sobre a ciência jurídica italiana, ao discutir as premissas da investigação historiográfica: "*Scienza giuridica: è ovvio il riferimento a una riflessione autenticamente scientifica sul diritto; con questa doverosa precisazione, tuttavia: che, se il filone portante è soprattutto formato da coloro che sono professionalmente degli scienziatti del diritto, che lo professano cioè come ricercatori e maestri in quel naturale laboratorio scientifico costituito dalle Università, essendo il diritto una scienza che tende a incarnarsi e a diventare concreta esperienza di vita, contributi non trascurabili possono provenire (e positivamente provengono) da personaggi di particolari qualità intellettuali immersi quali operatori nel mondo della prassi. [...] La precisazone appena fatta ci porta ad una ulteriore integrazione: che lo storico della scienza giuridica non può non essere anche storico della esperienza: dietro la scienza c'è sempre un'esperienza che preme e condiziona, e che non deve essere ignorata se si vuole evitare vuote astrazioni*", *in:* GROSSI, Paolo. *Scienza Giuridica Italiana: un profilo storico (1860-1950)*. Milano: Giuffrè, 2000, p. 1. Em tradução livre: "Ciência jurídica: é óbvia a referência a uma reflexão autenticamente científica sobre o direito, com esta necessária precisão, todavia: que, se o filão principal é sobretudo formado por aqueles que são profissionalmente cientistas do direito, que o exercem como pesquisadores e professores naquele laboratório científico natural constituído pela Universidade, sendo o direito uma ciência que tende a se encarnar e a se tornar experiência concreta de vida, contribuições não desprezíveis podem provir (e efetivamente provêm) de personagens de particular qualidade intelectual imersos como operadores no mundo da praxe. [..] A precisão feita nos conduz a uma integração ulterior: que o historiador da ciência jurídica não pode não ser também historiador da experiência: por detrás da ciência há sempre uma experiência que preme e condiciona, e que não deve ser ignorada se se deseja evitar abstrações vazias".

tivo com pretensão de cientificidade – sem olvidar que a própria pretensão de cientificidade traduz também uma pretensão de poder. Afinal, não se pode ignorar a existência real de uma divisão do trabalho, no campo jurídico, entre os 'teóricos' e os 'práticos' do direito, cujo antagonismo forma equilíbrios de poder provisórios que, em uma complementaridade funcional dinâmica, dão origem à significação real da norma. Como apontou Bourdieu[21]:

A elaboração de um corpo de regras e de procedimentos com pretensão universal é produto de uma divisão do trabalho que resulta da lógica espontânea da concorrência entre diferentes formas de competência ao mesmo tempo antagonistas e complementares, que funcionam como outras tantas espécies de capital específico e que estão associadas a posições diferentes no campo. Não há dúvida de que [...] o antagonismo estrutural que, nos mais diferentes sistemas, opõe as posições de "teórico", condenadas à pura construção doutrinal, e as posições de "prático", limitadas à aplicação, está na origem de uma luta simbólica permanente na qual se defrontam definições diferentes do trabalho jurídico enquanto interpretação autorizada dos textos canônicos.

O autor complementa a explicação, mais adiante no mesmo texto[22]:

> Com efeito, o resultado prático da lei que se revela no veredicto é o resultado de uma luta simbólica entre profissionais dotados de competências técnicas e sociais desiguais, portanto, capazes de mobilizar, embora de modo desigual, os meios ou recursos jurídicos disponíveis, pela exploração das "regras possíveis", e de os utilizar eficazmente, quer dizer, como armas simbólicas, para fazerem triunfar a sua causa; o efeito jurídico da regra, quer dizer, a sua *significação* real, determina-se na relação de força específica entre os profissionais, podendo-se pensar que essa relação tende a corresponder (tudo o mais sendo igual do ponto de vista do valor na equidade pura das causas em questão) à relação de força entre os que estão sujeitos à jurisdição respectiva.

Esta intuição acabou sendo confirmada pela opinião de António Manuel Hespanha, que, em artigo sobre a história do direito administrativo por-

[21] BOURDIEU, Pierre. *O Poder Simbólico* (trad.: Fernando Tomaz). 7ª ed. Rio de Janeiro: Bertrand Brasil, 2004, p. 217.

[22] BOURDIEU, Pierre. *O Poder Simbólico* (trad.: Fernando Tomaz). 7ª ed. Rio de Janeiro: Bertrand Brasil, 2004, p. 224 (grifos no original).

tuguês, explica a relevância dos estudos sobre a ciência jurídica para a compreensão do papel desempenhado pelo direito na modernidade. O reconhecimento da autonomia científica do saber jurídico foi um fator essencial para a libertação dos juristas acadêmicos das cangas que os sujeitavam a uma função subsidiária no campo político, permitindo-lhes assumir o papel central que até hoje ocupam nas disputas por poder. Nas palavras do autor[23]:

> Ocorre também meditar - seguindo as pisadas de P. Bourdieu em seus clássicos ensaios sobre as lutas pela hegemonia simbólica nos campos do saber e sobre os caminhos entre o saber e o poder - que a recondução do direito a uma ciência liberta da filosofia política, da política *tout court* e da vontade dos políticos reunidos em parlamento representava uma estratégia decisiva (geralmente interiorizada e freqüentemente consciente) para os juristas acadêmicos; estratégia que, levada a cabo com êxito, os traria de novo para o proscênio do poder político [grifos no original].

Essa estratégia de autonomização do discurso jurídico-científico adquire ainda mais importância quando se toma o direito administrativo como objeto de estudo. A partir do momento em que se afirma a existência de uma ciência jurídica administrativista, os juristas teóricos que a desenvolvem deixam de ser meros repetidores da tradição ou ordenadores passivos das ações governamentais, e passam a assumir um papel ativo na construção e na legitimação do regime jurídico-político vigente. Assim, ao se definir a ciência do direito administrativo como objeto da presente pesquisa, pretende-se apenas limitá-la a este grupo específico de profissionais do campo jurídico, verificando-se de que modo o discurso científico sobre o direito administrativo atuou na construção dos significados jurídicos[24] utilizados para a constituição do Estado nacional brasileiro.

[23] HESPANHA, António Manuel. O Direito Administrativo como Emergência de um Governo Activo (c. 1800 – c. 1910), *in:* HESPANHA, António Manuel e SILVA, Cristina Nogueira (orgs.). *Fontes para a história do direito administrativo português – séc. XIX*. Lisboa: FD-UNL, 2006, p. 22.

[24] Como indica Fonseca, em seu plano geral de investigação historiográfica da formação da cultura jurídica brasileira, incluem-se no conceito de "significados jurídicos" os *standards* doutrinários, padrões de interpretação, marcos de autoridade doutrinária nacionais e estrangeiros, influências e usos particulares de concepções jusfilosóficas, que circulavam na produção do direito e eram aceitos nas instituições jurídicas do Império. *In:* FONSECA, Ricardo Marcelo. Os Juristas e a Cultura Jurídica Brasileira na Segunda Metade do Século

Também a referência à construção do Estado deve ser explicada. Não se deseja fundamentar a pesquisa na ingenuidade liberal do contratualismo voluntarista, que, crente na capacidade ilimitada de organização racional da sociedade pelo direito, estabelece uma fictícia relação direta entre teorias jurídicas abstratas e a estrutura real do Estado. Como já pleiteamos em outro trabalho[25], é preciso ultrapassar a forma de pensamento que trata o direito como instituinte do político, devendo-se enxergá-lo como *acontecimento*, campo de batalhas no interior do qual se trava uma miríade de combates específicos, e que apenas influencia de forma limitada o resultado final da guerra. Assim, examinar o papel do discurso científico do direito administrativo na constituição do Estado brasileiro não significa verificar de que maneira este discurso organizou juridicamente o poder político; significa, primordialmente, analisar as múltiplas práticas de poder inconscientemente veiculadas nos interstícios do discurso jurídico, de modo a esclarecer de que forma elas contribuíram para a construção do Estado brasileiro no século XIX.

Por fim, uma breve explicação acerca da delimitação temporal do objeto de pesquisa também se faz necessária: a escolha do período entre 1854 e 1889 se deve ao fato de que é justamente esse o período da gênese do pensamento jurídico brasileiro. Como esclarece Fonseca[26], é sobretudo a partir dos anos cinqüenta do século XIX que podem ser evidenciadas características mais claras e específicas no sentido da definição de uma genuína cultura jurídica brasileira; com o rompimento dos vínculos do país com a Metrópole e a instalação dos primeiros cursos jurídicos do Brasil, forma-se uma complexa estabilidade que faz com que os grandes juristas pátrios possam começar a aplicar o saber acadêmico oriundo da Europa na resolução de problemas especificamente brasileiros.

Além disso, a declaração da independência de 1822 obrigou o governo a encarar uma questão com que até então não havia se defrontado: a questão

XIX, *in: Quaderni Fiorentini per la storia del pensiero giuridico moderno*, n. 35. Milano: Dott. A. Giuffrè Editore, 2006, p. 340.

[25] GUANDALINI JR., Walter. O Direito como Acontecimento: por uma análise estratégica das práticas e do discurso jurídico, *in: EOS – Revista Jurídica da Faculdade de Direito / Faculdade Dom Bosco*, v. 1, n. 1, jan./jun. 2007. Curitiba: Dom Bosco, 2007, p. 108-114.

[26] FONSECA, Ricardo Marcelo. Os Juristas e a Cultura Jurídica Brasileira na Segunda Metade do Século XIX, *in: Quaderni Fiorentini per la storia del pensiero giuridico moderno*, n. 35. Milano: Dott. A. Giuffrè Editore, 2006, p. 349.

da constituição de um novo fundamento de legitimidade para um Estado que havia rompido seus vínculos jurídicos com a dinastia monárquica portuguesa. Este foi um problema constante do pensamento jurídico brasileiro do século XIX, e o direito administrativo também foi convocado a enfrentá-lo: tendo se constituído como ciência autônoma em 1854, com a reforma do ensino promovida pelo Decreto 1386, desde essa data até a proclamação da República (em 1889) a ciência jurídica administrativista desempenhou um papel fundamental na elaboração da legitimidade do Estado nacional, o que justifica a escolha deste importante ciclo histórico como objeto da presente pesquisa.

4. Delimitação do Tema

Deve-se ressaltar, já de início, que esta é uma pesquisa de História do Direito. A tese pretende versar sobre a História do Direito Administrativo, delimitando-se como seu objeto de estudo a ciência do direito administrativo no Brasil do Segundo Reinado. Assim, este não é e nem deseja ser um estudo de Direito Administrativo, o que significa que a pesquisa não se propõe a verificar a coerência interna de normas e teorias, examinar o pensamento dos grandes administrativistas do passado, ou verificar a importância de suas construções teóricas para o direito administrativo da atualidade. É claro que o recurso às obras dos grandes doutrinadores do século XIX é inevitável, mas não com o intuito de celebrizar autoridades, aplicar o seu pensamento à prática jurídica contemporânea, ou mesmo de atribuir autoria aos institutos da disciplina; a intenção é organizar o discurso jurídico-administrativo difuso naquela sociedade histórica, analisando os lugares-comuns de que partiam os membros daquela comunidade discursiva com o objetivo de apresentar uma explicação para a função desempenhada pela ciência do direito administrativo durante o processo de construção do Estado brasileiro.

5. Apresentação

É consenso entre os doutrinadores[27] a afirmação de que o direito administrativo nasceu na França napoleônica, ao final do século XVIII, em

[27] Ainda que continue existindo uma ou outra alegação pontual de que o direito administrativo teria suas "origens remotas" (seja lá o que isso signifique) na Antigüidade clássica, a doutrina unanimemente encontra o mesmo ponto de partida para a ciência moderna do

decorrência da atividade pretoriana do Conselho de Estado. Criado como jurisdição especificamente administrativa, separada da justiça comum[28], este órgão promoveu a elaboração jurisprudencial dos princípios fundamentais do direito administrativo (a responsabilidade civil da Administração, a alteração unilateral dos contratos, o regime especial dos bens sob domínio público, a teoria das nulidades dos atos administrativos, etc.), construindo-o primariamente como direito não-legislado, cuja especificidade procedia do fato de se referir à Administração Pública como sujeito a que se destinava com exclusividade.

A jurisprudência do Conselho de Estado rapidamente adquiriu estatuto acadêmico, e em 1815 a disciplina científica 'direito administrativo' já integrava a grade curricular das faculdades de Direito francesas. Simultaneamente à difusão acadêmica ocorre uma difusão tratadística da disciplina, inicialmente centrada na análise da jurisprudência do Conselho de Estado – com obras como as *Instituzioni di Diritto Amministrativo* do italiano

direito administrativo. Nesse sentido, Bandeira de Mello, Celso Antônio. *Curso de Direito Administrativo.* 22ª ed. São Paulo: Malheiros, 2007; Blanchet, Luiz Alberto. *Curso de Direito Administrativo.* Curitiba: Juruá, 1998.Caetano, Marcello. *Manual de Direito Administrativo.* 10ª ed. Coimbra: Almedina, 1991; Cavalcanti, Themistocles Brandão. *Curso de Direito Administrativo.* 9ª ed. Rio de Janeiro: Freitas Bastos, s.d.; Cretella Júnior, José. *Manual de Direito Administrativo.* 5ª ed. Rio de Janeiro, 1989; Di Pietro, Maria Sylvia. *Direito Administrativo.* 18ª ed. São Paulo: Atlas, 2005; Gasparini, Diógenes. *Direito Administrativo.* 3ª ed. São Paulo: Saraiva, 1993; Meirelles, Hely Lopes. *Direito Administrativo Brasileiro.* 32ª ed. São Paulo: Malheiros, 2006.

[28] A lei francesa sobre organização judiciária, de 16 e 24 de agosto de 1790, fundou o princípio de separação entre as autoridades administrativas e judiciárias, ao dispor, em seu artigo 13, que "as funções judiciárias são distintas e permanecerão sempre separadas das funções administrativas. Os juízes não poderão, sob pena de alta traição, perturbar, de qualquer maneira, as operações dos corpos administrativos, nem citar perante eles os administradores em razão de suas funções" (tradução livre). A constituição francesa de 13 de dezembro de 1799 (22 frimário, ano VIII), em seu art. 52, encarregava o Conselho de Estado de "redigir os projetos de lei e os regulamentos da administração pública e de resolver as dificuldades que se apresentem em matéria administrativa" (tradução livre), e, apenas alguns meses mais tarde, a lei de 17 de fevereiro de 1800 (28 pluvioso, ano VIII) criava os conselhos administrativos, instaurando definitivamente a jurisdição administrativa (artigos citados: ***Loi sur l'Organisation Judiciaire**, Article 13. Les fonctions judiciaires sont distinctes et demeureront toujours séparées des fonctions administratives. Les juges ne pourront, à peine de forfaiture, troubler, de quelque manière que ce soit, les opérations des corps administratifs, ni citer devant eux les administrateurs pour raison de leurs fonctions;* ***Constitution du 22 frimaire an VIII**, Article 52. Sous la direction des consuls, un Conseil d'Etat est chargé de rédiger les projets de lois et les règlements d'administration publique, et de résoudre les difficultés qui s'élèvent en matière administrative*).

Gian Domenico Romagnosi (1814), os *Eléments de Jurisprudence Administrative* de Louis-Antoine Macarel (1818), e as *Questions de Droit Administratif* de Louis Marie de Lahaye Cormenin (1822) –, e logo em seguida buscando oferecer uma exposição completa e ordenada do conteúdo legislativo da disciplina – como os *Institutes de Droit Administratif*, publicados por Joseph Marie De Gérando em quatro volumes entre 1828 e 1830[29].

Assiste-se, portanto, na Europa dos séculos XVIII e XIX, a um intenso processo de criação do direito administrativo e autonomização da ciência jurídica administrativista. A profundidade e a velocidade destas transformações podem ser explicadas: no século XIX as revoluções burguesas já haviam conseguido efetuar com sucesso a separação entre a administração pública e o poder jurisdicional típico da idade média, assegurando ao Estado a autonomia de que necessitava para promover a centralização do poder político, a regulamentação da cidade e a construção de uma ordem capitalista. Como afirmam Mannori e Sordi, os pontos cardeais que orientam a concepção do direito administrativo como objeto específico de uma disciplina autônoma são constituídos pelo tríplice postulado de que *(1)* a administração existe, *(2)* não possui qualquer ponto em comum com o judiciário, e *(3)* é poder estatal[30]. Ou seja, o interesse dos juristas europeus pelo fenômeno administrativo decorre da necessidade de dar conteúdo preciso à já existente independência da administração em relação à justiça, compreendida como princípio constitucional indiscutível e constituída como realidade incontornável. É o que explicam os autores[31]:

> Il suo valore culturale [do direito administrativo] consiste piuttosto nel'offrire una prima giustificazione della radicale antinomia tra amministrazione e giustizia e nel recepirla senza riserve all'interno del proprio sistema

[29] Cf. MANNORI, Luca e SORDI, Bernardo. *Storia del Diritto Amministrativo.* 2ª ed. Milano: Laterza, 2003, p. 278.

[30] *"Ora, il cardinale concettuale di questo universo, ciò che lo rende pensabile come un oggetto in sé compiuto, è costituito in sostanza dal triplice postulato in base al quale l'amministrazione esiste, non presenta alcun ponto in comune con la giustizia e proprio per questo è potere"* – MANNORI, Luca e SORDI, Bernardo. *Storia del Diritto Amministrativo.* 2ª ed. Milano: Laterza, 2003, p. 281.

[31] "O seu valor cultural [do direito administrativo] consiste principalmente no oferecimento de uma primeira justificação para a radical antinomia entre administração e justiça, e em seu recebimento sem reservas no interior do próprio sistema jurídico. Ou, mais simplesmente, no fortalecimento *da noção oitocentesca de administração pública*" (tradução livre, explicação entre colchetes, grifos no original). MANNORI, Luca e SORDI, Bernardo. *Storia del Diritto Amministrativo.* 2ª ed. Milano: Laterza, 2003, p. 281.

giuridico. Ovvero, più semplicemente, nello sgrossare *la nozione ottocentesca di amministrazione pubblica.*

A mesma explicação é formulada por António Manuel Hespanha[32], quando analisa a inclusão do direito administrativo nas faculdades portuguesas:

> A criação dessa cadeira correspondia, afinal, à transcrição no ensino universitário de uma realidade insofismável. Desde os finais do século XVIII a administração vinha, incessantemente, crescendo. E, sobretudo com a restauração da Carta e com os subseqüentes decretos ditatoriais de Mouzinho e de Passos Manuel, isso tinha-se tornado gritante. Nem o conservadorismo do corpo acadêmico coimbrão, reactivo a abandonar o elenco das matérias legadas pela reforma pombalina e – muito menos – em admitir que era a lei do legislador e não a doutrina das gentes que fazia direito – podia desconhecer que, correspondendo à crescente hegemonia adquirida pela atividade do Estado, o Direito Administrativo tem que ser considerado como "superior, em categoria, ao Direito Civil, ou Particular, mais difícil, e talvez mais vasto, e de mais freqüente aplicação". Ora, a esta crescente importância da Administração e do seu direito não correspondia "uma cadeira, aonde se ensine e se desenvolva este ramo da ciência".

Percebe-se, dessa forma, que o direito administrativo e a ciência jurídico-administrativa representam uma racionalização *a posteriori* de uma realidade já existente. No momento em que surge na Europa uma ciência do direito administrativo, já havia se consolidado o processo histórico que culminara na construção de um Estado nacional autônomo e capaz de regular as suas próprias atividades. Pode-se afirmar, então, que a construção histórica deste novo ramo do saber jurídico é apenas mais um dos múltiplos efeitos de uma transformação radical do dispositivo de poder existente nas sociedades européias do início da modernidade: de uma sociedade de soberania, marcada pela existência de um Estado de Justiça que fundamentava suas práticas de poder em uma legitimidade originária, para uma sociedade disciplinar, organizada em torno de um Estado de

[32] HESPANHA, António Manuel. O Direito Administrativo como Emergência de um Governo Activo (c. 1800 – c. 1910), *in:* HESPANHA, António Manuel e SILVA, Cristina Nogueira (orgs.). *Fontes para a história do direito administrativo português – séc. XIX*. Lisboa: FD-UNL, 2006, p. 7.

Polícia que exerce seu poder de forma regulamentar, visando à proteção permanente da sociedade e ao crescimento contínuo das forças do Estado.

Como explica Michel Foucault, até o século XVI a organização do Estado se baseava em um modelo jurídico, que fundava a legitimidade do poder político nos direitos ancestrais do soberano[33]. Desse modo, a tecnologia de poder das sociedades de soberania funcionava segundo um binômio jurídico 'proibido *x* permitido', cominando, pelo descumprimento da regra legal, uma sanção repressora que se exercia diretamente sobre o corpo dos súditos. Afinal, em um regime político cujo suporte era a legitimidade do poder real, a violação da lei representava também um desafio lançado ao soberano, que devia provocar uma réplica capaz de vencê-lo por um excesso que o anulasse – geralmente através do espetáculo público do suplício, demonstração eficaz da enorme dissimetria de forças existente em favor do rei.

Essa tecnologia de poder fundada na legitimidade da soberania é correlativa de um regime de produção: a riqueza dos séculos XVI e XVII era constituída por grandes extensões de terras, espécies monetárias e letras de câmbio passíveis de troca, o que permitia o seu controle sob a forma menos sofisticada da *apropriação*[34]. Desempenhando as funções de assenhoramento da produção e controle sobre um território, a tecnologia de poder soberana constituía o rei como detentor de uma série de direitos fiscais que lhe asseguravam o recebimento de parcela substancial da produção e a obediência dos súditos, garantindo o seu domínio. Assim, a ação meramente interditória/repressora sobre as condutas, a simples apropriação das riquezas e o exercício direto do poder soberano sobre o corpo dos súditos e o território eram já suficientes para garantir a sua segurança, o que possibilitava às sociedades do Antigo Regime conviver com uma certa margem de tolerância para com os ilegalismos populares.

Essa tecnologia, no entanto, se mostrou inadequada para reger o corpo econômico e político de uma sociedade em vias de explosão demográfica e industrialização[35]. Com o aumento geral da riqueza e o crescimento demo-

[33] FOUCAULT, Michel. *Em Defesa da Sociedade* (trad. Maria Ermantina Galvão). São Paulo: Martins Fontes, 2000, p. 50.

[34] FOUCAULT, Michel. *A Verdade e as Formas Jurídicas* (trad. Roberto Cabral de Melo Machado e Eduardo Jardim Morais). Rio de Janeiro: Nau, 2001, p. 100.

[35] FOUCAULT, Michel. *Vigiar e Punir* (trad. Raquel Ramalhete). 28ª ed. Petrópolis: Vozes, 2002, p. 72.

gráfico, os ilegalismos populares passam a ter como alvo não mais direitos, mas bens, e a pilhagem e o roubo tendem a substituir o contrabando e a sonegação fiscal, que se tornam privilégios da classe dominante. Esses novos ilegalismos não podem ser tolerados pela burguesia comercial e industrial; afinal, o desenvolvimento do modo de produção capitalista faz com que as riquezas deixem de ser investidas em terras e espécie monetária para serem investidas em uma materialidade não-monetária constituída por mercadorias, estoques, máquinas e oficinas. A nova forma de acumulação deixa a riqueza diretamente exposta à depredação, pois toda a "população de gente pobre, de desempregados, de pessoas que procuram trabalho"[36] passa a ter agora um contato direto, físico com a riqueza. As novas formas de distribuição espacial e social da riqueza industrial exigem novas formas de controle social, e o grande problema do poder passa a ser o de instaurar mecanismos de controle que permitam a proteção dessa fortuna.

É nesse contexto que surgem as disciplinas, "métodos que permitem o controle minucioso das operações do corpo, que realizam a sujeição constante de suas forças e lhes impõem uma relação de docilidade-utilidade"[37], reduzindo a força do corpo como força política e maximizando-a como força econômica. Dissociando o poder do corpo, de modo a tornar o exercício do poder o menos custoso e mais efetivo possível, e ligando-o ao rendimento dos aparelhos no interior do qual se exerce (de produção, escolar, militar, administrativo, etc.) para fazer crescer a docilidade e a utilidade dos elementos do sistema, a disciplina permite colocar essa enorme quantidade de riquezas não-monetárias nas mãos do proletariado sem deixar de garantir a sua segurança contra roubos e depredações.

A disciplina aumenta as forças do corpo em termos econômicos e de utilidade, e as reduz em termos políticos de desobediência. Desse modo faz do corpo, por um lado, um instrumento, um meio de produção, uma aptidão passível de ser aumentada e aproveitada; por outro lado, a disciplina inverte em seu favor o aumento de forças que poderia resultar desse procedimento e faz dessa relação uma relação de sujeição estrita, tornando

[36] FOUCAULT, Michel. *A Verdade e as Formas Jurídicas* (trad. Roberto Cabral de Melo Machado e Eduardo Jardim Morais). Rio de Janeiro: Nau, 2001, p. 100.

[37] FOUCAULT, Michel. *Vigiar e Punir* (trad. Raquel Ramalhete). 28ª ed. Petrópolis: Vozes, 2002, p. 118.

o exercício do poder menos custoso economicamente e mais eficaz politicamente. Organiza-se, assim, um dispositivo de polícia com capacidade para regulamentar em detalhes a vida individual e com o objetivo de fazer com que, sem afetar a ordem do Estado, as suas forças cresçam o máximo possível[38].

O Estado Administrativo francês que se organiza a partir do final do século XVII é construído por esse dispositivo, e por isso recebe a marca do regulamento indefinido, permanente, perpetuamente renovado, mais e mais detalhado, sobre as mais ínfimas atividades dos indivíduos. Como afirma Foucault[39], a grande proliferação das disciplinas locais e regionais a que se pôde assistir desde o fim do século XVI até o século XIX se destaca do fundo de uma tentativa de disciplinarização geral, de regulamentação geral dos indivíduos e do território do reino, sob a forma de uma polícia de modelo essencialmente urbano. Se é neste contexto que surge na Europa uma ciência do direito administrativo, ela não pode ser decifrada a não ser que se leve em consideração a importância do disciplinamento dos indivíduos e da regulamentação da cidade como formas de se proteger as novas formas de riqueza e assegurar o crescimento contínuo das forças do Estado.

Logo, é possível afirmar que a criação de um órgão autônomo para a regulação e o julgamento dos atos da administração, acompanhada da exclusão dos juízes da esfera administrativa, corresponde à organização da administração pública como instituição regulamentar da sociedade - a ordenar a multiplicidade caótica que, nas sociedades de soberania da idade média, era passível de controle pelo sistema de proibições de um dispositivo jurídico. A nova realidade social e econômica exige a construção de um dispositivo de poder mais complexo, disciplinar, ao qual a ciência jurídica administrativista que surge no início do século XIX não passa de uma resposta, devendo ser compreendida como racionalização posterior deste processo de reorganização da microfísica política.

Surpreendentemente, é assim também que os próprios teóricos do direito enxergavam a atividade administrativa do Estado oitocentista, compreendendo-a essencialmente como instituição disciplinar. Vários exemplares dessa forma de pensamento se encontram no estudo histórico de

[38] FOUCAULT, Michel. *Securité, Territoire, Population*. Lonrai: Gallimard/Seuil, 2004, p. 329.
[39] FOUCAULT, Michel. *Securité, Territoire, Population*. Lonrai: Gallimard/Seuil, 2004, p. 348.

Mannori e Sordi[40], que citam Portiez de l'Oise, para quem "administrar é agir, e agir sem interrupção", Charles Bonnin, que afirma que a ação administrativa "é de todos os momentos, pois não há um instante da vida em que o cidadão não esteja em relação com o Estado", Louis Antoine Macarel, que define a administração como a "ação vital do governo, que provém incessantemente a segurança geral, a manutenção da ordem pública e a satisfação de todas as outras necessidades da sociedade", e Lione, segundo o qual a ação administrativa é uma ação "incessante, geral, e se faz sentir em todos os domínios da ordem pública". Embora não façam referência explícita ao pensamento de Foucault em seu estudo sobre as origens do direito administrativo, percebe-se que Mannori e Sordi têm a intuição de que existe, nos interstícios do discurso jurídico-científico, a microfísica de um dispositivo de poder a assegurar, por meio de uma intervenção estatal permanente, o disciplinamento da sociedade e a utilidade dos indivíduos para o fortalecimento do Estado:

> Viene così a formarsi un patrimonio di luoghi comuni fondativi che continuerà a produrre suoi effetti fin quasi a noi. Dalla posizione di contestatissima ultima arrivata nel catalogo delle pubbliche funzioni, l'amministrazione si trova in pochi anni promossa al rango dell'attività statale più indefettibile e necessaria. Quella legittimazione che essa aveva tanto faticosamente cercato negli anni della vecchia monarchia, l'ha ora finalmente trovata in questo Stato nuovo, che fa della cura degli interessi generali il suo obiettivo essenziale.[41]

O argumento é refinado por António Manuel Hespanha, que, sem deixar de reconhecer a importância do dispositivo disciplinar para a formação do direito administrativo, ressalta que ele não se contenta em apenas organizar os regulamentos da administração dirigidos a ela mesma (como fazia

[40] MANNORI, Luca e SORDI, Bernardo. *Storia del Diritto Amministrativo*. 2ª ed. Milano: Laterza, 2003, p. 282 (tradução livre).

[41] "Forma-se, assim, um patrimônio de lugares comuns fundantes que continuará a produzir seus efeitos quase até a atualidade. Da posição de contestadíssima última novidade no catálogo das funções públicas, a administração se encontra, em poucos anos, promovida ao posto de atividade estatal mais indefectível e necessária. Aquela legitimação que havia, com tanto esforço, buscado nos anos da velha monarquia, finalmente a encontrou agora neste Estado novo, que faz do cuidado dos interesses gerais o seu objetivo essencial" (tradução livre). MANNORI, Luca e SORDI, Bernardo. *Storia del Diritto Amministrativo*. 2ª ed. Milano: Laterza, 2003, p. 284.

o direito de polícia); além de contemplar este aspecto, o direito administrativo nascente incorpora também normas referentes à relação da administração com os particulares, opondo-se tanto ao Estado de Polícia – na medida em que procura regular as prerrogativas de intervenção da administração sobre a sociedade – quanto ao liberalismo político – na medida em que exige o reconhecimento de um estatuto jurídico diferenciado para o Estado-administrador. Conclui o autor[42]:

Assim, as linhas de força dessa primeira fase do direito administrativo são:

- Na seqüência dos cameralistas, a regulação jurídica das actividades administrativas, de acordo com a ciência da polícia;
- A construção de um regime jurídico que excepcionasse o direito administrativo do regime geral de restrições às actividades do poder motivadas pela preeminência dos direitos individuais [...];
- A construção de uma doutrina administrativa baseada mais em princípios doutrinais do que em estritas regras legais, que permitisse escapar ao estrito controlo governamental-parlamentar, construindo um poder administrativo por cima das contingências da política.

Muito distinta parece ser a situação no Brasil. Chegando ao nosso país com quase meio século de atraso, nos anos 50 do século XIX, a ciência do direito administrativo desenvolvida na França se enquadra em outro tipo de sociedade, com características específicas, o que faz com que este discurso científico assuma uma função política distinta daquela função disciplinante e regulamentadora que precisou cumprir nas sociedades européias do período napoleônico.

Embora as primeiras cadeiras de direito administrativo tenham sido instaladas no Brasil em 1854, nas Faculdades de Direito de São Paulo e Recife, não havia ainda no país uma administração pública organizada que pudesse ser objeto de estudo da disciplina. Se na Europa a ciência do direito administrativo representa uma racionalização *a posteriori* das importantes transformações por que vinha passando o Estado burguês desde o século

42 HESPANHA, António Manuel. O Direito Administrativo como Emergência de um Governo Activo (c. 1800 – c. 1910), *in:* HESPANHA, António Manuel e SILVA, Cristina Nogueira (orgs.). *Fontes para a história do direito administrativo português – séc. XIX*. Lisboa: FD-UNL, 2006, p. 2.

XVII, no Brasil ela não passa de importação de um conjunto de doutrinas alienígenas, que de modo algum poderiam se relacionar com a realidade política existente no país.

O fato é que o objeto de estudos que possibilita a construção de uma ciência do direito administrativo – o Estado de Polícia – é uma consequência necessária do contexto de competição internacional em que viviam os Estados europeus nos primeiros anos do desenvolvimento do capitalismo, fortemente marcados pelo mercantilismo. Não era a situação do Brasil oitocentesco, em que predominava uma economia agrária, voltada para a exportação e dependente da Europa Ocidental; em uma sociedade como essa não havia razão para a construção de um aparato estatal interventor como o europeu, pois o dispositivo de poder vigente não dependia do disciplinamento dos indivíduos e da regulamentação das populações para se manter em funcionamento.

Vivia-se justamente em uma sociedade similar à que Foucault descreveu ao analisar a Europa do século XVI, alicerçada sobre um dispositivo de soberania, e muito mais preocupada em fornecer uma legitimidade jurídica originária ao poder político do que em intervir diretamente sobre a sociedade para a defesa do 'interesse geral'. Nessas sociedades, onde o açambarcamento da produção ainda não havia sido substituído pelo disciplinamento dos trabalhadores, não fazia sentido atribuir ao direito a tarefa de regulamentar a intervenção do Estado sobre a sociedade – própria do direito administrativo europeu; em vez disso, o discurso e a técnica do direito funcionavam de modo a dissolver o fato da dominação, fazendo aparecer em seu lugar os direitos legítimos da soberania e a obrigação legal da obediência dos súditos – estabelecendo uma relação política de sujeito para sujeito, fundamentando a unidade do poder na figura do monarca, e demonstrando como um poder pode se constituir de acordo com uma legitimidade fundamental superior a todas as leis[43].

É claro que uma ciência do direito administrativo, em um contexto como esse, não poderia surgir espontaneamente, mas apenas como legado de uma cultura exótica, que se esforça para se adaptar a uma realidade distinta da que lhe deu origem. É esta a situação que gera as questões que devem nortear a presente pesquisa: primeiramente, como se forma uma ciência do direito

[43] FOUCAULT, Michel. *Em Defesa da Sociedade* (trad. Maria Ermantina Galvão). São Paulo: Martins Fontes, 2000, p. 50.

administrativo no contexto em que vivia o Brasil do Segundo Reinado? Em seguida, quais são os saberes produzidos por essa ciência durante o período inicial de sua formação? E finalmente, que função o dispositivo de poder atribui a este discurso científico, quando ele se insere em uma sociedade em que parece não poder desempenhar nenhuma?

A resposta a este conjunto de questões exige uma compreensão adequada do contexto histórico em que vivia o Brasil. Não se pode simplesmente transferir a descrição que Foucault fez da Europa medieval para o Brasil do século XIX; embora o dispositivo de poder funcionasse de modo similar, trata-se de formas distintas de organização social, decorrentes de formações históricas distintas, e que devem ter as suas especificidades respeitadas – sob pena de a análise ser distorcida pelas lentes de um olhar eurocêntrico. E logo de início já se percebe uma importante diferença, que talvez seja a chave de interpretação dos problemas propostos: a soberania brasileira não era tradicional como a soberania europeia, o que impossibilitava fundamentar a sua legitimidade em um conjunto de direitos ancestrais originários. O Brasil havia acabado de obter a sua independência de Portugal, de modo que o poder político não poderia continuar tendo o mesmo sustentáculo que o havia mantido até então; era preciso encontrar um outro fundamento de legitimidade para a soberania, adequado ao momento de construção de um Estado original, e esse fundamento parece ter sido encontrado justamente no direito administrativo, que organizou o poder político e fundou a mitologia do imperador como fator de unidade nacional.

A ciência do direito administrativo desempenha, portanto, um papel imprescindível na construção do Estado brasileiro: fundamenta e legitima o poder político ao promover a mitificação jurídica da figura do Imperador, absolutizando a sua função moderadora de modo a cobrir a carência de absoluto que havia sido gerada pela independência política, e preenchendo assim um vazio que poderia representar um grave risco para a manutenção da estabilidade política. Como explica Paolo Grossi[44], é mesmo essa a tarefa do mito:

> A isso serve o mito, no seu significado especial de transposição de planos, de processo que obriga uma realidade a cumprir um vistoso salto de níveis

[44] Grossi, Paolo. Além das Mitologias Jurídicas da Modernidade, *in: Mitologias Jurídicas da Modernidade* (trad. Arno dal Ri Júnior). 2ª ed. Florianópolis: Boiteux, 2007, p. 51.

transformando-se em uma *meta-realidade*; e, se cada realidade está na história, da história nasce e com a história varia, a meta-realidade constituída pelo mito torna-se uma entidade meta-histórica e, o que mais pesa, absolutiza-se, torna-se objeto de crença mais do que de conhecimento. O resultado estrategicamente negativo que provém da secularização pode ser exorcizado unicamente com uma trama mitológica.

Pretende-se, portanto, na presente pesquisa, defender a tese de que a ciência europeia do direito administrativo, criada para organizar a intervenção do Estado sobre a sociedade em um contexto de concorrência que tornava necessário assegurar o crescimento ordenado das forças do Estado, ao chegar ao Brasil é reterritorializada, passando a cumprir uma função distinta: a de fundação do Estado brasileiro. Essa função não é cumprida simplesmente com a atribuição de legitimidade ao poder soberano (que já não poderia se justificar por seus direitos ancestrais), mas através da construção mítica de um soberano criado para agir, ele próprio, como fundamento de um Estado sem fundamento – porque sem povo, sem nação, sem legitimidade originária –, na medida em que atua como fator de unificação de uma sociedade extremamente heterogênea.

Assim, embora se utilize de todo o vocabulário jurídico da ciência europeia, a reflexão brasileira sobre o direito administrativo não parece desempenhar uma função administrativa-regulamentar, mas uma função constituinte-soberana, o que pode explicar algumas das características que foram constatadas na pesquisa jus-historiográfica que precedeu este projeto: a posição subordinada ao direito constitucional que o discurso jurídico administrativista tende a ocupar[45]; a importância atribu-

[45] Em sua obra sobre o Direito Público Brasileiro, Pimenta Bueno aborda o direito administrativo apenas nos capítulos 4, 5 e 6 do Título Sexto (no qual trata do Poder Executivo), ao examinar o Poder Executivo como Administrador. Todo o restante da obra segue a estrutura e a temática da Constituição de 1824, no interior da qual se enquadra a própria discussão sobre o direito administrativo – PIMENTA BUENO, José Antônio. *Direito Público Brasileiro e Análise da Constituição do Império, in:* KUGELMAS, Eduardo (org.). *José Antônio Pimenta Bueno, Marquês de São Vicente.* São Paulo: Editora 34, 2002. Essa posição subordinada também pode ser percebida no livro que Góis e Vasconcelos escreveu a respeito da natureza do poder Moderador: embora se trate de discussão típica do direito administrativo, na medida em que se refere às atribuições do Executivo e às suas relações com os ministérios, são constantes as referências ao texto constitucional, que, em última instância, fornece fundamentos e argumentos a todo o debate jurídico-administrativo – VASCONCELOS, Zacarias de Góis. Da Natureza e Limites do Poder

ída aos debates a respeito do poder Moderador e de suas relações com os ministérios[46]; a insistência em se ressaltar o papel do Imperador como elemento fundante do Estado[47]; e até mesmo a construção de um Conselho de Estado com função constituinte, em vez de administrativa[48].

Desse modo, este trabalho deve ser situado no interior do debate a respeito da formação histórica da ciência do direito administrativo, buscando alcançar basicamente três objetivos: investigar as razões históricas que conduzem à formação de uma ciência do direito administrativo no Brasil do século XIX; descrever o pensamento jurídico administrativista do século XIX, decifrando os principais temas por ele debatidos; e compreender a função política desempenhada por estes saberes durante o processo de construção de um Estado Nacional. Apenas assim se pode efetivamente compreender a gênese histórica da ciência do direito administrativo, não

Moderador, *in:* Oliveira, Cecília Helena de Salles (org.). *Zacarias de Góis e Vasconcellos*. São Paulo: Editora 34, 2002.

[46] Nesse sentido a obra de Góis e Vasconcelos, que dedica pelo menos quatro capítulos ao tema: Vasconcelos, Zacarias de Góis. Da Natureza e Limites do Poder Moderador, *in:* Oliveira, Cecília Helena de Salles (org.). *Zacarias de Góis e Vasconcellos*. São Paulo: Editora 34, 2002.

[47] O art. 88 da Constituição do Império define o poder Moderador como "a chave de toda a organização política, e é delegado privativamente ao imperador, como chefe supremo da nação e seu primeiro representante, para que incessantemente vele sobre a manutenção da independência, equilíbrio e harmonia dos mais poderes políticos"; comentando o dispositivo Pimenta Bueno afirma que "o poder Moderador é a suprema inspeção da nação, é o alto direito que ela tem, e que não pode exercer por si mesma, de examinar o como os diversos poderes políticos, que ela criou e confiou a seus mandatários, são exercidos. É a faculdade que ela possui de fazer com que cada um deles se conserve em sua órbita, e concorra harmoniosamente com outros para o fim social, o bem-estar nacional: é quem mantém seu equilíbrio, impede seus abusos, conserva-os na direção de sua alta missão; é enfim a mais elevada força social, o órgão político mais ativo, o mais influente de todas as instituições fundamentais da nação" – Pimenta Bueno, José Antônio. *Direito Público Brasileiro e Análise da Constituição do Império, in:* Kugelmas, Eduardo (org.). *José Antônio Pimenta Bueno, Marquês de São Vicente*. São Paulo: Editora 34, 2002, p. 280.

[48] Segundo Pimenta Bueno, "O Conselho de Estado é uma importante instituição que tem por destino auxiliar o governo e a administração nacional com suas luzes, experiência e opiniões ou pareceres; é o conselheiro coadjuvador de suas tarefas; e também o fiscal das competências administrativas, e o seu tribunal em matéria contenciosa de sua alçada. [...] Em resumo, é um precioso guia e auxiliar para o governo e para cada um dos ministérios". Pimenta Bueno, José Antônio. *Direito Público Brasileiro e Análise da Constituição do Império, in:* Kugelmas, Eduardo (org.). *José Antônio Pimenta Bueno, Marquês de São Vicente*. São Paulo: Editora 34, 2002, p. 365.

como mera coletânea de nomes, fatos e datas, mas como configuração discursiva irremediavelmente inserida no tecido histórico que lhe deu origem.

6. Delimitação da Hipótese de Pesquisa

Esta pesquisa pretende investigar a hipótese de que a ciência do direito administrativo, no Brasil, não cumpriu a função de fortalecimento do Estado que cumpriu na Europa do século XIX; importado da França através de Portugal, o conjunto de conceitos, teorias e vocabulários do discurso jurídico administrativista, ao ser recebido no Brasil é reterritorializado, passando a desempenhar uma função diversa: em vez de regular o exercício das funções executivas visando ao fortalecimento de um Estado já existente, fundar a legitimidade de um Estado inexistente e ainda por ser construído. Para testar essa hipótese será necessário compreender o processo que deu origem à formação de um discurso científico sobre o direito administrativo no Brasil, examinar o conteúdo desse discurso, e verificar de que maneira as características próprias da realidade brasileira aparecem em seus interstícios.

7. Justificativa

É extremamente relevante o estudo que se propõe acerca da formação histórica do direito administrativo brasileiro. Afinal, o direito administrativo passa atualmente por uma crise intensa, em que se digladiam várias propostas distintas visando à sua reformulação – ora se reafirma a necessidade de reforço do Estado Burocrático, ora se propõe a gerencialização da administração pública, ora se reivindica que o direito administrativo seja submetido ao filtro axiológico da Constituição. Neste contexto, a retomada, a partir de um olhar historiográfico, do período de formação do direito administrativo brasileiro, se reveste de fundamental importância, na medida em que esse olhar histórico promove a mobilização de um presente que aparenta ser imutável e relativiza mitos jurídicos que a dogmática jurídica tende a considerar inquestionáveis.

Como afirma Paolo Grossi[49], em entrevista cujo trecho foi utilizado como epígrafe deste projeto, a história do direito é a "consciência crítica" do jurista técnico; dominando a linha histórica, o historiador do direito é capaz de dar a um ponto específico dessa linha um sentido que permanece oculto ao

[49] MECCARELLI, Massimo; SOLIMANO, Stefano. A Colloquio con Paolo Grossi, *in: Forum Historiae Iuris*, mar. 2007, p. 4.

cultor do direito positivo, na medida em que sua análise é inevitavelmente confinada aos limites do próprio direito vigente. Assim, a pesquisa jus-historiográfica pode fornecer à dogmática uma explicação maior do que aquela fornecida pela própria teoria jurídica, pois possibilita a compreensão do verdadeiro significado do ponto no interior da linha histórica.

Além de relevante para a dogmática jurídica, esta pesquisa também apresenta um enorme interesse historiográfico. Afinal, ao se examinar a gênese da ciência do direito administrativo brasileiro no século XIX, pretende-se compreender melhor o processo de construção do Estado brasileiro (*State building*), verificando-se a função atribuída ao pensamento jurídico neste período fundamental para a organização política nacional. O direito administrativo se refere diretamente à organização do Estado, e analisar o pensamento jus-administrativista que se desenvolveu durante a formação do Estado brasileiro pode fornecer uma descrição riquíssima sobre o modo como a elite intelectual brasileira participou e enxergou a sua participação nessa empreitada.

E é claro que esse interesse aumenta ainda mais quando se trata especificamente da História do Direito. É no século XIX que se forma uma cultura jurídica propriamente brasileira, graças à declaração de Independência e à instalação das primeiras Faculdades de Direito no país. O estudo do pensamento jurídico sobre o direito administrativo se enquadra, então, em um projeto muito mais amplo de compreensão do processo de formação histórica de uma cultura jurídica brasileira, nos moldes do que António Manuel Hespanha e Paolo Grossi realizaram em Portugal e na Itália[50]. Ressalte-se que o tipo de pesquisa que se pretende realizar é um novo campo a ser desbravado, já que não existe ainda, no Brasil, uma análise histórico-jurídica séria sobre a gênese do direito administrativo brasileiro. Existem apenas informações desencontradas, "introduções históricas" sem qualquer preocupação de método, ou adaptações impróprias da história do direito europeu, o que torna as informações passíveis de ser obtidas por este trabalho ainda mais relevantes. Dessa forma, o trabalho proposto busca preencher uma grave lacuna na historiografia do pensamento jurídico brasileiro, que até então não se preocupou em realizar uma história do direito administrativo.

[50] Estes estudos se encontram, respectivamente, em HESPANHA, António Manuel. *Cultura Jurídica Européia – síntese de um milênio*. Florianópolis: Boiteux, 2005; e GROSSI, Paolo. *Scienza Giuridica Italiana: un profilo storico (1860-1950)*. Milano: Giuffrè, 2000.

E por fim, a pesquisa deve cumprir também uma importante função teórica: ao abordar o direito como acontecimento, o estudo histórico deve demonstrar como importa pouco o discurso jurídico abstrato, mostrando a necessidade de se examinar, para que realmente se compreenda o direito, de que maneira esse discurso se relaciona com a realidade a que se dirige. Caso a tese levantada venha a ser comprovada, será uma evidência de que discursos compostos exatamente pelos mesmos elementos podem desempenhar funções políticas distintas, conforme as características do dispositivo de poder com que se relacionem. Assim será possível superarmos o modelo de análise tradicional, que se limita a constatar os objetivos políticos declarados do direito, para começarmos a perceber, nos interstícios do discurso jurídico, uma ampla camada de práticas de poder invisíveis que o direcionam e condicionam a sua aplicação.

8. Metodologia

A pesquisa será iniciada por uma análise dos escritos científicos sobre o direito administrativo publicados entre 1854 e 1889. No entanto, partindo-se do pressuposto de que o discurso jurídico abstrato não pode ser tomado como instância autonomamente fundadora da sociedade e do Estado, é claro que apenas a leitura das obras científicas selecionadas não será suficiente para a compreensão da gênese da ciência brasileira do direito administrativo. Dessa forma, a análise das obras dos doutrinadores do passado deve estar necessariamente acompanhada de uma investigação do contexto histórico que lhes deu origem e a que se destinavam, sendo inevitável que o estudo sobre história do direito se fundamente em um estudo histórico aprofundado sobre a sociedade brasileira do século XIX – sob pena de se perder as minúcias e especificidades do momento histórico em uma visão presentista do passado.

Além disso, a pesquisa historiográfica não pode cair na ingenuidade tipicamente bacharelesca de abordar as relações entre o direito e a política a partir das configurações do próprio discurso jurídico, o que conduz a conclusões juridicizantes da política, e que acabam por não corresponder à realidade. É preciso abordar o direito do passado através do prisma da teoria do poder de Michel Foucault[51], que, sugerindo a guerra como modelo

[51] FOUCAULT, Michel. *Em Defesa da Sociedade* (trad. Maria Ermantina Galvão). São Paulo: Martins Fontes, 2000.

explicativo da sociedade, permite o desenvolvimento de uma visão muito mais interessante a respeito das relações entre direito e poder.

Pretende-se, então, tomar a investigação metodológica realizada durante a dissertação de mestrado[52] e tratar o direito como *acontecimento*. Tratar o direito como acontecimento significa não enxergá-lo de maneira hipostasiada, deixar de lado as preocupações com a coerência interna do discurso teórico e examinar as práticas concretas e a utilização real dos instrumentos jurídicos na sociedade; significa também não privilegiar a economia e a política, revalorizando a importância do direito não só como ferramenta, mas como campo de batalhas no interior do qual se pode alterar o equilíbrio de forças, com importantes consequências políticas e econômicas; finalmente, significa não confiar ingenuamente na capacidade infinita da racionalidade jurídica de organizar o poder em nome da vontade popular, e perceber que mesmo essa organização é, já, o resultado da vitória em uma batalha de forças, e que ela oculta o fato de que existe uma miríade de outros combates acontecendo sub-repticiamente nas mais ínfimas manifestações do fenômeno jurídico.

Para examinar o direito como acontecimento é necessário não sobrevalorizar o conjunto de normas e teorias que discutem a natureza jurídica ou o fundamento constitucional de um objeto de estudo determinado; afinal, elas só têm importância na medida em que são instrumentalizadas pelas partes em combate em prol de seus próprios objetivos. Quando se deseja compreender as relações de força presentes no interior do direito deve-se deixar de lado o esquema teórico ontológico-positivista de análise jurídica; afinal, quem manobra o canhão não é o químico ou o físico, mas aquele que conhece as técnicas necessárias para utilizá-lo de maneira eficiente. Se se deseja analisar o direito como canhão, ou seja, como arma para o confronto de forças, não se deve perder tempo com a compreensão das peculiaridades específicas de seus mecanismos, devendo o jurista se dedicar primordialmente ao exame daquelas alavancas que são utilizadas pelas partes em luta para apontá-lo em direção ao inimigo, o que permite compreender de que modo e com que finalidades ele pode ser utilizado.

[52] E exposta de forma mais sistematizada no artigo: GUANDALINI JR., Walter. O Direito como Acontecimento: por uma análise estratégica das práticas e do discurso jurídico, *in: EOS – Revista Jurídica da Faculdade de Direito / Faculdade Dom Bosco*, v. 1, n. 1, jan./jun. 2007. Curitiba: Dom Bosco, 2007, p. 108-114.

O mais importante não é o discurso jurídico, político ou econômico que toma as normas jurídicas como objeto privilegiado, mas a utilização concreta do direito como arma – ou seja, o acontecimento jurídico que gera determinados efeitos de poder, alterando as relações de força em um determinado campo de batalha, assim como a tomada de uma trincheira na guerra altera a situação estratégica das forças em combate.

Portanto, o estudo sobre a ciência do direito do século XIX não pode se limitar a descrever assepticamente o discurso jurídico destilado nos livros; é preciso contaminar esse discurso jurídico puro com as imundícies do real, verificando quais dos seus elementos são de fato utilizados na construção de um fundamento de legitimidade para o Estado Nacional, e quais deles são somente partículas inócuas, que apenas fazem parte do discurso em nome de uma tradição jurídica estrangeira ou para assegurar a coerência do discurso científico.

Logo, não basta examinar e descrever todas as obras de todos os juristas que escreveram sobre o direito administrativo entre 1854 e 1889; é preciso verificar quais dessas obras tinham mais peso no debate político, e descobrir quais eram os doutrinadores a que se atribuía uma posição de autoridade no campo da ciência jurídica. Além disso, é necessário também enfatizar os elementos do discurso que são reterritorializados e utilizados na retórica política, em tentativas de fundar a legitimidade do Estado sob construção.

Dessa forma, a pesquisa histórica que se pretende realizar se torna capaz de escapar das armadilhas de um discurso bacharelesco que não informa, por si só, as suas verdadeiras relações com o real. Ao tratar o direito como acontecimento poderemos superar a mera *descrição* do discurso científico do século XIX, aprofundando a compreensão de modo a descobrir quais eram, verdadeiramente, as *funções políticas* desempenhadas por esse discurso durante a construção de um Estado Nacional brasileiro.

9. Viabilidade

A presente proposta representa uma inflexão de estudos que vêm sendo realizados desde o ano de 2000, no Programa Especial de Treinamento da Faculdade de Direito (2000-2003), no Núcleo de Pesquisa em Sociologia Política Brasileira (Departamento de Ciências Sociais, 2000-2005), no Núcleo de Pesquisa História, Direito e Subjetividade (desde 2002) e no Programa de Pós-Graduação em Direito – Mestrado da Universidade

Federal do Paraná (desde 2004). As pesquisas que vinham sendo realizadas até o presente momento partiam do instrumental teórico-metodológico fornecido pela Sociologia e pela História, em uma tentativa de aproximar poder político e pensamento jurídico, e tomando essa aproximação como pressuposto imprescindível para a compreensão do papel do Direito nas sociedades contemporâneas. Assim, foram concluídos durante esse período estudos sobre temas como as relações entre discurso jurídico e ideologia política no Brasil dos anos 30, o papel das medidas provisórias no contexto da democracia brasileira contemporânea, as reformas do Estado brasileiro nos anos 90 (administrativa e financeira) e vários outros, culminando, em 2006, com a defesa da dissertação de mestrado em que se examinavam as práticas de poder presentes de forma oculta na política brasileira de combate à AIDS.

Trata-se de uma inflexão, e não apenas de uma continuação, porque nesta pesquisa se pretende, por um lado, abdicar das discussões sobre direito e poder na contemporaneidade, suspensas em prol de uma abordagem histórica do problema; e, por outro lado, pretende-se também ampliar o tema de análise para focar melhor o objeto, deixando de se considerar pontualmente as relações entre Direito e poder para que se possa desenvolver um estudo mais amplo sobre toda a ciência do direito administrativo existente no Brasil do século XIX. Os motivos dessa dupla inflexão já foram apresentados na justificativa do projeto; o que se pretende ressaltar no presente momento é que este trabalho pode representar o ponto de confluência de caminhos que vêm sendo percorridos desde o início da graduação em Direito, sendo viável o desenvolvimento de uma pesquisa relevante e original dentro do prazo fixado pelo Programa de Pós-Graduação.

Além disso, como grande parte das leituras necessárias para a orientação teórico-metodológica da pesquisa já foi feita, será possível superar a análise autoral que ainda foi necessária na dissertação de mestrado, passando-se diretamente à fase de aplicação do pensamento dos historiadores, sociólogos e filósofos estudados, cujas teorias passam a ser tomadas como mero pressuposto de uma pesquisa autônoma e independente – como se espera de uma tese de doutoramento.

Por fim, deve-se observar também que a presente proposta de pesquisa individual faz parte do projeto de pesquisa do Núcleo de Pesquisa Direito, História e Subjetividade, que, coordenado pelo prof. Ricardo Fonseca, tem realizado uma investigação abrangente sobre a História do Direito brasileiro no século XIX, procurando traçar um panorama geral da gênese de uma cultura jurídica brasileira (já tendo sido examinados temas como a propriedade, o ensino jurídico e a família no Brasil do século XIX). O projeto se enquadra, portanto, no plano de pesquisa elaborado por Ricardo Fonseca para o desenvolvimento de uma linha de pesquisa jus-historiográfica autônoma na Universidade Federal do Paraná, apresentado em linhas gerais no estudo que realizou sobre a cultura jurídica brasileira do século XIX[53]:

> Trata-se, portanto, de compreender a cultura jurídica brasileira do império a partir de três ângulos, que todavia constituem lados de um mesmo cristal: trata-se, em primeiro lugar, de verificar o saber do direito a partir do modo como ele historicamente circula, considerando sua dinâmica interna e respeitada a sua espessura, e tomando-se sua densidade e seu papel (que não é meramente técnico, instrumental ou ideológico), para, a partir daí, verificar como ele cumpre uma função efetiva e opera efeitos concretos no âmbito cultural. Em segundo lugar, trata-se de verificar o modo como o saber jurídico dialoga com os diversos componentes culturais, verificando nas suas transformações internas o modo como ele elabora e reelabora tais componentes. Por fim – e de um modo não mecânico ou esquemático – verificar como este saber do direito – tomado a partir desta complexidade e sem reduções – estabelece sua relação com as estruturas sociais, econômicas e políticas do período histórico estudado. É nesse entrecruzamento que a cultura jurídica se deixa entrever e é aqui que o mister do historiador do direito se apresenta.

Trata-se, em suma, de pesquisa viável e adequada à linha de pesquisa da instituição e do orientador.

10. Objetivos

10.1. *Objetivos Gerais*

- Compreender o processo histórico de formação do direito administrativo brasileiro como disciplina científica, no contexto de formação de uma cultura jurídica nacional;

[53] FONSECA, Ricardo Marcelo. Os Juristas e a Cultura Jurídica Brasileira na Segunda Metade do Século XIX, *in: Quaderni Fiorentini per la storia del pensiero giuridico moderno*, n. 35. Milano: Dott. A. Giuffrè Editore, 2006, p. 371.

- Fornecer uma descrição historiográfica do conteúdo da ciência do direito administrativo no Brasil do século XIX;
- Analisar a legislação administrativa elaborada pelo governo brasileiro durante o Segundo Reinado, examinando o modo como ela é interpretada pelos cultores da ciência do direito administrativo;
- Compreender a função desempenhada pela ciência do direito administrativo durante a construção do Estado brasileiro.

10.2. *Objetivos Específicos*

- Testar a hipótese[54] da formação de uma cultura jurídica efetivamente brasileira durante a segunda metade do século XIX;
- Identificar os principais nomes do pensamento jurídico administrativista no período histórico delimitado;
- Apontar os principais mitos fundantes do discurso jurídico-administrativo existente no Brasil do Segundo Reinado;
- Verificar os pontos de contato e as diferenças existentes entre o discurso jurídico-administrativo brasileiro do século XIX e o discurso jurídico-administrativo europeu do mesmo período;
- Comparar a realidade social do Brasil do século XIX com a realidade social europeia do mesmo período, verificando de que maneira as diferenças existentes entre elas dão origem a dispositivos de poder distintos;
- Examinar as funções políticas desempenhadas pelo discurso jurídico-administrativo construído na sociedade disciplinar europeia do século XIX;
- Verificar com que adaptações a construção teórica foucaultiana sobre as sociedades de soberania pode se aplicar à sociedade brasileira do século XIX;
- Compreender de que maneira a sociedade de soberania existente no Brasil do século XIX promoveu uma reterritorialização do discurso jurídico-administrativo disciplinar europeu, adaptando-o às especificidades do dispositivo de poder nela existente.

[54] Sustentada por Ricardo Fonseca, *in* FONSECA, Ricardo Marcelo. Os Juristas e a Cultura Jurídica Brasileira na Segunda Metade do Século XIX, *in: Quaderni Fiorentini per la storia del pensiero giuridico moderno*, n. 35. Milano: Dott. A. Giuffrè Editore, 2006, p. 371.

- Analisar o modo como certos elementos do discurso científico sobre o direito administrativo puderam ser instrumentalizados na construção e na legitimação de uma soberania estatal efetivamente brasileira.

11. Plano de Trabalho

CAPÍTULO I – Introdução

CAPÍTULO II – A Formação Histórica da Ciência do Direito Administrativo no Brasil – a herança europeia

Na primeira fase da pesquisa se pretende examinar o processo histórico de formação de um pensamento jurídico administrativista com estatuto científico no Brasil. O marco inicial dessa análise é o ano de 1854, quando a Reforma do Ensino realizada pelo Decreto 1386 introduziu as cadeiras de Direito Romano e Direito Administrativo como matérias obrigatórias na Faculdade de Direito. É inevitável tomar essa data como ponto de partida, já que a própria afirmação da cientificidade do pensamento jurídico-administrativo pressupõe, necessariamente, a existência de um ambiente científico no interior do qual esse discurso esteja apto a circular. Assim, esse ponto de ruptura deve também representar o ponto de partida de um estudo específico sobre a institucionalização do direito administrativo como disciplina acadêmica, que leve em consideração os debates teóricos e legais que precederam essa institucionalização, o processo que conduziu à instauração da disciplina, a formação acadêmica e a atuação profissional dos docentes que primeiramente a lecionaram, o modo como os estudantes a receberam e quaisquer outros elementos que a pesquisa historiográfica demonstre serem relevantes para a compreensão deste período de formação da ciência.

Deve-se reconhecer, no entanto, que a mera inclusão da disciplina na grade curricular das faculdades brasileiras não é suficiente para a atribuição de um caráter essencialmente *brasileiro* a essa ciência. Afinal, o direito administrativo inicialmente ministrado no país era um direito fundamentalmente europeu, herdado do ambiente intelectual português que, por sua vez, o havia construído com base nas discussões que vinham sendo travadas na França desde o final do século XVII. Trata-se, em suma, de um pensamento jurídico importado, com a mesma forma, os mesmos conceitos e a mesma estrutura do direito administrativo europeu, que se utiliza de um jargão tipicamente disciplinar e que se refere a uma realidade que não é a nossa - o que irá inclusive motivar as críticas positivistas da Primeira República, a respeito da incapacidade dos bacharéis do século XIX de superar as discussões estéreis sobre o "Brasil Ideal" para alcançar uma maior compreensão sobre o "Brasil Real"[55]. O estudo sobre a gênese do direito administrativo brasileiro depende, então, não apenas de uma compreensão sobre o seu processo de formação, mas também de uma análise minuciosa sobre o modo como ocorre a sua transferência da Europa para o Brasil, levando-se em consideração as razões históricas e o conteúdo real desta transferência - que parcelas desse pensamento são efetivamente aceitas, rejeitadas, incorporadas, modificadas, etc.

Em suma, o objetivo deste capítulo será basicamente fornecer uma explicação sobre a formação histórica da ciência do direito administrativo no Brasil do século XIX, abordando a sua instituição como disciplina acadêmica, as ligações dessa disciplina com o pensamento jurídico europeu e o modo como ela se relaciona com as peculiaridades da sociedade brasileira.

CAPÍTULO III - A Ciência do Direito Administrativo no Brasil do século XIX - as questões fundamentais

Este capítulo será dedicado à explicação historiográfica, propriamente dita, da ciência do direito administrativo no período histórico delimitado. O conteúdo do pensamento jurídico-administrativo no Brasil do Segundo Reinado deve ser objeto de uma atenção particular, pois embora o discurso jurídico tenda a se referir a um "Brasil Ideal" europeizado, o "Brasil Real" insiste em emergir em suas entrelinhas - modificando a estrutura do discurso, distorcendo o significado de um conceito, reformulando o conteúdo de um instituto. Desse modo, é preciso inspecionar com atenção esse discurso jurídico, para que a partir dos pontos de obscuridade com relação ao discurso europeu possam brotar as especificidades de uma ciência tipicamente brasileira - assim como a partir dos pontos de obscuridade

[55] Nesse sentido a seguinte pesquisa, que examina o discurso jurídico-político no Brasil durante o período do Estado Novo: GUANDALINI JR., Walter e CODATO, Adriano N. Os autores e suas ideias: um estudo sobre a elite intelectual e o discurso político do Estado Novo, *in: Estudos Históricos*, nº 32. Rio de Janeiro: Centro de Pesquisa e Documentação de História Contemporânea do Brasil da Fundação Getúlio Vargas, 2003, p. 145-164.

com relação ao discurso do presente se torna possível ressaltar as especificidades de um pensamento com a marca do século XIX.

Portanto, nessa etapa da investigação serão examinadas as obras relativas ao direito administrativo publicadas no Brasil entre 1854 e 1889. Essa análise pretende fornecer um panorama geral do estado da ciência no século XIX, a partir do qual se espera ser possível mapear a localização do direito administrativo no interior do discurso científico, as principais fontes dessa construção teórica, os *standards* doutrinários e padrões de interpretação utilizados, os marcos de autoridade nacionais e estrangeiros, as concepções jusfilosóficas que norteiam o desenvolvimento da ciência, as principais polêmicas e questões teóricas, etc.

Nesse sentido, a pesquisa preliminar que orientou este projeto já indicou alguns elementos fundamentais para a compreensão da ciência jus-administrativa brasileira do século XIX: elementos como a posição subordinada que o direito administrativo parece ocupar em relação ao direito constitucional nesse discurso; o papel atribuído ao poder moderador; a questão das relações entre o monarca e os ministérios; as características e funções do poder administrativo; os objetivos do exercício desse poder; os fundamentos legitimadores da ação administrativa; e a construção teórica e as funções políticas atribuídas ao Conselho de Estado. A partir destas questões será possível elaborar uma descrição bastante acurada da ciência do direito administrativo no Brasil do Segundo Reinado, o que possibilitará a investigação a ser realizada no capítulo IV, sobre as funções políticas desempenhadas por esse discurso durante a construção de um Estado Nacional brasileiro.

CAPÍTULO IV – As Funções Políticas da Ciência do Direito Administrativo no Brasil do Segundo Reinado – a construção do Estado

No quarto capítulo da tese serão avaliados os resultados da descrição a ser fornecida pelo capítulo III, com o intuito de decifrar as funções políticas desempenhadas pela ciência do direito administrativo no Brasil do Segundo Reinado. Assim, pretende-se testar a hipótese de que, inserido em uma sociedade distinta, o discurso científico europeu passa a desempenhar uma função distinta, enquadrando-se no dispositivo de poder vigente neste âmbito histórico-geográfico.

Desse modo, sugere-se que em vez de organizar uma regulamentação disciplinar da cidade com o intuito de fortalecer um Estado existente, o direito administrativo brasileiro é reterritorializado pelo discurso científico com o propósito de edificar os alicerces de um Estado Nacional apoiado sobre a figura do Imperador. Ausentes os direitos tradicionais originários que atuavam como fundações do estado de soberania europeu, e inexistentes as condições econômico-políticas que poderiam conduzir à criação de um dispositivo de poder disciplinar, a declaração da independência de 1822 passa a exigir a arquitetura de novas bases de apoio para o estado de soberania brasileiro: este fundamento parece ser fornecido pelo discurso jurídico-administrativo, que ao delimitar as atribuições do poder moderador permite a concepção da mitologia do Imperador como fator de unidade nacional, estabelecendo-o como fundamento de legitimidade a permitir a edificação de um Estado Nacional brasileiro.

CAPÍTULO V - Considerações Finais

12. Cronograma

Tempo previsto para execução do projeto de pesquisa: 18 (dezoito) meses - julho de 2007/ dezembro de 2008.

2007	jul	ago	set	out	nov	dez
Créditos de Disciplinas		XX	XX	XX	XX	
Determinação da metodologia	XX					
Reuniões com o orientador	X	X	X	X	X	X
Levantamento bibliográfico	XX	XX	XX			XX
Leitura de textos	XX	XX	XX	XX	XX	XX
Fichamento de textos	XX	XX	XX	XX	XX	XX
Redação do plano definitivo		XX				
Apresentação do plano definitivo			X			
Redação provisória			X	XX	XX	XX

2008	jan	fev	mar	abr	mai	jun	jul	ago	set	out	nov	dez
Créditos de Disciplinas			XX	XX	XX	XX						
Reuniões com o orientador	X	X	X	X	X	X	X	X	X	X	X	X
Novo levantamento bibliográfico	XX	XX				XX	XX					
Leitura de textos	XX	XX	XX	XX	XX	XX	XX	XX	XX	XX	XX	
Fichamento de textos	XX	XX	XX	XX	XX	XX	XX	XX	XX	XX	XX	
Redação provisória	XX	XX	XX	XX	XX	XX	XX					
Revisão da bibliografia								XX	XX			
Redação final									XX	XX	XX	
Revisão do original											X	XX

13. Referências bibliográficas

Adorno, Sérgio. *Os Aprendizes do Poder: bacharelismo liberal na política brasileira.* Rio de Janeiro: Paz e Terra, 1998.

Agamben, Giorgio. *Homo Sacer: o poder soberano e a vida nua* (trad. Henrique Burigo). Belo Horizonte: UFMG, 2002.

Bandeira de Mello, Celso Antônio. *Curso de Direito Administrativo.* 22ª ed. São Paulo: Malheiros, 2007.

Blanchet, Luiz Alberto. *Curso de Direito Administrativo.* Curitiba: Juruá, 1998.

Bourdieu, Pierre. *O Poder Simbólico* (trad.: Fernando Tomaz). 7ª ed. Rio de Janeiro: Bertrand Brasil, 2004.

Caetano, Marcello. *Manual de Direito Administrativo.* 10ª ed. Coimbra: Almedina, 1991.

Carvalho, José Murillo. *A Construção da Ordem/Teatro de Sombras.* 2ª ed. Rio de Janeiro: Relume Dumará, 1996.

Cavalcanti, Themistocles Brandão. *Curso de Direito Administrativo.* 9ª ed. Rio de Janeiro: Freitas Bastos, s.d.

Costa, Emilia Viotti. *Da monarquia à república: momentos decisivos.* 4ª ed. São Paulo: Brasiliense, 1987.

Costa, Pietro e Zolo, Danilo (orgs). *O Estado de Direito: história, teoria, crítica* (trad. Carlo Alberto Dastoli). São Paulo: Martins Fontes, 2006.

Cretella Júnior, José. *Manual de Direito Administrativo.* 5ª ed. Rio de Janeiro, 1989.

Deleuze, Gilles; Guattari, Felix. *Mil Platôs: capitalismo e esquizofrenia* (trad. Aurélio Guerra Neto e Célia Pinto Costa). Rio de Janeiro: Editora 34, 2000.

Di Pietro, Maria Sylvia. *Direito Administrativo*. 18ª ed. São Paulo: Atlas, 2005

______. 500 anos de direito administrativo brasileiro, *in: Revista da Procuradoria Geral do Estado da Bahia*. Brasília: ENAP, v. 26, n. 2, p. 29-54, 2000.

Enterría, Eduardo García de. *La lengua de los derechos: la formación del derecho público europeo tras la revolución francesa*. Madrid: Aklianza editorial, 2001.

Faoro, Raymundo. *Os Donos do Poder*. 7ª ed. Rio de Janeiro: Globo, 1987.

Fioravanti, Maurizio. *Costituzione*. Bologna: Il Mulino, 1999.

______. *Appunti di storia delle costituzione moderne: le libertà fundamentali*. Torino: Giappichelli, 1995.

______ (org.). *Lo Stato moderno in Europa: istituzioni e diritto*. 4ª ed. Roma/Bari: Laterza, 2004.

Fonseca, Márcio Alves. *Michel Foucault e o Direito*. São Paulo: Max Limonad, 2002.

Fonseca, Ricardo Marcelo. A 'Lei de Terras' e o advento da propriedade moderna no Brasil, *in: Anuário Mexicano de Historia del Derecho*, XVII, 2005, p. 97-112.

______ (org.). *Crítica da Modernidade: diálogos com o direito*. Florianópolis: Fundação Boiteux, 2005.

______. *Modernidade e Contrato de Trabalho: do Sujeito de Direito à Sujeição Jurídica*. São Paulo: LTr, 2002.

______. Os Juristas e a Cultura Jurídica Brasileira na Segunda Metade do Século XIX, *in: Quaderni Fiorentini per la storia del pensiero giuridico moderno*, n. 35. Milano: Dott. A. Giuffrè Editore, p. 339-371, 2006.

Foucault, Michel. *A Verdade e as Formas Jurídicas* (trad. Roberto Cabral de Melo Machado e Eduardo Jardim Morais). Rio de Janeiro: Nau, 2001.

______. *Em Defesa da Sociedade* (trad. Maria Ermantina Galvão). São Paulo: Martins Fontes, 2000.

______. *Le Pouvoir Psychiatrique*. Lonrai: Gallimard/Seuil, 2003.

______. *Microfísica do Poder* (trad. Roberto Machado). 14ª ed. Rio de Janeiro: Graal, 2004.

______. *Naissance de la Biopolitique*. Lonrai: Gallimard/Seuil, 2004.

______. *Securité, Territoire, Population*. Lonrai: Gallimard/Seuil, 2004.

______. *Vigiar e Punir* (trad. Raquel Ramalhete). 28ª ed. Petrópolis: Vozes, 2002.

Gasparini, Diógenes. *Direito Administrativo*. 3ª ed. São Paulo: Saraiva, 1993.

Grossi, Paolo. Além das Mitologias Jurídicas da Modernidade, *in: Mitologias Jurídicas da Modernidade* (trad. Arno dal Ri Júnior). 2ª ed. Florianópolis: Boiteux, 2007, p. 47-84.

______. *História da Propriedade e outros ensaios* (trad. Ricardo Marcelo Fonseca e Luiz Ernani Fritoli). Rio de Janeiro: Renovar, 2006.

______. *Mitologias Jurídicas da Modernidade* (trad. Arno dal Ri Júnior). 2ª ed. Florianópolis: Boiteux, 2007.

______. *Primeira Lição sobre Direito* (trad. Ricardo Marcelo Fonseca). Rio de Janeiro: Forense, 2006.

______. *Scienza Giuridica Italiana: un profilo storico (1860-1950)*. Milano: Giuffrè, 2000.

Guandalini Jr., Walter. *A Crise da Sociedade de Normalização e a Disputa Jurídica pelo Biopoder – o licenciamento compulsório de patentes de anti-retrovirais* (dissertação de mestrado). Curitiba: Programa de Pós-graduação em Direito, Universidade Federal do Paraná, 2006.

______. Da Ascese à Disciplina: a ética protestante e a constituição do sujeito capitalista, *in: Revista da Faculdade de Direito da Universidade Federal do Paraná*, nº 41. Curitiba: SER/UFPR, 2004, p. 115-129.

______. O Direito como Acontecimento: por uma análise estratégica das práticas e do discurso jurídico, *in: EOS – Revista Jurídica da Faculdade de Direito / Faculdade Dom Bosco*, v. 1, n. 1, jan./jun. 2007. Curitiba: Dom Bosco, 2007, p. 108-114.

Guandalini Jr., Walter e Codato, Adriano N. Os autores e suas idéias: um estudo sobre a elite intelectual e o discurso político do Estado Novo, *in: Estudos Históricos*, nº 32. Rio de Janeiro: Centro de Pesquisa e Documentação de História Contemporânea do Brasil da Fundação Getúlio Vargas, 2003, p. 145-164.

Guandalini Jr., Walter, *et allii*. Reflexões sobre a Reforma Administrativa, Trabalhista e Tributária, *in: Revista Jurídica Themis* (Centro Acadêmico Hugo Simas, org.), n.º 15. Curitiba: JM, p. 169-198.

Hespanha, António Manuel. *Cultura Jurídica Européia – síntese de um milênio*. Florianópolis: Boiteux, 2005.

______. *Justiça e litigiosidade: história e prospectiva*. Lisboa: Calouste Gulbenkian, 1993.

______. O Direito Administrativo como Emergência de um Governo Activo (c. 1800 – c. 1910), *in:* Hespanha, António Manuel e Silva, Cristina Nogueira (orgs.). *Fontes para a história do direito administrativo português – séc. XIX*. Lisboa: FD-UNL, 2006.

______. *O Direito dos Letrados no Império Português*. Florianópolis: Boiteux, 2006.

______ (org.). *Poder e instituições na Europa do antigo regime: coletânea de textos*. Lisboa: Calouste Gulbenkian, 1984.

Holanda, Sérgio Buarque de. 25ª ed. *Raízes do Brasil*. São Paulo: Companhia das Letras, 1995.

Iglesias, Francisco. *Trajetória política do Brasil (1500-1964)*. São Paulo: Companhia das Letras, 1993.

Kugelmas, Eduardo (org.). *José Antônio Pimenta Bueno, Marquês de São Vicente*. São Paulo: Editora 34, 2002.

Leal, Victor Nunes. *Coronelismo, enxada e voto*. 2ª ed. São Paulo: Alfa-Ômega, 1975.

Lopes, José Reinaldo de Lima. *As palavras e a lei: direito, ordem e justiça na história do pensamento jurídico moderno*. São Paulo: Ed. 34/Edusp, 2004.

______. *O direito na história: lições introdutórias*. São Paulo: Max Limonad, 2000.

Mannori, Luca. *Il sovrano tutore: pluralismo istituzionale e accentramento amministrativo nel principato dei Medici (secc. XVI-XVIII)*. Milano: Giuffrè, 1994.

Mannori, Luca e Sordi, Bernardo. *Storia del Diritto Amministrativo*. 2ª ed. Milano: Laterza, 2003.

Matteucci, Nicola. *Organizzazione del potere e libertà: storia del costituzionalismo moderno*. Torino: UTET, 1988.

Meccarelli, Massimo; Solimano, Stefano. A Colloquio con Paolo Grossi, *in: Forum Historiae Iuris*, mar. 2007, p. 1-25. Extraído em 16 de maio de 2007 do endereço eletrônico <http://www.forhistiur.de/zitat/0703meccarelli-solimano-grossi.htm>.

Meirelles, Hely Lopes. *Direito Administrativo Brasileiro*. 32ª ed. São Paulo: Malheiros, 2006.

Mota, Carlos Guilherme. *Brasil em perspectiva*. 19ª ed. Rio de Janeiro: Bertrand Brasil, s.d.

______ (org.). *Os juristas na formação do Estado-nação brasileiro (século XVI a 1850)*. São Paulo: Quartier Latin, 2006.

Oliveira, Cecília Helena de Salles (org.). *Zacarias de Góis e Vasconcellos*. São Paulo: Editora 34, 2002.

Pimenta Bueno, José Antônio. *Direito Público Brasileiro e Análise da Constituição do Império, in:* Kugelmas, Eduardo (org.). *José Antônio Pimenta Bueno, Marquês de São Vicente*. São Paulo: Editora 34, 2002.

Seelaender, Airton. A polícia e o rei-legislador: notas sobre algumas tendências da legislação portuguesa no antigo regime, *in:* Bittar, Eduardo C. (org). *História do direito brasileiro: leituras da ordem jurídica nacional*. São Paulo: Atlas, 2003.

Souza, Laura de Mello. *O sol e a sombra: política e administração na América portuguesa do século XVIII*. São Paulo: Companhia das letras, 2006.

Vasconcelos, Zacarias de Góis. Da Natureza e Limites do Poder Moderador, *in:* Oliveira, Cecília Helena de Salles (org.). *Zacarias de Góis e Vasconcellos*. São Paulo: Editora 34, 2002.

Venâncio Filho, Alberto. *Das arcadas do bacharelismo*. São Paulo: Perspectiva, s.d.

Volante, Raffaele, *et allii*. Ordo Iuris: *storia e forme dell'esperienza giuridica*. Milano: Giuffrè, 2003.

Wolkmer, Antônio Carlos. *História do direito no Brasil*. São Paulo: Forense, 1998.

______ (org.). *Fundamentos de história do direito*. 4ª ed. Belo Horizonte: Del Rey, 2007.

______. *Síntese de uma história das idéias jurídicas: da antiguidade clássica à modernidade*. Florianópolis: Boiteux, 2006.

Zagrebelsky, Gustavo. *Il Diritto Mite*. Torino: Einaudi, 1992.

19.2. PROJETO PARA A INSTITUIÇÃO DE PROGRAMA DE INICIAÇÃO CIENTÍFICA

WALTER GUANDALINI JUNIOR

A MODERNIZAÇÃO FRACASSADA
direito e normalização no Brasil do século XIX

CURITIBA, 2019

A) IDENTIFICAÇÃO

1. Título do Projeto

A Modernização Fracassada: direito e normalização no Brasil do século XIX.

2. Palavras-chave

História do Direito Brasileiro; Processo de Modernização; Brasil Império.

3. Resumo

A pesquisa deseja compreender as razões do fracasso do projeto de modernização jurídica proposto para a sociedade brasileira desde meados do século XIX. Pela análise da legislação promulgada no período – em especial o Código Comercial (1850), o Código de Processo Comercial (1850), a Lei de Terras (1850), a Lei do Censo (1851), a Consolidação de Direito Civil (1858) e a Lei do Registro Civil (1888) –, assim como do pensamento jurídico em circulação nos ambientes eruditos – em especial do moderno direito administrativo (a partir de 1854) – pretende-se identificar exatamente em que consistia o projeto de modernização proposto pelas elites políticas, como esse projeto foi recebido pela sociedade a que se destinava, e quais foram as razões que conduziram ao seu fracasso naquele contexto específico. Sugere-se a hipótese de que a estrutura sócio-econômica brasileira não estava preparada para sustentar a ação vanguardista das elites políticas, o que levou à absorção e ressignificação dessa legislação moderna por uma ordem jurídico-política pré-moderna. Espera-se que o trabalho contribua para uma compreensão mais clara dos limites e contradições existentes no complexo processo de modernização da ordem jurídica brasileira.

B) OBJETIVOS

1. Objetivos Gerais

- Identificar as características da cultura jurídica brasileira na segunda metade do século XIX;
- Compreender as razões do fracasso do projeto de modernização da ordem jurídica brasileira na segunda metade do século XIX;
- Avaliar os resultados dos esforços de modernização da ordem jurídica brasileira na segunda metade do século XIX.

2. Objetivos Específicos

- Examinar o projeto, a execução e os resultados do processo de modernização da cultura jurídica brasileira na segunda metade do século XIX;
- Examinar o projeto, a execução e os resultados do processo de modernização do direito comercial brasileiro na segunda metade do século XIX;
- Examinar o projeto, a execução e os resultados do processo de modernização do direito fundiário brasileiro na segunda metade do século XIX;
- Examinar o projeto, a execução e os resultados do processo de modernização do direito administrativo brasileiro na segunda metade do século XIX;
- Examinar o projeto, a execução e os resultados do processo de modernização do direito civil brasileiro na segunda metade do século XIX.

C) FUNDAMENTAÇÃO TEÓRICA

Toda a tradição teórica pré-moderna do saber jurídico o reconhecia como caso especial de ciência, predominantemente argumentativa e voltada essencialmente à resolução do caso concreto, com o apoio de *topoi* argumentativos como as noções de ordem, eqüidade, justiça e equilíbrio. O fundamento filosófico dessa concepção pode ser encontrado em Aristóteles, que ao classificar o saber jurídico entre as "ciências práticas", voltadas à ação, ressalta o caráter flexível e provisório das verdades por ele produzidas, que devem ser sempre capazes de se adaptar às necessidades da realidade a que se aplicam – como a "régua de chumbo" dos arquitetos da ilha de Lesbos (Aristóteles, 1985). No entanto, foi por intermédio do Direito Romano que se expandiu pelo Ocidente a noção da primazia das necessidades práticas em detrimento do direito material, com a construção do conceito de *actio* e a ideia de que o juiz deve estar voltado às necessidades do caso concreto ao resolver um conflito jurídico determinado.

Herdada pelos juristas medievais graças ao trabalho dos glosadores e pós-glosadores, a peculiar relação estabelecida no Ocidente entre o saber jurídico e o atendimento de necessidades práticas imediatas se reforça ainda mais a partir do século XIII, em um contexto marcado pela existência de uma ordem jurídica pluralista, não-hierarquizada e flexível. Como explica António Manuel Hespanha (2005:101), a sociedade europeia medieval se organizava com base em várias ordens jurídicas inter-relacionadas: o direito comum temporal (romano), o direito comum espiritual (canônico) e a miríade de direitos próprios locais e corporativos conviviam em uma situação de pluralismo jurídico, na qual distintos complexos de normas, com legitimidades e conteúdos distintos, coexistiam no mesmo espaço social sem quaisquer relações de prioridade ou unificação. Assim, o universo jurídico medieval é concebido como um cosmo ordenado, em que o elemento singular só adquire sentido ao se referir a uma totalidade que o inclui e lhe prescreve uma destinação. Nesse contexto, a ordem é concebida como dom originário de Deus, mantendo-se pela existência de afetos que atraem as coisas entre si de acordo com sua simpatia natural. O Direito é apenas uma forma grosseira de correção dessa simpatia universal em casos patológicos de desarmonia, ao lado das noções de amizade, gratidão, honra, vergonha, etc. Os juristas são os guardiões desse mundo multi e auto-ordenado, tendo a função de extrair o justo da realidade em uma hermenêutica ilimitada de Deus, dos homens e da natureza. Não criam nem corrigem a ordem, portanto, mas apenas a descobrem e interpretam na natureza.

Nessa pluralidade de ordens normativas não há hierarquia pré-estabelecida, com a sua relação dependendo do contexto e de modelos de transferência, que geram uma ordem entrecruzada e móvel cujas particularizações não podem ser antecipadamente previstas, em uma geometria variável do direito comum. Em vez de um sistema fechado com relações definidas entre os elementos, o direito comum constitui uma constelação aberta e flexível de ordens cuja estrutura só pode ser fixada em face do caso concreto. Percebe-se, então, como o raciocínio jurídico não se desenvolve, na Europa Medieval, como subsunção em uma estrutura lógico-dedutiva; pelo contrário, ele é obrigado a se basear em *topoi* pré-estabelecidos que podem ser convocados livremente pelos juristas, diante das necessidades específicas do caso concreto, a fornecer os argumentos úteis à sustentação de uma tese para a defesa de um litigante ou a fundamentação de uma decisão judicial (a justiça divina, a ordem natural, os privilégios de classes e corporações, a autoridade do Direito Romano, a racionalidade das tradições, etc.).

A partir do século XVI, porém, a situação começa a se transformar. O advento de uma nova realidade normativa, aliado ao desenvolvimento interno do sistema de saber jurídico e às transformações econômicas, políticas e culturais ocorridas no Ocidente, provoca uma grande crise na doutrina europeia do direito, que vai se refletir também nas formas específicas de raciocínio jurídico. A atividade teórica dos Comentadores promove a unificação dos *iura propria* ao *ius commune*, com o progresso do movimento de centralização do poder político assegurando a supremacia do direito local reinícola (mais adaptado às novas necessidades econômicas e sociais) em face do direito comum romano e canônico, relegado ao papel de direito subsidiário. A nova situação abala também a noção de ordem plural não-hierarquizada, tornando absurdo e irrelevante o esforço de harmonização dos textos normativos de origem distinta. A doutrina jurídica é obrigada a justificar em outros termos o seu interesse pelo Direito Romano, que passa a ser estudado com preocupação apenas histórica (o *mos gallicus*), ou em uma versão adaptada às novas necessidades sociais (o *usus modernus pandectarum*).

A modificação no conteúdo do Direito acaba reverberando na lógica interna do saber jurídico, que passa a trabalhar em um ambiente marcado pela unificação e pelo estabelecimento de uma estrutura hierárquica de validades fundantes. Se os Comentadores tinham obtido os princípios gerais do Direito através da análise de textos isolados, agora se torna viável o movimento de síntese, reunindo-se todo o direito em um sistema teórico orgânico, submetido a axiomas e regras gerais. Organizado esse sistema, torna-se possível fazê-lo caminhar por seus próprios meios, sem necessidade do apoio permanente dos textos da tradição romanística. Torna-se possível, em outras palavras, compreender o fenômeno jurídico com os mecanismos do raciocínio dedutivo, aptos a encontrar a solução jurídica mais adequada a um caso concreto não através de uma rebuscada interpretação dos textos romanísticos, mas de uma especificação dos próprios axiomas jurídicos formulados. Abre-se a época do direito natural racionalista, em que os princípios superiores do direito são vistos como produto da razão humana, que, ao elaborá-los, revela uma lógica universal fundante.

Embora se trate, novamente, de um direito natural, é difícil enfatizar suficientemente a radicalidade das diferenças entre o direito natural racionalista desse período e os direitos naturais de caráter cosmológico ou teocêntrico da Antigüidade e da Idade Média. Em primeiro lugar, porque o papel atribuído ao jusracionalismo é completamente distinto do que se atribuía aos jusnaturalismos anteriores: não se trata, agora, de apenas mais um dentre os topoi disponíveis à argumentação jurídica, ao lado dos argumentos da tradição, da racionalidade ou dos direitos específicos; graças ao contexto em que é construído, que o torna a manifestação jurídica da racionalidade subjetiva universal, o jusracionalismo passa a ocupar uma posição no ápice da ordem jurídica, como ente unificador de todas as ordens jurídicas parciais ainda existentes. Além disso, o direito natural que fundamenta a ordem jurídica não deriva, agora, da natureza cósmica ou da natureza da sociedade, mas da natureza do homem individual e da observação daqueles impulsos que o conduzem à ação. A natureza do indivíduo se torna o novo fundamento da organização jurídica, e ela pode ser compreendida pela pesquisa racional, o que gera o abandono da sabedoria prática, como instrumento por excelência da investigação jurídica, em prol de uma racionalidade subjetiva de caráter lógico-dedutivo.

Não é difícil compreender como ocorre essa transição. Afinal, com o jusracionalismo o direito se torna uma disciplina submetida a regras de valor necessário e objetivo. Os "direitos naturais" não são apenas ordens (como os mandamentos divinos), mas conclusões lógicas inquestionáveis descobertas pela investigação racional, a partir das quais devem ser extraídas as regras da convivência humana. O seu caráter "natural" não decorre mais de seu vínculo com o cosmos, mas de seu aspecto universal e necessário, como resultado inevitável de uma racionalidade subjetiva a que se atribuem as mesmas características. Ora, verdades universais evidentes sobre as quais outros conceitos devem se apoiar são justamente o que define a noção de axioma, e a sua colocação no ápice da ordem jurídica possibilita a organização do raciocínio jurídico com base em um modelo lógico-dedutivo. Em conseqüência, a possibilidade de hesitação entre princípios contraditórios é extirpada do direito; as normas passam a estar unificadas em um sistema conceitual isento de contradição, e o direito passa a ser aplicado a partir da lógica interna do próprio sistema jurídico.

Ao organizar racionalmente a ordem jurídica, o jusracionalismo faz com que o conteúdo do direito passe a ter apenas uma fonte filosófica, e com que a totalidade do ordenamento seja formada por deduções a partir dessa fonte básica. Além de unificar e hierarquizar, o direito natural atribui ao direito positivo uma legitimidade originária que torna desnecessário o recurso permanente aos topoi do bom senso, da tradição ou da justiça no momento de resolver um problema concreto. Na Modernidade a razão sozinha já é legitimidade suficiente para o Direito, bastando que o jurista tome o cuidado de se utilizar de um método adequado para extrair dela as consequências racionais aplicáveis aos casos empíricos sob debate judicial. O método apropriado à extração de consequências racionais da relação entre axiomas gerais e casos concretos é justamente o método do silogismo – que se converte, então, em silogismo jurídico.

O desenvolvimento do jusracionalismo constrói, assim, um novo método para o saber jurídico, que aos poucos se transforma em Ciência do Direito. O silogismo jurídico consiste na aplicação do método lógico-dedutivo ao saber jurídico, tomando-se os direitos naturais (ou a lei positiva racionalmente criada a partir dele) como premissa maior, o caso concreto sob análise como premissa menor, e extraindo-se da relação entre eles uma conclusão que consiste na consequência jurídica a ser aplicada ao caso (comumente uma sanção).

Mas a simplificação do saber jurídico se intensifica ainda mais com o desenvolvimento das teorias democráticas e o progresso da centralização do poder político nas mãos do Estado Nacional. O jusracionalismo sempre conviveu com um paradoxo, já que ao identificar como foco de origem dos direitos naturais as características imanentes do homem, observava nesse mesmo homem imanente a característica essencial da autonomia da vontade – ou seja, da liberdade de determinar livremente e racionalmente os rumos de sua existência. Diante dessa característica, o direito não poderia simplesmente concretizar um conjunto de princípios imutáveis alheios à vontade humana, como os mandamentos de Deus; ele deve se submeter ao comando dos homens, que detêm a capacidade racional de criar o direito positivo mais adequado à satisfação de seus impulsos básicos. A criação do direito positivo é realizada através do Estado, que representa a vontade geral com os debates no Parlamento ou a encarna na pessoa do Rei. Com essas premissas não é difícil transferir a racionalidade dos direitos naturais também para o direito positivo, que passa a se autofundamentar como resultado racional da concretização da vontade geral. O direito natural desaparece do esquema, com o direito positivo assumindo o papel de garante de sua própria racionalidade. Após esse longo processo a lei se torna a principal fonte do direito, e as novas escolas do pensamento jurídico tendem a exigir o seu respeito como medida de garantia da racionalidade e da legitimidade da ordem jurídica.

Se a ideia surge no século XIX com a Escola da Exegese, preocupada em limitar o arbítrio dos juízes e garantir a efetivação legal das conquistas políticas das revoluções burguesas, ela atinge a sua plenitude no Positivismo Jurídico de Hans Kelsen, que passa a reivindicar não só a autonomia normativa do direito positivo, mas também a autonomia científica de sua Teoria Pura (Kelsen, 2000). Com o juspositivismo o raciocínio jurídico se revela definitivamente como juízo de subsunção, atividade de enquadramento do fato concreto a uma norma abstrata determinada, de modo a se extrair dessa relação a consequência jurídica prescrita pelo sistema legal vigente. O saber jurídico realiza, assim, um antigo sonho: alcança o grau de certeza e previsibilidade do raciocínio matemático, reivindicando para si o título ao qual almejava desde o início da modernidade – o de Ciência Jurídica. Com isso, não só estabelece o vínculo definitivo entre o saber jurídico e a verdade objetiva, mas também acredita poder garantir, com a defesa do Estado de Direito, a manutenção dos direitos subjetivos conquistados pelas revoluções burguesas.

Percebe-se, assim, em conclusão, que a modernização jurídica é resultado de um duplo movimento: de deslocamento da ordem jurídica da ordem natural do cosmos para a ordem legal positivada pelo soberano; e de deslocamento do raciocínio jurídico da busca da solução mais justa ao caso concreto para a aplicação silogística da norma abstrata à *fattispecie*.

Em paralelo ao movimento de modernização jurídica ocorre também um movimento de modernização da organização das estruturas estatais e das práticas de governo dos homens nas sociedades ocidentais. Segundo Michel Foucault, (2000:50), até o século XVI a organização do Estado se baseava em um modelo jurídico, que fundava a legitimidade do poder político nos direitos ancestrais do soberano. Desse modo, a tecnologia de poder das sociedades de soberania funcionava segundo um binômio jurídico 'proibido x permitido', cominando, pelo descumprimento da regra legal, uma sanção repressora que se exercia diretamente sobre o corpo dos súditos. Afinal, em um regime político cujo suporte era a legitimidade do poder real, a violação da lei representava também um desafio lançado ao soberano, que devia provocar uma réplica capaz de vencê-lo por um excesso que o anulasse – geralmente através do espetáculo público do suplício, demonstração eficaz da enorme dissimetria de forças existente em favor do rei.

Essa tecnologia de poder fundada na legitimidade da soberania é correlativa de um regime de produção: a riqueza dos séculos XVI e XVII era constituída por grandes extensões de terras, espécies monetárias e letras de câmbio passíveis de troca, o que permitia o seu controle sob a forma menos sofisticada da apropriação (Foucault, 2001:100). Desempenhando as funções de assenhoramento da produção e controle sobre um território, a tecnologia de poder soberana constituía o rei como detentor de uma série de direitos fiscais que lhe asseguravam o recebimento de parcela substancial da produção e a obediência dos súditos, garantindo o seu domínio. Assim, a ação meramente interditória/repressora sobre as condutas, a simples apropriação das riquezas e o exercício direto do poder soberano sobre o corpo dos súditos e o território eram já suficientes para garantir a sua segurança, o que possibilitava às sociedades do Antigo Regime conviver com uma certa margem de tolerância para com os ilegalismos populares.

Essa tecnologia, no entanto, se mostrou inadequada para reger o corpo econômico e político de uma sociedade em vias de explosão demográfica e industrialização (Foucault, 2002:72). Com o aumento geral da riqueza e o crescimento demográfico, os ilegalismos populares passam a ter como alvo não mais direitos, mas bens, e a pilhagem e o roubo tendem a substituir o contrabando e a sonegação fiscal, que se tornam privilégios da classe dominante. Esses novos ilegalismos não podem ser tolerados pela burguesia comercial e industrial; afinal, o desenvolvimento do modo de produção capitalista faz com que as riquezas deixem de ser investidas em terras e espécie monetária para serem investidas em uma materialidade não-monetária constituída por mercadorias, estoques, máquinas e oficinas. A nova forma de acumulação deixa a riqueza diretamente exposta à depredação, pois toda a "população de gente pobre, de desempregados, de pessoas que procuram trabalho" (Foucault, 2001:100) passa a ter agora um contato direto, físico com a riqueza. As novas formas de distribuição espacial e social da riqueza industrial exigem novas formas de controle social, e o grande problema do poder passa a ser o de instaurar mecanismos de controle que permitam a proteção dessa fortuna.

É nesse contexto que surgem as disciplinas, "métodos que permitem o controle minucioso das operações do corpo, que realizam a sujeição constante de suas forças e lhes impõem uma relação de docilidade-utilidade" (FOUCAULT, 2002:118), reduzindo a força do corpo como força política e maximizando-a como força econômica. Dissociando o poder do corpo, de modo a tornar o exercício do poder o menos custoso e mais efetivo possível, e ligando-o ao rendimento dos aparelhos no interior do qual se exerce (de produção, escolar, militar, administrativo, etc.) para fazer crescer a docilidade e a utilidade dos elementos do sistema, a disciplina permite colocar essa enorme quantidade de riquezas não-monetárias nas mãos do proletariado sem deixar de garantir a sua segurança contra roubos e depredações. Organiza-se, assim, um dispositivo com capacidade para regulamentar em detalhes a vida individual e com o objetivo de fazer com que, sem afetar a ordem do Estado, as suas forças cresçam o máximo possível (Foucault, 2004c:329).

Com isso, o modelo de governo fundado na *iurisdictio*, voltado à conservação de uma ordem natural preexistente à vontade do soberano, limitado ao papel de árbitro de eventuais conflitos entre as partes do cosmo pluriordenado, vai sendo substituído por uma intervenção mais ativa do soberano sobre a vida social. O Estado deixa de atuar apenas como juiz e passa a desempenhar também o papel de *administrador*, interferindo sobre a ordem social de modo a assegurar a sua capacidade de *governo* sobre os corpos individuais, as populações, e os bens disponíveis à ação do Estado. Transforma-se, assim, em personagem ativo de *criação* de uma nova ordem voluntária, que supera a antiga ordem natural em prol de uma utilização mais racional e eficiente dos recursos necessários ao fortalecimento do Estado e à proteção da sociedade.

Se já foi bem estudado e compreendido o processo de modernização da ordem jurídico-política europeia, ainda não são suficientes os estudos acerca da modernização de nossa própria ordem jurídico-política. E a análise das transformações ocorridas no direito brasileiro durante o século XIX é crucial para a compreensão do processo de modernização brasileiro: durante os quase 70 anos do regime imperial o Brasil conheceu a sua primeira Constituição (1824), a fundação dos cursos jurídicos de São Paulo e Olinda (1828), a primeira codificação do direito (Código Criminal, 1830), o Código de Processo Criminal (1832), o Código Comercial (1850), o Código de Processo Comercial (formalizado no Regulamento 737, de 1850) e a Consolidação de Direito Civil de Teixeira de Freitas (1858), seguida da tentativa de codificação fracassada em 1872.

Especialmente na segunda metade do século, durante o 2º Reinado, há elementos fundamentais para o adequado entendimento do processo, durante o qual foi progressivamente abandonado o modelo jurídico do antigo regime, em prol de uma concepção legal-positiva de ordem jurídica, nos termos do padrão adotado pelo país no início do século XX. Nesse sentido, o ano de 1850 é um divisor de águas na vida política e social do Império: findo o tráfico negreiro era inevitável, em algum momento, o fim da própria escravidão, o que exigia de nossos governantes pensar em alternativas, e intervir para as implementar. A obra de centralização política promovida sob comando de D. Pedro II criou as condições para essa intervenção, com a pacificação das revoltas federalistas e a estabilização das disputas políticas entre liberais e conservadores, graças ao exercício arbitral do poder moderador nas disputas intra-elites.

Tornada possível, a ação modernizadora do Estado Imperial precisa se manifestar de alguma forma, e um dos instrumentos escolhidos pelo governo para o fazer é justamente a legislação. A partir dos anos 50 do século XIX o Brasil assiste a uma voracidade normalizadora que acaba sendo obrigada a se formalizar em textos normativos, como o Código Comercial (1850), a Lei de Terras (1850), a Lei do Censo (1851), a Lei do Registro Civil (1888), e um intenso trabalho de reflexão sobre a ação administrativa do Estado, especialmente a partir da criação da cadeira de direito administrativo nas faculdades de direito existentes (1854).

Não obstante, o projeto fracassou. Apesar dos intensos esforços, ativos e conscientes, do Estado brasileiro em promover, através da lei, a modernização política do país, a legislação criada não é eficaz na promoção das transformações pretendidas, o que é simbolicamente perceptível com o fracasso final da legislação que seria o coroamento dos esforços de modernização: a desistência da codificação do direito civil brasileiro, ocorrida em 1872.

Nessas condições é relevante perguntar: quais foram as razões do fracasso? O que impediu, mesmo em uma conjuntura tão favorável, a conclusão do processo de modernização da ordem jurídico-política brasileira, ainda no século XIX? Sugere-se a hipótese de que a estrutura socioeconômica do país no período não estava preparada para sustentar a ação vanguardista do governo, que acaba remando em falso sobre um mar inexistente. Para verificá-la, serão estudadas em detalhe as transformações ocorridas na ordem jurídica brasileira a partir de 1850, e o modo como foram efetivamente recepcionadas pela sociedade a que se destinavam, levando em consideração as características da sociedade e da economia brasileira durante o período. Ao final da pesquisa, pretende-se obter uma compreensão mais clara das razões do fracasso do processo de modernização, e do modo como a legislação "moderna" foi ressignificada e colonizada pela ordem jurídica pré-moderna ainda existente.

D) MATERIAIS E METODOLOGIAS

O trabalho será desenvolvido conforme a metodologia de pesquisa histórico-jurídica. Para isso, deverá analisar a legislação promulgada pelo Império do Brasil na segunda metade do século XIX, levando em consideração os debates parlamentares que precedem e a doutrina que atribui significado às transformações legislativas selecionadas (especialmente o Código Comercial, a Lei de Terras, a Lei do Censo, a Lei do Registro Civil, a Consolidação do Direito Civil e o direito administrativo) e o modo como a legislação foi recepcionada pela sociedade a que se destinava (em notícias de jornais e na eficácia da regulação da vida social).

E) EQUIPE

Atualmente a equipe do projeto de pesquisa é composta dos seguintes integrantes:

Coordenador: Walter Guandalini Junior
Participantes: Brenda Dinardi Matos
Bruno Nascimento da Silva
Isabela Staut Nunes
João Victor Stall Bueno
João Victor Vieira Carneiro
Yasmin Molfetti

O conjunto de participantes será atualizado anualmente, em processos seletivos para a inclusão de novos pesquisadores em projetos de iniciação científica.

F) CRONOGRAMA

Atividades\Anos	**2020.1**	**2020.2**	**2021.1**	**2021.2**	**2022.1**	**2022.2**	**2023.1**	**2023.2**	**2024.1**	**2024.2**
Seleção de Fontes	XX		XX		XX		XX		XX	
Pesquisa Empírica	XX		XX		XX		XX		XX	
Pesquisa Teórica		XX		XX		XX		XX		XX
Relatório de Pesquisa		XX		XX		XX		XX		XX
Resultados Parciais			XX		XX		XX		XX	
Expansão da pesquisa para temas complementares			XX		XX		XX		XX	
Relatório Final										XX

G) INFRAESTRUTURA DISPONÍVEL

Inaplicável. Pesquisa bibliográfica, legislativa e hemerográfica em bibliotecas públicas, arquivos públicos e sítios eletrônicos.

H) PRODUTOS E IMPACTOS ESPERADOS

Espera-se obter uma compreensão mais precisa e aprofundada do processo de modernização da sociedade e do direito brasileiros a partir de meados do século XIX.

I) BIBLIOGRAFIA

Ackerman, Susan Rose; Lindseth, Peter L. (orgs.) (2010). *Comparative Administrative Law*. Northampton: Edward Elgar Publishing.

Adorno, Sérgio (1998). *Os Aprendizes do Poder: bacharelismo liberal na política brasileira*. Rio de Janeiro: Paz e Terra.

Almeida, Fernando Dias Menezes (2015). *Formação da Teoria do Direito Administrativo no Brasil*. São Paulo: Quartier Latin.

Anastácio, Vanda (2002). A Glória do Reino Unido. Reflexões em torno de um texto dramático de Francisco Joaquim Bingre, *in: Revista Convergência Lusíada*, nº 19. Rio de Janeiro: Real Gabinete Português de Leitura do Rio de Janeiro, p. 398-412.

Agamben, Giorgio (2002). *Homo Sacer: o poder soberano e a vida nua* (trad. Henrique Burigo). Belo Horizonte: UFMG.

Argan, Giulio Carlo (2002). *Storia dell'arte italiana 3: Da Michelangiolo al Futurismo*. 3a ed. Firenze: Sansoni.

Bandeira de Mello, Celso Antônio (2007). *Curso de Direito Administrativo*. 22ª ed. São Paulo: Malheiros.

Bardeschi, Marco Dezzi (1984). "La Verga d'Oro": Il potere dell'architettura, *in:* Mucci, Egidio (org.) (1984). *Il Potere degli Impotenti: architettura e istituzioni*. Bari: Dedalo, p. 31-48.

Barros de Moura, André (2007). *Do processo administrativo tributário e do controle jurisdicional das decisões nele proferidas contrárias à Fazenda Pública* (dissertação de mestrado). Belo Horizonte, Universidade Fundação de Ensino e Cultura (FUMEC).

Bigot, Gregoire (2002). *Introduction Historique au Droit Administratif depuis 1789*. Paris: PUF.

Blanchet, Luiz Alberto (1998). *Curso de Direito Administrativo*. Curitiba: Juruá.

Bonavides, Paulo e Amaral, Roberto (2002). *Textos Políticos da História do Brasil*, vol. I. 3ª ed. Brasília: Senado Federal.

Bourdieu, Pierre (2004). *O Poder Simbólico* (trad.: Fernando Tomaz). 7ª ed. Rio de Janeiro: Bertrand Brasil.

Brandão Cavalcanti, Themístocles (1955). *Tratado de Direito Administrativo*, vol. I. Rio de Janeiro: Freitas Bastos.

Bresser Pereira, Luiz Carlos (1993). Empresários, suas origens e as interpretações do Brasil. Trabalho apresentado no I Congresso Brasileiro de História Econômica / II Conferência Internacional de História de Empresas. São Paulo: USP.

Burdeau, François (1995). *Histoire du Droit Administratif*. Paris: PUF.

Caetano, Marcello (1991). *Manual de Direito Administrativo*. 10ª ed. Coimbra: Almedina, 1991.

Cammelli, Marco (1997). G. Melis, Storia dell'amministrazione italiana (1861-1993) (resenha). *In: Quaderni Fiorentini per la storia del pensiero giuridico moderno*, n. 26. Milano: Dott. A. Giuffrè Editore, p. 454-459.

Carvalho, José Murillo (1996). *A Construção da Ordem/Teatro de Sombras*. 2ª ed. Rio de Janeiro: Relume Dumará.

Carlotti, Mariella (2010). *Il Bene di Tutti: gli affreschi del Bion Governo di Ambrogio Lorenzetti nel Palazzo Pubblico di Siena*. Firenze: Società Editrice Fiorentina.

Cassese, Sabino (1990). Albert Venn Dicey e il Diritto Amministrativo, *in: Quaderni Fiorentini per la Storia del Pensiero Giuridico Moderno*, nº 19. Milano: Giuffré, p. 05-82.

_______ (2010). *Il Diritto Amministrativo: storia e prospettive*. Milano: Giuffrè.

Cavalcanti, Themistocles Brandão (s.d.). *Curso de Direito Administrativo*. 9ª ed. Rio de Janeiro: Freitas Bastos.

_______ (1944). O Direito Administrativo no Brasil, *in: Direito: doutrina, legislação e jurisprudência*, a. V, vol. XXVI, mar./abr., 1944. Rio de Janeiro: Livraria Editora Freitas Bastos, p. 32-53.

Contardi, Bruno (org.) (1993). *Storia dell'arte come storia della città*. Roma: Editori Riuniti.

Continentino, Marcelo Casseb (2015). *História do Controle de Constitucionalidade das leis no Brasil: percursos do pensamento constitucional no Século XIX (1824-1891)*. São Paulo: Almedina.

Cordido, Maria Tereza R. Leme de Barros (2008). Edifícios Públicos. Arquitetura Forense: arquitetura moderna questionando a simbologia e mitos do Poder Judiciário no Estado de São Paulo, *in: Risco – Revista de Pesquisa em Arquitetura e Urbanismo*, nº 7, v. 1, 2008. São Paulo: Programa de Pós-Graduação do Departamento de Arquitetura e Urbanismo (EESC-USP).

Coser, Ivo (2008). *Visconde do Uruguai – centralização e federalismo no Brasil*. Belo Horizonte: Editora UFMG; Rio de Janeiro: IUPERJ.

Costa, Emilia Viotti (1987). *Da monarquia à república: momentos decisivos*. 4ª ed. São Paulo: Brasiliense.

Costa, Pietro (1986). *Lo Stato Immaginario – metafore e paradigmi nella cultura giuridica italiana fra ottocento e novecento*. Milano: Giuffrè.

_______ (2009). *Cittadinanza*. 2ª ed. Roma-Bari: Laterza.

Costa, Pietro e Zolo, Danilo (orgs) (2006). *O Estado de Direito: história, teoria, crítica* (trad. Carlo Alberto Dastoli). São Paulo: Martins Fontes.

Costa, Ricardo da (2003). Um *Espelho de Príncipes* Artístico e Profano: a representação das *virtudes do Bom Governo* e dos *vícios do Mau Governo* nos afrescos de Ambrogio Lorenzetti (c. 1290-1348?), **in: Utopía y Praxis Latinoamericana – Revista Internacional de Filosofia Iberoamericana y Teoría Social**. Maracaibo: Universidad Del Zulia, vol. 8, n. 23, out., p. 55-71.

Cretella Jr., José (1966). *Tratado de Direito Administrativo*. Rio de Janeiro: Forense.

_______ (1989). *Manual de Direito Administrativo*. 5ª ed. Rio de Janeiro: Forense.

_______ (1991). *Curso de Direito Administrativo*. 11ª ed. Rio de Janeiro: Forense.

Cristofaro, Ernesto (2008). La Nozione di 'Governo' nei Corsi di Foucault. *In: Quaderni Fiorentini per la storia del pensiero giuridico moderno*, n. 37. Milano: Dott. A. Giuffrè Editore, p. 665-675.

Cruz e Tucci, José Rogério (2003). Antonio Joaquim Ribas, *in: Grandes Juristas Brasileiros* (Almir Gasquez Rufino e Jaques de Camargo Penteado, orgs.). São Paulo: Martins Fontes, p. 31-43.

Dallari, Dalmo de Abreu (1970). O Conselho de Estado e o Contencioso Administrativo no Brasil, *in: Revista de Direito Público*, vol. 11, ano 3, jan-mar. São Paulo: Editora Revista dos Tribunais, p. 33-44.

Darwin, Charles (2005). *A Origem das Espécies*. São Paulo: Ediouro.

Deleuze, Gilles; Guattari, Felix (2000). *Mil Platôs: capitalismo e esquizofrenia* (trad. Aurélio Guerra Neto e Célia Pinto Costa). Rio de Janeiro: Editora 34.

Di Pietro, Maria Sylvia (2000). 500 anos de direito administrativo brasileiro, *in: Revista da Procuradoria Geral do Estado da Bahia*. Brasília: ENAP, v. 26, n. 2, p. 29-54.

_______. (2005). *Direito Administrativo*. 18ª ed. São Paulo: Atlas.

Enterría, Eduardo García de (2001). *La lengua de los derechos: la formación del derecho público europeo tras la revolución francesa*. Madrid: Aklianza editorial.

Faoro, Raymundo (2001). *Os Donos do Poder*. 7ª ed. Rio de Janeiro: Globo.

Figueiredo, Lúcia Valle (2003). *Curso de Direito Administrativo*. São Paulo: Malheiros.

Fioravanti, Maurizio (1995). *Appunti di storia delle costituzione moderne: le libertà fondamentali*. Torino: Giappichelli.

_______ (1999). *Costituzione*. Bologna: Il Mulino.

_______ (2001). *La Scienza del Diritto Pubblico: dottrine dello Stato e della costituzione tra otto e novecento*, t. I e II (Biblioteca per la Storia del Pensiero Giuridico Moderno, v. 58/59). Milano: Giuffrè Editore.

_______ (org.) (2004). *Lo Stato moderno in Europa: istituzioni e diritto*. 4ª ed. Roma/Bari: Laterza.

Fonseca, Márcio Alves (2002). *Michel Foucault e o Direito*. São Paulo: Max Limonad.

Fonseca, Ricardo Marcelo (2002). *Modernidade e Contrato de Trabalho: do Sujeito de Direito à Sujeição Jurídica*. São Paulo: Ltr.

_______ (2005a). A 'Lei de Terras' e o advento da propriedade moderna no Brasil, *in: Anuário Mexicano de Historia del Derecho*, XVII, p. 97-112.

_______ (org.) (2005b). *Crítica da Modernidade: diálogos com o direito*. Florianópolis: Fundação Boiteux.

_______ (2006). Os Juristas e a Cultura Jurídica Brasileira na Segunda Metade do Século XIX, *in: Quaderni Fiorentini per la storia del pensiero giuridico moderno*, n. 35. Milano: Dott. A. Giuffrè Editore, p. 339-371.

_______ (2009). *Introdução Teórica à História do Direito*. Curitiba: Juruá.

Fonseca, Tito Prates (1942). A evolução do direito administrativo brasileiro nos últimos 25 anos, *in: Direito: doutrina, legislação e jurisprudência*, a. III, vol. XVII, set./out., 1942. Rio de Janeiro: Livraria Editora Freitas Bastos, p. 23-37.

Foucault, Michel (2000). *Em Defesa da Sociedade* (trad. Maria Ermantina Galvão). São Paulo: Martins Fontes.

_______ (2001). *A Verdade e as Formas Jurídicas* (trad. Roberto Cabral de Melo Machado e Eduardo Jardim Morais). Rio de Janeiro: Nau.

_______ (2002). *Vigiar e Punir* (trad. Raquel Ramalhete). 28ª ed. Petrópolis: Vozes.

_______ (2003). *Le Pouvoir Psychiatrique*. Lonrai: Gallimard/Seuil.

_______ (2004a). *Microfísica do Poder* (trad. Roberto Machado). 14ª ed. Rio de Janeiro: Graal.
_______ (2004b). *Naissance de la Biopolitique*. Lonrai: Gallimard/Seuil.
_______ (2004c). *Securité, Territoire, Population*. Lonrai: Gallimard/Seuil.
Furtado, Celso (2007). *Formação Econômica do Brasil*. 34ª ed. São Paulo: Cia. das Letras.
Furtado de Mendonça, Francisco Maria de Souza (1865). *Excerto de Direito Administrativo Pátrio*. São Paulo: Typographia Alemã de Henrique Schroeder.
Garner, Lydia M. (1997). *Justiça Administrativa no Brasil do Segundo Reinado (1842-1889)*. Paper apresentado no XX International Congress of the Latin American Studies Association. Guadalajara. Acessado em 22 de julho de 2009 no endereço eletrônico <http://lasa.international.pitt.edu/LASA97/garner.pdf>.
Gasparini, Diógenes (1993). *Direito Administrativo*. 3ª ed. São Paulo: Saraiva.
Giannini, Massimo Severo (1973). Profili Storici della Scienza del Diritto Amministrativo, *in: Quaderni Fiorentini per la Storia del Pensiero Giuridico Moderno*, nº 2. Milano: Giuffré, p. 179-274.
Gorender, Jacob (1981). *A Burguesia Brasileira*. São Paulo: Brasiliense.
Grossi, Paolo (2000). *Scienza Giuridica Italiana: un profilo storico (1860-1950)*. Milano: Giuffrè.
_______ (2006a). *Primeira Lição sobre Direito* (trad. Ricardo Marcelo Fonseca). Rio de Janeiro: Forense.
_______ (2006b) . *História da Propriedade e outros ensaios* (trad. Ricardo Marcelo Fonseca e Luiz Ernani Fritoli). Rio de Janeiro: Renovar.
_______ (2007). *Mitologias Jurídicas da Modernidade* (trad. Arno dal Ri Júnior). 2ª ed. Florianópolis: Boiteux.
_______ (2009). *L'Europa del Diritto*. 5ª ed. Roma-Bari: Laterza.
Guandalini Jr., Walter (2004). Da Ascese à Disciplina: a ética protestante e a constituição do sujeito capitalista, *in: Revista da Faculdade de Direito da Universidade Federal do Paraná*, nº 41. Curitiba: SER/UFPR, p. 115-129.
_______ (2006). *A Crise da Sociedade de Normalização e a Disputa Jurídica pelo Biopoder – o licenciamento compulsório de patentes de anti-retrovirais* (dissertação de mestrado). Curitiba: Programa de Pós-graduação em Direito, Universidade Federal do Paraná.
_______ (2007). O Direito como Acontecimento: por uma análise estratégica das práticas e do discurso jurídico, *in: EOS – Revista Jurídica da Faculdade de Direito / Faculdade Dom Bosco*, v. 1, n. 1, jan./jun. 2007. Curitiba: Dom Bosco, 2007, p. 108-114.
_______ (2010). *Doença, Poder e Direito: o controle de patentes de medicamentos*. Curitiba: Juruá.
Guandalini Jr., Walter (2011). *Gênese do Direito Administrativo Brasileiro: formação, conteúdo e função da ciência do direito administrativo durante a construção do Estado no Brasil Imperial*. Tese de doutorado. Curitiba: UFPR.
Guandalini Jr., Walter e Codato, Adriano N. (2003). Os autores e suas idéias: um estudo sobre a elite intelectual e o discurso político do Estado Novo, *in: Estudos Históricos*, nº 32. Rio de Janeiro: Centro de Pesquisa e Documentação de História Contemporânea do Brasil da Fundação Getúlio Vargas, p. 145-164.
Guandalini Jr., Walter, *et allii* (2003). Reflexões sobre a Reforma Administrativa, Trabalhista e Tributária, *in: Revista Jurídica Themis* (Centro Acadêmico Hugo Simas, org.), n.º 15. Curitiba: JM, p. 169-198.

Hespanha, António Manuel (1986). As Vésperas do Leviathan: instituições e poder político – Portugal – séc. XVII. Lisboa: s.e.

_______ (1993). *Justiça e litigiosidade: história e prospectiva.* Lisboa: Calouste Gulbenkian.

_______ (2005). *Cultura Jurídica Européia – síntese de um milênio.* Florianópolis: Boiteux.

_______ (2006a). O Direito Administrativo como Emergência de um Governo Activo (c. 1800 – c. 1910), *in:* Hespanha, António Manuel e Silva, Cristina Nogueira (orgs.). *Fontes para a história do direito administrativo português – séc. XIX.* Lisboa: FD-UNL.

_______ (2006b). *O Direito dos Letrados no Império Português.* Florianópolis: Boiteux.

_______ (2009). *Hércules Confundido – sentidos improváveis e incertos do constitucionalismo oitocentista: o caso português.* Curitiba: Juruá.

_______ (2011). *Guiando a Mão Invisível: direitos, estado e lei no liberalismo monárquico português.* Coimbra: Almedina.

_______ (org.) (1984). *Poder e instituições na Europa do antigo regime: coletânea de textos.* Lisboa: Calouste Gulbenkian.

Holanda, Sérgio Buarque de (1995). 25ª ed. *Raízes do Brasil.* São Paulo: Companhia das Letras.

Iglesias, Francisco (1993). *Trajetória política do Brasil (1500-1964).* São Paulo: Companhia das Letras.

Jardin, André (1998). *Historia del liberalismo politico: de la crisis del absolutismo a la Constitución de 1875* (trad.: Francisco González Aramburu). 2ª ed. México: FCE.

Kantorowicz, Ernst H (1998). *Os dois corpos do rei. Um estudo sobre teologia política medieval.* São Paulo: Companhia das Letras.

Kugelmas, Eduardo (org.) (2002). *José Antônio Pimenta Bueno, Marquês de São Vicente.* São Paulo: Editora 34.

Lacché, Luigi (1995). *L'Espropriazione per Pubblica Utilità – amministratori e proprietari nella Francia dell'ottocento.* Milano: Giuffré.

Leal, Victor Nunes (1975). *Coronelismo, enxada e voto.* 2ª ed. São Paulo: Alfa-Ômega.

Lopes, José Reinaldo de Lima (2004). *As palavras e a lei: direito, ordem e justiça na história do pensamento jurídico moderno.* São Paulo: Ed. 34/Edusp.

_______ (2000). *O direito na história: lições introdutórias.* São Paulo: Max Limonad.

_______ (2007). Consultas da Seção de Justiça do Conselho de Estado (1842-1889). A formação da cultura jurídica brasileira. *in: Almanack Braziliense,* n. 05, mai., pp. 04-36.

Lynch, Christian Edward Cyril (2005). A idéia de um Conselho de Estado Brasileiro, *in: Revista de Informação Legislativa.* Brasília: Senado Federal, a. 42, n. 168.

_______ (2007). *O Momento Monarquiano: o poder moderador e o pensamento político imperial.* Tese (Doutorado em Ciência Política. Rio de Janeiro: Instituto Universitário de Pesquisas do Rio de Janeiro.

Mannori, Luca (1990). Per una 'preistoria' della funzione amministrativa – Cultura giuridica e attività dei pubblici apparati nell'età del tardo diritto comune, *in: Quaderni Fiorentini per la Storia del Pensiero Giuridico Moderno,* n° 19. Milano: Giuffré, p. 323-504.

_______ (1994). *Il sovrano tutore: pluralismo istituzionale e accentramento amministrativo nel principato dei Medici (secc. XVI-XVIII).* Milano: Giuffrè.

_______ (1995). Genesi dello Stato e storia giuridica (a proposito di 'Origini dello Stato. Processi di formazione statale in Italia fra medioevo ed età moderna). *In: Quaderni*

Fiorentini per la storia del pensiero giuridico moderno, n. 24. Milano: Dott. A. Giuffrè Editore, p. 485-505.

_______ (1997). Luigi Lacchè, L'espropriazione per pubblica utilità. Amministratori e proprietari nella Francia dell'Ottocento (resenha). *In: Quaderni Fiorentini per la storia del pensiero giuridico moderno*, n. 26. Milano: Dott. A. Giuffrè Editore, p. 445-451.

Mannori, Luca e Sordi, Bernardo (2006). *Storia del Diritto Amministrativo*. 4ª ed. Milano: Laterza.

Matteucci, Nicola (1988). *Organizzazione del potere e libertà: storia del costituzionalismo moderno*. Torino: UTET.

Meccarelli, Massimo; Solimano, Stefano (2007). A Colloquio con Paolo Grossi, *in: Forum Historiae Iuris*, mar. 2007, p. 1-25. Extraído em 16 de maio de 2007 do endereço eletrônico <http://www.forhistiur.de/zitat/0703meccarelli-solimano-grossi.htm>.

Medauar, Odete (2003). *O Direito Administrativo em Evolução*. São Paulo: Revista dos Tribunais.

Melis, Guido (1996). *Storia dell'Amministrazione Italiana (1861-1993)*. Bologna: Il Mulino.

Mestre, Jean Louis (1985). *Introduction Historique au Droit Administratif Français*. Paris: PUF.

Meirelles, Hely Lopes (2008). *Direito Administrativo Brasileiro*. 33ª ed. São Paulo: Malheiros.

Montesquieu, Charles Secondat (1995). *De L'Esprit des Lois*. Paris: Gallimard.

Moreira Neto, Diogo de Figueiredo (2002). *Curso de Direito Administrativo*. 11ª ed. Rio de Janeiro: Forense.

Mota, Carlos Guilherme (s.d.). *Brasil em perspectiva*. 19ª ed. Rio de Janeiro: Bertrand Brasil.

_______ (2006) (org.). *Os juristas na formação do Estado-nação brasileiro (século XVI a 1850)*. São Paulo: Quartier Latin.

Mucci, Egidio (org.) (1984). *Il Potere degli Impotenti: architettura e istituzioni*. Bari: Dedalo.

Napoli, Paolo (2003). *Naissance de la Police Moderne – pouvoir, normes, société*. Paris: La Découvérte.

Oliveira, Cecília Helena de Salles (org.) (2002). *Zacarias de Góis e Vasconcellos*. São Paulo: Editora 34.

Pereira, Elson Manoel (1999). *Histoire d'un outil d'aménagement: le zonage. L'exemple d'une ville brésilienne* (tese de doutoramento). Grenoble: Institut d'Urbanisme de Grenoble.

Pereira das Neves, Lúcia Bastos (2011). A Vida Política, *in: Crise Colonial e Independência (1808-1830)* (coord. Alberto da Costa e Silva). Madrid, Rio de Janeiro: Fundación Mapfre, Editora Objetiva.

Pimenta Bueno, José Antônio (2002). *Direito Público Brasileiro e Análise da Constituição do Império, in:* Kugelmas, Eduardo (org.). *José Antônio Pimenta Bueno, Marquês de São Vicente*. São Paulo: Editora 34.

Rego, Vicente Pereira (1860). *Elementos de Direito Administrativo Brasileiro, para uso das Faculdades de Direito do Império*. 2ª Ed. Recife: Tipografia Comercial de Geraldo Henrique de Mira & C.

Renaut, Marie-Hélène (2007). *Histoire du Droit Administratif*. Paris: Ellipses.

Ribas, Antonio Joaquim (1968). *Direito Administrativo Brasileiro*. Brasília: Ministério da Justiça, Serviço de Documentação.

Rodrigues, José Honório (1978). *O Conselho de Estado: o quinto poder?* Brasília: Senado Federal.

_______ (org.) (1973-1978). *Atas do Conselho de Estado*, 13 vol. Brasília: Senado Federal.

Rossi, Pietro (org.) (1987). *Modelli di Città – strutture e funzioni politiche*. Torino: Einaudi.

Rubino de Oliveira, José (1884). *Epítome de Direito Administrativo Brasileiro segundo o Programa do Curso de 1884*. São Paulo: Leroy King Bookwalter.

Salles de Oliveira, Cecília Helena (2007). O Conselho de Estado e o complexo funcionamento do governo monárquico no Brasil do séc. XIX, *in: Almanack Braziliense*, n. 05, mai., pp. 46-53.

Sandulli, Aldo (2009). *Costruire lo Stato: la scienza del diritto amministrativo in Italia (1800-1945)*. Milano: Giuffrè.

Seelaender, Airton (2003). A polícia e o rei-legislador: notas sobre algumas tendências da legislação portuguesa no antigo regime, *in:* Bittar, Eduardo C. (org). *História do direito brasileiro: leituras da ordem jurídica nacional*. São Paulo: Atlas.

Simioni, Ana Paula Cavalcanti (2002). Entre Convenções e Discretas Ousadias: Georgina de Albuquerque e a pintura histórica feminina no Brasil, *in: Revista Brasileira de Ciências Sociais*, v. 17, n. 50, out. São Paulo: ANPOCS, pp. 143-159.

Simonsen, Roberto (1977). *A Controvérsia do Planejamento na Economia Brasileira*; coletânea da polêmica Simonsen *versus* Gudin desencadeada com as propostas formais de planejamento da economia brasileira ao final do Estado Novo. Rio de Janeiro: IPEA/INPES.

Sordi, Bernardo (1984). Giurisdizione Ordinaria e Giustizia Amministrativa in Lorenzo Meucci e Giuseppe Mantellini. *In: Quaderni Fiorentini per la storia del pensiero giuridico moderno*, n. 13. Milano: Dott. A. Giuffrè Editore, p. 725-746.

_______ (1985). *Giustizia e Amministrazaione nell'Italia Liberale – la formazione della nozione di interesse legittimo*. Milano: Giuffrè.

_______ (1991). *L'Amministrazione Illuminata – riforma delle comunità e progetti di costituzione nella Toscana leopoldina*. Milano: Giuffrè.

_______ (1993). Marie-Joelle Redor, De l'Etat légal à l'Etat de droit. (resenha). *In: Quaderni Fiorentini per la storia del pensiero giuridico moderno*, n. 22. Milano: Dott. A. Giuffrè Editore, p. 621-625.

_______ (1997). Police/Policey – linguaggi comuni e difformi sentieri istituzionali nel passaggio dalla polizia di antico regime all'amministrazione moderna . *In: Quaderni Fiorentini per la storia del pensiero giuridico moderno*, n. 26. Milano: Dott. A. Giuffrè Editore, p. 625-651.

_______ (2004/2005). Paolo Napoli, Naissance de la Police Moderne (resenha). *In: Quaderni Fiorentini per la storia del pensiero giuridico moderno*, n. 33/34. Milano: Dott. A. Giuffrè Editore, p. 1212-1215.

Sousa, Paulino José Soares (1862). *Ensaio sobre o Direito Administrativo*. Rio de Janeiro: Typographia Nacional.

_______ (2002). *Ensaio sobre o Direito Administrativo, in:* Carvalho, José Murilo (org.). *Paulino José Soares de Sousa, Visconde do Uruguai*. São Paulo: Editora 34.

Souza, Laura de Mello (2006). *O sol e a sombra: política e administração na América portuguesa do século XVIII*. São Paulo: Companhia das Letras.

Spini, Giorgio (org.) (1976). *Architettura e Politica – da Cosimo I a Ferdinando I*. Firenze: Leo S. Olschki Editore.

Staut Junior, Sérgio Said (2015). *Posse e Dimensão Jurídica no Brasil – recepção e reelaboração de um conceito a partir da segunda metade do século XIX ao Código de 1916*. Curitiba: Juruá.

Stolleis, Michael (2008). *Storia del Diritto Pubblico in Germania: pubblicistica dell'impero e scienza di polizia (1600-1800)*. Milano: Giuffré.

Subtil, José Manuel Louzada Lopes (2011). *Actores, territórios e redes de poder, entre o antigo regime e o liberalismo*. Curitiba: Juruá.

Tácito, Caio (1975). *Direito Administrativo*. São Paulo: Saraiva.

Teles Filho, Eliardo França; e Horbach, Carlos Bastide (2006). *O Informante: a função administrativa no ensaio do Visconde de Uruguai*.

Telles, Antônio Queiroz (1995). *Introdução ao Direito Administrativo*. São Paulo: RT.

Vasconcelos, Zacarias de Góes (1862). *Da Natureza e Limites do Poder Moderador*. 2° ed. Rio de Janeiro: Tipografia Universal de Laemmert.

_______ (2002). Da Natureza e Limites do Poder Moderador, *in:* Oliveira, Cecília Helena de Salles (org.). *Zacarias de Góis e Vasconcellos*. São Paulo: Editora 34.

Veiga Cabral, Prudêncio Giraldes Tavares (1859). *Direito Administrativo Brasileiro*. Rio de Janeiro: Tipografia Universal de Laemmert.

Velasco, Ivan de Andrade (2007). A Cultura Jurídica e a Arte de Governar: algumas hipóteses investigativas sobre a Seção de Justiça do Conselho de Estado, *in: Almanack Braziliense*, n. 05, mai., pp. 37-45.

Venâncio Filho, Alberto (s.d.). *Das arcadas do bacharelismo*. São Paulo: Perspectiva.

Vieira Martins, Maria Fernanda (2006). A Velha Arte de Governar: o Conselho de Estado no Brasil Imperial, *in: Topoi*, v. 7, n. 12, jan.-jun., pp. 178-221.

_______ (2007). *A velha arte de governar: um estudo sobre política e elites a partir do Conselho de Estado (1842-1889)*. Rio de Janeiro: Arquivo Nacional.

Volante, Raffaele, *et allii* (2003). *Ordo Iuris: storia e forme dell'esperienza giuridica*. Milano: Giuffrè.

Wolkmer, Antônio Carlos (1998). *História do direito no Brasil*. São Paulo: Forense.

_______ (org.) (2007). *Fundamentos de história do direito*. 4ª ed. Belo Horizonte: Del Rey.

_______ (2006). *Síntese de uma história das idéias jurídicas: da antigüidade clássica à modernidade*. Florianópolis: Boiteux.

19.3. PROJETO PARA A INSTITUIÇÃO DE GRUPO DE PESQUISA EM NÍVEL DE MESTRADO

PROJETO DE PESQUISA

1) APRESENTAÇÃO DO PROJETO DE PESQUISA

O projeto tem por objetivo traçar um panorama abrangente da história da cultura jurídica brasileira. Levando em consideração o pensamento jurídico erudito, o debate social e a produção jurisprudencial acerca do direito nacional, a pesquisa pretende contribuir para a compreensão do processo de formação e desenvolvimento de um pensamento jurídico brasileiro desde o período colonial até a contemporaneidade, em todos os campos do direito.

2) PROBLEMA DE PESQUISA

Ainda há muito a pesquisar sobre a história da cultura jurídica brasileira. Desde os seus primórdios de formação na sociedade colonial, passando pelo processo de modernização ocorrido entre meados do século XIX e meados do século XX, até a construção do pensamento jurídico contemporâneo após a promulgação da Constituição de 88, o grupo de pesquisa deseja ser um espaço de debate sobre todos os aspectos relacionados à história da cultura jurídica brasileira, partindo da premissa de que os diversos setores em que essa cultura se desenvolve não existem de modo estanque, mas em permanente conexão com os diversos campos do direito, setores da sociedade e lapsos temporais com que dialogam constantemente.

3) OBJETIVOS E JUSTIFICATIVA DA PESQUISA

A pesquisa tem por objetivo contribuir para a compreensão da história da cultura jurídica brasileira. Partindo dos interesses de pesquisa específicos dos alunos que participarão do projeto como pesquisadores, pretende verificar as características do discurso jurídico nos diversos campos relacionados à produção, interpretação e aplicação do direito brasileiro através do tempo. Desse modo espera-se contribuir, ao final de alguns anos de pesquisa, para uma compreensão mais abrangente da importância respectiva dos diversos elementos que contribuem para a organização jurídica da sociedade brasileira no contexto de formação de uma cultura jurídica nacional.

4) METODOLOGIA DE PESQUISA

Cada estudante produzirá, em seu próprio campo de interesse, uma descrição abrangente das características da cultura jurídica brasileira identificadas para um determinado campo do direito, em um determinado tempo histórico. O resultado das pesquisas individuais será sempre parcial e limitado (a temas, campos e períodos históricos específicos), mas o resultado acumulado do conjunto dessas pesquisas contribuirá para a uma visão geral das características da cultura jurídica brasileira entre os séculos XVI e XXI.

Desse modo a pesquisa será realizada em oito etapas:

1. Determinação da área do direito a ser pesquisada pelo estudante (administrativo, civil, criminal, constitucional, etc.);
2. Determinação do campo social a ser pesquisado pelo estudante (acadêmico, político, jurisprudencial, etc.);
3. Determinação do período histórico a ser pesquisado pelo estudante;
4. Seleção das fontes de pesquisa a serem examinadas (decisões judiciais, debates parlamentares, textos doutrinários, etc.);
5. Compilação integral das características identificadas no material analisado durante a pesquisa, levando em consideração as fontes jurídicas empregadas, os temas tratados, os campos de circulação e os diálogos possíveis com outros campos.
6. Organização dos dados em planilha eletrônica que permita a sua análise e tratamento estatístico;
7. Publicação de relatórios parciais das pesquisas individuais realizadas pelos estudantes;
8. Com o acúmulo das pesquisas realizadas, publicação de relatório total dos resultados obtidos pelo projeto coletivo, com a identificação das características gerais da cultura jurídica brasileira em sua história.

5) REFERÊNCIAS BIBLIOGRÁFICAS

ADORNO, Sérgio (1988). Os aprendizes do poder: bacharelismo liberal na política brasileira. Rio de Janeiro: Paz e Terra.

ARRUDA JR., Eduardo (org.) (1992). Lições de Direito Alternativo 1. São Paulo: Acadêmica.

BENJAMIN, Walter (1996). Magia e Técnica, arte e política: ensaios sobre literatura e história da cultura (trad. Sérgio Paulo Rouanet). 7a ed. São Paulo: Brasiliense.

BOBBIO, Norberto (1995). O Positivismo Jurídico: lições de filosofia do direito. São Paulo: Ícone.

BURKE, Peter. A Escola dos Annales – 1929-1989. A Revolução Francesa da Historiografia. São Paulo: Edunesp, 1997.

CHARTIER, Roger. A história cultural. Entre práticas e representações. Rio de Janeiro: Bertrand Brasil, 1990.

COSTA, Pietro. A soberania na cultura político-jurídica medieval: imagens e teorias, in: COSTA, Pietro. Soberania, representação, democracia: ensaios de história do pensamento jurídico. Curitiba: Juruá, 2010, p. 105-130.

COUTINHO, Carlos Nelson (1999). Gramsci: um estudo sobre seu pensamento político. Rio de Janeiro: Civilização Brasileira.

CYRIL LINCH, Christian Edward (2005). A idéia de um Conselho de Estado Brasileiro, in: Revista de Informação Legislativa. Brasília: Senado Federal, a. 42, n. 168.

FONSECA, Ricardo Marcelo (2006). Os juristas e a cultura jurídica brasileira na segunda metade do século XIX in Quaderni Fiorentini per la storia del pensiero giuridico moderno. Milano, Giuffrè editore, 35, p. 339/371.

FONSECA, Ricardo Marcelo (2009). Introdução Teórica à História do Direito. Curitiba: Juruá.

FOUCAULT, Michel (2000). Em Defesa da Sociedade (trad. Maria Ermantina Galvão). São Paulo: Martins Fontes.

FOUCAULT, Michel (2004). Microfísica do Poder (trad. Roberto Machado). 14ª ed. Rio de Janeiro: Graal.

GROSSI, Paolo (2006). História da Propriedade e outros Ensaios (trad.: Luiz Ernani Fritoli e Ricardo Marcelo Fonseca). São Paulo: Renovar.

GROSSI, Paolo (2009). L'Europa del Diritto. 5ª ed. Bari: Laterza.

GROSSI, Paolo (2007). Mitologias Jurídicas da Modernidade (trad. Arno Dal Ri Júnior). Florianópolis: Fundação Boiteux.

GUANDALINI JR., Walter (2010). Doença, Poder e Direito. Curitiba: Juruá.

GUANDALINI JR., Walter (2016). História do Direito Administrativo Brasileiro: formação (1821-1895). Curitiba: Juruá.

GUANDALINI JR., Walter (2016). O Poder Moderador: ensaio sobre o debate jurídico-constitucional no século XIX. Curitiba: Prismas.

HESPANHA, António Manuel (2005). Cultura Jurídica Européia: síntese de um milênio. Florianópolis: Fundação Boiteux.

HESPANHA, António Manuel (2006). Por que é que existe e em que é que consiste um direito colonial brasileiro, in: Quaderni Fiorentini per la storia del pensiero giuridico moderno, 35, T. I, p. 59/61.

HESPANHA, António Manuel (2009). A política perdida: ordem e governo antes da modernidade. Curitiba: Juruá, p. 239-264.

KELSEN, Hans (2000) Teoria Pura do Direito. 6ª ed. São Paulo: Martins Fontes, p. 79-119.

LACOMBE, Américo Jacobina (2004). A cultura jurídica, in: BUARQUE DE HOLANDA, Sérgio (org). História geral da civilização brasileira: tomo II – o Brasil monárquico (vol. 5). 8ª ed. Rio de Janeiro: Bertrand Brasil.

LARENZ, Karl (1983). Metodologia da Ciência do Direito. 5ª ed. Lisboa: Fundação Calouste Gulbenkian.

LÖWY, Michael (1994). As Aventuras de Karl Marx contra o Barão de Münchhausen (trad.: Juarez Guimarães e Suzanne Felicie Léwy). 5ª ed. São Paulo: Cortez.

LÖWY, Michel (2005). Walter Benjamin: aviso de incêndio (uma leitura das teses "Sobre o conceito de história"). São Paulo: Boitempo.

MARX, Karl (1974). Para a crítica da economia política (Introdução). São Paulo: Abril Cultural.

MARX, Karl (1987). A Ideologia Alemã: teses sobre Feuerbach. 6ª ed. São Paulo: Hucitec.

MARX, Karl (2004). Manifesto do Partido Comunista. São Paulo: Martin Claret.

SCHWARCZ, Lilia Moritz (1993). O espetáculo das raças: cientistas, instituições e questão racial no Brasil (1870-1930). São Paulo: Companhia das Letras.

SEELAENDER, Airton (2003). A polícia e o rei-legislador: notas sobre algumas tendências da legislação portuguesa no antigo regime, in: BITTAR, Eduardo C. (org). História do direito brasileiro: leituras da ordem jurídica nacional. São Paulo: Atlas.

SEELAENDER, Airton (2009). A "Polícia" e as funções do Estado – notas sobre a polícia no Antigo Regime, in: Revista da Faculdade de Direito da Universidade Federal do Paraná, nº 49. Curitiba: SER/UFPR, p. 79-87.

SOUSA SANTOS, Boaventura (2000). A Crítica da Razão Indolente – contra o desperdício da experiência.São Paulo: Cortez.

VIEIRA MARTINS, Maria Fernanda (2006). A Velha Arte de Governar: o Conselho de Estado no Brasil Imperial, in: Topoi, v. 7, n. 12, jan.-jun., pp. 178-221.

WEHLING, Arno e WEHLING, Maria José (2007). A Questão do Direito no Brasil Colonial: a dinâmica do direito colonial e o exercício das funções judiciais, in: História e Direito: jogos de encontros e transdisciplinariedade (org. Gizlene Neder). Rio de Janeiro: Revan, p. 84.

WIEACKER, Franz (2004). História do Direito Privado Moderno. 3ª ed. Lisboa: Fundação Calouste Gulbenkian.

WOLKMER, Luiz Carlos (2001). Pluralismo Jurídico: fundamentos de uma nova cultura no Direito. 3ª ed. São Paulo: Alfa-ômega.

CRONOGRAMA DE PESQUISA

2019

Atividades	ar	br	ai	un	ul	go	et	ut	ov	ez
Seleção dos Pesquisadores	X									
Definição das Fontes		X	X	X						
Análise das Fontes					X	X	X			
Preenchimento das planilhas								X	X	
Divulgação dos Relatórios Parciais										X

RECURSOS PREVISTOS NO PROJETO				
DESCRIÇÃO	UNID.	QUANT.	CUSTO UNITÁRIO R$	SUBTOTAL R$
Bibliografia				1.000,00
Cópias e digitalizações				2.000,00
TOTAL DE RECURSOS (R$)				3.000,00